AU PAYS DES ENFANTS RARES

DU MÊME AUTEUR

En espérant un fils… la masculinisation de la population chinoise,
  Paris, Institut national d'études démographiques, 2010.
Une Chine sans femmes, Paris, Perrin, 2005.
La Chine en transition. Questions de population, questions de société,
  Paris, Ined-Puf, 2002.

Isabelle Attané

AU PAYS DES ENFANTS RARES

La Chine vers une catastrophe démographique

Fayard

Ouvrage édité sous la direction de Jean-Luc Domenach et d'Anthony Rowley

Dans la même série, chez Fayard :

Renaud Egreteau, *Histoire de la Birmanie contemporaine. Le Pays des prétoriens*, 2010.
Éric Frécon, *Chez les pirates d'Indonésie*, 2011.

ISBN : 978-2-213-66161-2
© Librairie Arthème Fayard, 2011.

*À ma mère
À ma si chère Valérie
toutes deux emportées par un cancer
alors que j'écrivais ce livre*

Avant-propos

Qui, désormais, ne craint la Chine ? Qui doute encore de son influence toujours plus grande, de son pouvoir toujours plus imposant ? Économistes, géopoliticiens, défenseurs de l'environnement, analystes de tous bords… tous voient en elle, tantôt sous la forme d'un ange, tantôt sous celle d'un démon, un futur maître du monde. Pourtant, demain, il se peut que ce géant ne soit plus ; aujourd'hui deuxième puissance économique de la planète, elle pourrait bientôt devenir plus discrète sur la scène mondiale. La raison ? Une démographie devenue trop lourde à porter qui, dans un contexte d'inégalités croissantes, pourrait bien entraver l'envol du phénix chinois.

Un Chinois sur quatre est aujourd'hui âgé de moins de 20 ans. Ce sont ainsi trois cent cinquante millions d'enfants et de jeunes qui, ensemble, façonneront la Chine de demain. Mais, justement, de quoi pourra-t-elle bien être faite ? À en juger par les disparités sociales et économiques grandissantes qui fragmentent aujourd'hui la population de ce géant démographique mondial, son avenir est incertain. Pauvreté et inégalités, dans l'accès à l'éducation et à la santé en particulier, touchent en effet de plein fouet la population enfantine. Tandis que les « petits empereurs » de la Chine urbaine jouissent sans retenue des bienfaits du développement – éducation élitiste, recours aux infrastructures de santé ultraperformantes, régime alimentaire des plus variés, accès aux moyens de communication modernes –, les moins nantis ne tirent guère leur épingle du nouveau jeu économique : se nourrir, aller à l'école, se faire soigner constituent encore, pour des millions d'enfants chinois, un défi quotidien. En outre, alors que la migration interne ne cesse de prendre de l'ampleur, de plus en plus d'enfants sont concernés : ces « enfants flottants » se compteraient aujourd'hui par millions. Dans les villes chinoises, ils vendent des fleurs, cirent les chaussures ou mendient afin de ramener un peu d'argent dans leur foyer. D'autres ont été littéralement vendus par leurs parents à des « patrons » itinérants qui les exploitent. Dans la Chine d'aujourd'hui, on assiste bel et bien à une dichotomisation du statut de l'enfant, dans un contexte de disparités toujours plus grandes.

Après plus de trente ans de réformes économiques, la Chine est devenue l'un des pays au monde où les inégalités en termes de revenus sont les plus fortes. Le coefficient de Gini[1], qui mesure ces disparités, a franchi la cote d'alerte[2]. En 2001, *Le Quotidien du peuple* dénonce : « L'écart de revenus entre les villes et les régions rurales, entre les provinces, entre les professions et entre les individus devient toujours plus important[3]. » En Chine, les inégalités sont aujourd'hui plus marquées qu'en Inde ou qu'au Bangladesh[4] ; l'ampleur de ces disparités n'y rejoint pas encore celle des pays les plus inégalitaires du monde, comme le Brésil, l'Afrique du Sud ou Haïti[5], mais elle s'en rapproche dangereusement. Au milieu des années 2000, le revenu annuel moyen par habitant des 20 % des ménages ruraux les plus pauvres était de 2 000 yuans... mais de 31 000 yuans pour les 10 % des ménages citadins les plus riches, soit un rapport de 1 à 15.

Certes, « la montée des inégalités est un processus habituel dans les phases de décollage d'une économie, surtout pour les anciennes économies planifiées très égalitaristes[6] ». Mais, aujourd'hui, des pans entiers de la population chinoise voient leurs revenus et leurs conditions de vie stagner ou, pis, se dégrader, alors que l'État peine à tenir les engagements qu'il s'est pourtant lui-même assignés, notamment dans sa Constitution : accès universel à l'éducation de base, développement du système de santé ou encore droit à l'emploi pour tous. Aussi, le développement du capital humain de la Chine, moteur essentiel de sa croissance économique future, dépend-il désormais, pour une large part, de la capacité des familles à prendre le relais d'un État à maints égards défaillant.

Si, en une quarantaine d'années, la Chine a réussi une transition démographique que d'autres pays (comme l'Inde) peinent à parachever, et si, en l'espace de trois décennies, elle a accompli une transition économique que d'autres pays jadis communistes (comme la Russie) ne peuvent que lui envier, ces évolutions n'ont pas été neutres. Certes, la baisse de la natalité a permis, en un temps record, de réduire la taille de ce mastodonte de plus de deux cents millions de personnes. Mais, du fait de la chute du nombre d'enfants et de l'allongement de la durée de vie, elle a également entraîné d'importants changements dans la structure des familles et, ce faisant, dans les relations intrafamiliales. Ainsi, parce que de nombreuses familles sont passées du modèle pyramidal « un-deux-quatre » (un grand-parent, deux parents, quatre enfants) à l'exact opposé « quatre-deux-un » (quatre grands-parents, deux parents, un enfant), de profondes modifications sont intervenues dans le rapport à la dernière génération. Dans les classes moyennes et supérieures en particulier, l'enfant, désormais placé au centre des préoccupations, fait l'objet de toutes les attentions. Sur lui pèsent des attentes familiales de plus en plus fortes, comme autant de projections parentales d'ambitions non réalisées. Autrefois centrée sur les plus âgés, la famille s'est brusquement détournée et, désormais, l'enfant règne en maître sur ses parents, voire ses grands-parents. Ce phénomène atteint son paroxysme avec l'enfant unique, ce « petit empereur » surinvesti par ses parents, dont la capacité à s'intégrer au monde des adultes peut, dans certains cas, poser question.

En Chine, comme presque partout ailleurs, on préfère aujourd'hui avoir moins d'enfants pour être en mesure de leur donner le meilleur, notamment pour leur instruction et leur santé. Quand elles en ont les moyens, les familles chinoises investissent en effet sans limite dans le capital humain de leurs enfants – ou plus précisément le « capital culturel », tel que le définit Pierre Bourdieu. En revanche, dans les classes sociales les moins favorisées, la valeur d'un enfant se mesure surtout à ce qu'il est susceptible de rapporter à sa famille : moins il coûte, plus tôt il rapporte, mieux c'est ! Dans tous les cas, les attentes des parents vis-à-vis de leur progéniture sont non seulement plus grandes que jamais par le passé, mais encore, alors qu'elles étaient autrefois réparties entre plusieurs enfants, elles reposent désormais sur une seule tête, voire deux, mais pas plus. Cette concentration des diverses dimensions de la transmission familiale, aussi bien d'un point de vue matériel que symbolique, sur une descendance restreinte, donne finalement à l'enfant chinois une valeur inédite dans ce pays.

« Enfants d'aujourd'hui, citoyens de demain » : la formule, certes banale, n'est pas anodine pour autant. Les acteurs de la future société chinoise ne sont encore que des enfants, mais leur avenir forgera celui de la Chine. Or, pour penser ce devenir, il faut comprendre comment se construisent les enfants dans la société chinoise contemporaine. Dans quelles conditions vivent-ils ? Comment sont-ils élevés ? Quelles formes de socialisation leur sont offertes ? Finalement, qu'est-ce qu'un enfant en Chine aujourd'hui, alors que le pays traverse des transformations sans précédent ? Cet ouvrage se consacre à la place de l'enfant dans une société chinoise aujourd'hui en proie à de profondes réformes : son rôle, la manière dont il est pris en charge par sa famille et l'État, les attentes qui pèsent sur lui, les coûts qu'il engendre, la charge affective dont il est investi, l'attention qu'on lui porte, etc. Chaque bribe de la vie d'un enfant en dit long sur la société dans laquelle il grandit, et dévoile ainsi sa force, ses faiblesses, ses avancées, mais aussi ses errances.

La Chine d'aujourd'hui n'a plus grand-chose à voir avec celle d'hier, celle de Mao ; celle de demain sera, sûrement, bien différente de celle qui, désormais, nous fascine et nous révolte à la fois. À quoi ressemblera-t-elle ? Difficile de le dire… sauf peut-être si l'on prend dès maintenant le temps d'observer ses enfants.

Livre 1

Au pays de l'enfant unique

En 1929, Hu Shi – un des leaders du mouvement du 4 mai 1919[1] – expliquait que, pour mesurer le niveau de civilisation d'une société, trois éléments devaient être pris en compte : le sort que la société en question réserve à ses femmes, la manière dont elle occupe ses moments de loisir et l'attention qu'elle accorde à ses enfants. Pour Hu Shi, la façon dont les « forts » se comportent avec les « faibles », – c'est-à-dire les agissements des individus détenant une forme quelconque de pouvoir vis-à-vis de ceux qui sont moins privilégiés ou plus vulnérables, et donc moins à même de revendiquer leurs droits – en dit long sur ce qu'ils sont.

De ce point de vue, la société chinoise est, à maints égards, inclassable. L'équité sociale tant vantée par le régime communiste a fait long feu ; les disparités socio-économiques atteignent aujourd'hui un niveau sans précédent. Désormais, la situation des enfants est à l'image de cette société : d'une diversité extrême. Des enfants uniques, objets de toutes les attentions, à ceux des campagnes, davantage victimes que bénéficiaires d'un développement économique fulgurant, en passant par ceux qui grandissent dans la rue, privés de la satisfaction de leurs besoins les plus élémentaires, tous les cas de figure existent. Plus que jamais par le passé, la Chine revêt d'innombrables couleurs : celles du bonheur et du malheur, de l'aisance et de la pauvreté, du rêve et de la désillusion. Il n'y a plus « une » société chinoise, mais bien une multiplicité de réalités humaines. Après plus de trente ans de réformes menées à un rythme effréné, la Chine est devenue une immense mosaïque sociale, au sein de laquelle un milliard trois cent mille habitants coexistent tant bien que mal.

Dans le vent des réformes...

L'enfant, par la manière dont il est pris en charge individuellement, au sein de sa famille, ou collectivement, par la société et l'État, est indéniablement un « baromètre » social. Les diverses valeurs dont il est porteur en disent long sur la société dans laquelle il évolue : son système de stratification, son niveau de développement économique, son rapport au droit, sa situation démographique, son idéologie, sa culture...

Les profonds bouleversements sociaux, économiques, familiaux et démographiques que la Chine a connus depuis la fin des années 1970 ont, sans conteste, conduit à une redéfinition du statut de l'enfant. Mais cette redéfinition est loin d'être univoque ; elle a généré une multiplicité de rôles et de statuts dans lesquels les enfants doivent désormais s'inscrire, à leur corps défendant. Tout autant qu'à l'époque impériale le milieu familial est redevenu le déterminant le plus décisif du destin d'un enfant, alors que l'État chinois s'est, dans les années 1980 et 1990, massivement désengagé des domaines phares de sa prise en charge : l'éducation et la santé.

L'enfant, « baromètre » du changement social

Dans la Chine d'aujourd'hui, certaines figures de l'enfance défient le sens commun. D'un côté, des millions d'enfants uniques au (supposé) bien-être desquels les parents sont prêts à tout sacrifier. De l'autre, des centaines de milliers de petits migrants, esclaves ou ayant la rue pour seul domicile. Au milieu, une palette de diverses réalités humaines. Des enfants victimes du développement industriel fulgurant à la petite paysanne condamnée à travailler aux champs pour payer la scolarité de ses frères, en passant par le jeune citadin acculé au suicide par une pression familiale insoutenable, l'éventail de situations est désormais infini. La loi chinoise[2] protège pourtant les enfants : droit à l'éducation et à la santé, respect de la dignité, protection physique et juridique... aucun aspect n'est oublié. Mais l'échec est là : alors que le pays s'est lancé dans une véritable course au développement, la machine sociale, elle, s'est enrayée, laissant des millions d'enfants à l'écart du système.

Ces figures d'enfance sont donc le reflet d'une société de tous les extrêmes, heurtée par trois décennies de mutations considérables. En prônant l'équité et l'homogénéité sociale, le communisme a produit des millions de destins communs. Pour être digne d'être chinois sous le régime de Mao, il fallait, en premier lieu, afficher bien évidemment sans retenue sa ferveur politique. Mais il fallait surtout se fondre dans la masse, ressembler aux autres, agir comme eux, tout le monde devait désirer les mêmes choses, avoir les mêmes besoins, les mêmes rêves… À partir des années 1980, c'est la rupture : le capitalisme prend le pas sur le communisme et l'intérêt collectif cède la place à l'intérêt individuel. Ce faisant, la société et l'économie chinoises en transition ont généré une multitude de destins possibles, plus ou moins heureux ; des destins suscités par trop de pauvreté ou trop de richesse, par trop d'attention… ou pas assez.

Deux époques, deux mondes

En moins de cinquante ans, la société chinoise est passée d'un extrême à l'autre, du tout égalitaire au tout inégalitaire, de la vénération du collectif à celle de l'individu, du tout idéologique au tout économique. Ce sont bien deux mondes, sans commune mesure (ou presque), qui se sont succédé au cours de ces deux époques, avec un « avant » et un « après » réformes économiques.

Les bouleversements ont d'abord été politiques, avec la prise de pouvoir par les communistes en 1949. Marquées par une quête d'égalité sociale, les décennies qui ont suivi ont voulu réformer en profondeur la famille et l'organisation sociale. Mais tout aussi radical fut le revirement libéral à l'initiative de Deng Xiaoping, à partir de 1978, qui s'est traduit par une refonte totale du système de production agricole et industrielle. Depuis lors, la Chine a renoncé progressivement à son économie planifiée et centralisée au profit d'une « économie de marché de type socialiste », transition qui lui vaut un développement économique exceptionnel. Ainsi, son produit intérieur brut a bondi d'environ 10 % par an en moyenne depuis les années 1980, tandis que des gains de productivité remarquables se sont traduits par des améliorations substantielles du pouvoir d'achat et par un recul global de la pauvreté.

Mais le démantèlement des structures collectives, dicté par « la politique de réforme et d'ouverture » toujours sous l'impulsion de Deng Xiaoping, a bouleversé l'organisation sociale dans son ensemble et eu des répercussions qui ont largement dépassé le cadre économique. Auparavant, chaque individu dépendait en effet strictement de l'État par le biais de son unité de travail, et ce pour tous les domaines de sa vie quotidienne. Chacun bénéficiait de ce fait d'un accès garanti à l'emploi, au logement, à la santé, à l'instruction des enfants et, pour les citadins, à la retraite et à l'assurance sociale. Peu à peu transférés au secteur privé, ces différents domaines répondent désormais aux logiques du marché, ce qui rend leur accès de plus en plus aléatoire, donc inégalitaire. Le système de santé se dégrade, accéder à l'éducation et l'emploi n'est plus systématique, le chômage et la précarité gagnent du terrain, la pauvreté s'étend. Désormais, la Chine est l'un des pays les plus inégalitaires du monde en développement.

Deux époques, deux mondes : ce « choc des civilisations » est admirablement raconté par le romancier Yu Hua, dans son roman, *Xiongdi*, paru en 2005. Quelques années avant la Révolution culturelle, Li Lan, jeune veuve, rencontre Song Fangping, veuf lui aussi. Elle est la mère de Li Guangtou, il est le père de Song Gang ; ceux-ci « ne sont pas de vrais frères, mais leurs destins se sont de longue date trouvés [par l'union de leurs parents] liés pour le meilleur et pour le pire. Enfants, puis adolescents pendant la Révolution culturelle, ils atteignent l'âge adulte au moment où la Chine entre dans l'ère tumultueuse des "réformes" [économiques] et de l'"ouverture". La solidarité, cimentée par les épreuves, qui unissait jusqu'alors [les deux frères] se fissure et leurs chemins, pour un temps, se séparent : tandis que Song Gang, l'"intellectuel" doux et loyal [resté fidèle aux valeurs traditionnelles], est rapidement dépassé par son époque, Li Guangtou, le "brigand" [malin et opportuniste], tire le meilleur parti des bouleversements sociaux et économiques en cours [et deviendra millionnaire]. [...] Le "loser" et le "battant" résument à eux seuls une transition vécue par des millions de Chinois dans la fièvre et le désarroi[3] ».

Dans la réalité cette fois, loin de cette fresque romanesque, la famille de Zhao Shan retrace bien ces bouleversements. Étudiante brillante, Zhao Shan, 20 ans, a déjà obtenu un diplôme universitaire dans la communication. Sa mère avait tout juste 17 ans quand sa propre mère a péri dans le tremblement de terre de Tangshan, en 1976. Elle a donc dû arrêter ses études et se mettre à travailler pour payer celles de son jeune frère. « C'était comme ça pour les filles à cette époque ! », explique-t-elle. Le grand-père de Zhao Shan, Zhao Jianrong, 75 ans, raconte : « J'ai grandi dans un village pauvre, j'avais six frères et sœurs. À l'époque, c'étaient la guerre et la tourmente politique. J'étais content quand les communistes ont pris le pouvoir. Pour moi, cela signifiait la fin du conflit. » Il est heureux que sa petite-fille puisse grandir dans une Chine plus prospère : « La génération de Zhao Shan a beaucoup d'avantages, par exemple les jeunes ont l'esprit plus ouvert aujourd'hui. Nous, les gens de ma génération, nous avions le cerveau vide, nous n'avons pas vu grand-chose. Les jeunes aujourd'hui sont plus intelligents, ils s'adaptent facilement au changement. » « La principale différence entre ma génération et celle de ma fille, explique Zhao Fuming, 48 ans, le père de la jeune fille, c'est que notre vie à nous était dominée par la politique. Nous apprenions peu à l'école, on n'avait aucun esprit critique, on ne savait pas réfléchir par nous-mêmes. La plupart des jeunes citadins d'aujourd'hui ne sont pas seulement plus riches, mais ils sont également mieux informés de ce qui se passe dans le monde qu'aucune autre génération de Chinois ne l'a été auparavant. »

Le père et le grand-père de Zhao Shan sont optimistes quant à son avenir, à condition qu'elle apprenne à être moins égocentrique, et surtout plus autonome... Son grand-père trouve en effet que les enfants uniques comptent trop sur leurs parents, et qu'ils n'aident jamais à la maison ; Zhao Shan reconnaît que cela est vrai en ce qui la concerne. Mais elle n'est pas la seule à s'engouffrer dans les nouveaux plaisirs offerts à la société urbaine nantie. Chun Shu, du haut de ses 21 ans, se révolte : « Je me rends bien compte que je suis obsédée par les choses matérielles, sûrement plus encore que la plupart des filles de mon âge... Je dépense mon argent comme s'il en pleuvait, et je suis capable de payer un sac à main une fortune, juste pour la marque... J'ai envie de tout acheter ! Mais suis-je moins capable de parler de Dostoïevski parce que je porte des dessous en dentelle hors de prix ? »

Des bouleversements sans précédent

Aucune comparaison n'est possible entre l'environnement quotidien d'un jeune citadin chinois aujourd'hui et celui de la génération de ses parents, qui a grandi aux heures les plus sombres du communisme. Dans les villes, les enfants bénéficient d'une prospérité sans égale. Leurs parents et grands-parents ont connu la famine et le chaos de la Révolution culturelle. Mais pour les jeunes de Pékin, Shanghai, Canton, et même d'autres villes, plus petites, comme Dalian, Chengdu ou Kunming, chaque semaine qui passe voit un nouveau centre commercial, une nouvelle autoroute, une nouvelle enseigne étrangère... s'installer sous leurs yeux.

Les réformes économiques sont, bien sûr, pour beaucoup dans ces bouleversements. Mais l'impact de l'économie sur la société n'aurait pu être aussi brutal s'il ne s'était accompagné de profonds changements démographiques. Car les cinquante dernières années ont aussi été, pour la Chine, une période cruciale pour sa population : en cette courte période, elle est devenue un pays à faible croissance démographique, tout au moins lorsqu'on la compare à ses grands voisins asiatiques comme l'Inde, l'Indonésie, le Pakistan ou le Bangladesh. Désormais, la population chinoise augmente de 0,6 % par an, soit quatre fois moins vite que dans les années 1960. Les Chinoises, qui faisaient encore près de six enfants en moyenne en 1970, en font aujourd'hui moins de deux, c'est-à-dire presque aussi peu que dans les pays les plus développés de la planète. Ainsi, alors que la Chine gagnait près de vingt millions d'habitants par an au début des années 1970, elle n'en gagnera plus que trois fois moins, et ce pour chaque année de la décennie 2010. Sept millions et demi en moyenne. Pour sa mortalité aussi, la Chine est désormais dans le peloton de tête des pays en développement, avec une durée de vie qui se rapproche peu à peu de la moyenne européenne[4].

Mais en Chine comme ailleurs, la baisse de la natalité et le recul de la mortalité annoncent de profonds bouleversements dans la structure des familles. Moins d'enfants, plus de personnes âgées : la pyramide des âges s'inverse. Les familles, de plus en plus petites, se recentrent sur leurs enfants tandis que les seniors, en meilleure santé, restent plus longtemps autonomes. C'est ainsi que les relations intergénérationnelles se transforment ; les jeunes prennent de plus en plus de place, on leur accorde davantage d'attention et de valeur. Les plus âgés, eux, s'émancipent ; ils ne sont plus la clé de voûte de la cellule familiale et s'immiscent de moins en moins dans la vie de leurs enfants. Chacun, à sa manière, s'individualise ; les rôles et les statuts des uns et des autres s'en trouvent donc profondément modifiés.

Chute du nombre d'enfants, allongement de la vie, élévation du niveau de vie global, mais paupérisation d'une partie de la population, réformes de l'éducation et du système de santé, flux massifs de migrants internes, précarisation de l'emploi... Les bouleversements qui touchent la société chinoise depuis plus de trente ans sont de tous ordres. Dans l'œil du cyclone, les enfants, inévitablement touchés par ces mutations innombrables.

L'ENFANT UNIQUE, UN SYMBOLE DE LA CHINE EN TRANSITION

Penser à la Chine aujourd'hui, c'est d'abord évoquer, bien sûr, ses formidables performances économiques. Mais la seconde spécificité chinoise qui, d'emblée, vient à l'esprit, c'est sans nul doute l'enfant unique : la Chine, « pays d'enfants uniques » ; la Chine, « pays des petits empereurs »… C'est en effet le seul pays au monde à avoir adopté une politique de contrôle des naissances aussi drastique, préconisant « un enfant par couple » (*zhi sheng yi ge haizi*). Pourtant, hors des clichés et des matraquages médiatiques, l'enfant unique est loin d'être la règle. Les familles à enfant unique ne sont en aucun cas le modèle familial dominant dans l'Empire du milieu. À cet égard, les apparences sont, en effet, bien trompeuses…

La Chine, un pays d'enfants uniques ?

L'enfant unique, certes, n'existe pas qu'en Chine. Mais il n'y a qu'en Chine qu'il fait l'objet d'une catégorie statistique à part entière. Avec la mise en œuvre de la politique du même nom en 1979, l'enfant unique est en effet devenu, sur le plan politique, une fin en soi. Dès lors, pour répondre à un objectif ambitieux de modernisation économique, les autorités chinoises ont développé une série de mesures autoritaires destinées à contraindre le plus grand nombre possible de parents à se limiter à un seul enfant.

Depuis 1979, la règle de l'enfant unique est officiellement intangible pour la population urbaine. Mais dans les régions rurales, les autorités se sont rapidement ravisées ; la résistance à une stricte limitation des naissances y était trop forte, les traditions familiales bien trop ancrées. À la campagne, le besoin de faire des enfants est plus prégnant afin de s'assurer une vieillesse décente, puisque aucun système de retraite généralisé n'existe. De fait, en milieu rural, les enfants sont toujours, à terme, une source de revenus indispensable, dont peu de familles peuvent se priver. Depuis 1984, la règle de l'enfant unique y est donc l'exception. Dans de nombreuses provinces, encore aujourd'hui, les paysans ont le droit d'avoir un deuxième enfant, en particulier lorsque l'aînée est une fille – voire un troisième, notamment chez certaines minorités ethniques[5].

Trente ans après la mise en œuvre de la politique de l'enfant unique, les statistiques parlent : cent soixante millions d'enfants uniques en Chine – deux fois et demie la population de la France. Ce chiffre, certes considérable, ne fait toutefois pas de la Chine un pays d'enfants uniques : parmi les enfants nés depuis la fin des années 1970, seul un sur trois n'a ni frère ni sœur. Dans les villes, chez les moins de 15 ans, deux sur trois sont des enfants uniques ; et dans les campagnes, seulement un sur trois. En outre, ces enfants uniques sont concentrés dans les provinces orientales les plus développées et les plus urbanisées, où la politique de contrôle des naissances a toujours été plus stricte. Seules Pékin, Shanghai, Tianjin et la province du Liaoning comptaient, en 2005, 50 % à 60 % d'enfants uniques chez les moins de 30 ans. Mais dans la grande majorité des provinces de l'Ouest et du Sud (notamment le Guangdong, le Guangxi, Hainan, le

Guizhou, le Gansu, le Ningxia), cette proportion n'excédait pas les 20 %. On est donc loin des stéréotypes.

D'accord pour l'enfant unique, si c'est un fils...

Ces chiffres, même s'ils ne sont pas aussi mirifiques que l'auraient souhaité les autorités chinoises, parlent d'eux-mêmes. À l'échelle de la Chine entière – pays, rappelons-le, le plus peuplé du monde –, un enfant sur trois est un enfant unique. Ces résultats témoignent, bien sûr, de l'impact de la politique de stricte limitation des naissances. Mais ils sont aussi un symptôme de la transition sociale qui accompagne les réformes économiques. Désormais, l'enfant coûte cher : il faut bien entendu le nourrir, mais aussi le loger, l'habiller, trouver des moyens de garde, le faire soigner quand il est malade, assumer les coûts de sa scolarité... dans une société où l'essentiel de ces dépenses incombe aujourd'hui aux familles. Alors, en Chine comme presque partout ailleurs dans le monde, les parents opèrent un calcul des coûts et bénéfices liés à la venue d'un enfant. Et le résultat conduit souvent, en particulier au sein des classes moyennes, à choisir de n'en avoir qu'un seul.

La dimension économique n'est cependant pas la seule variable prise en compte dans ce calcul. Car si l'enfant unique est une solution acceptable pour bon nombre de couples, elle l'est d'autant plus si ce dernier est un garçon. Mais lorsque le « petit empereur » tant attendu se révèle finalement n'être qu'une fille, souvent, les parents changent de stratégie et se décident pour un deuxième enfant – stratégie d'ailleurs soutenue par la politique de limitation des naissances qui, dans de nombreuses régions rurales, autorise un deuxième enfant lorsque le premier est une fille. Car, dans l'esprit des Chinois, un fils est doté de divers atouts inhérents à son sexe, dont les filles, en dépit de la modernisation sociale, restent globalement dépourvues. Un fils permet la perpétuation de la lignée familiale, est à lui seul une preuve de piété filiale et fera office de soutien économique pour ses vieux jours. Mais il est aussi une source de fierté et un gage de reconnaissance sociale pour ses parents. Zhang Bohua, 78 ans, regrette ainsi de ne pas avoir de petit-fils : « Tous mes petits-enfants sont des filles. J'aurais voulu avoir un petit-fils. Mais maintenant c'est trop tard, à cause de la politique de l'enfant unique... Cela me rend triste ! »

On compte ainsi, chez les enfants uniques, une majorité de garçons, plus grande encore que dans l'ensemble de la population enfantine. Sur 100 enfants de moins de 15 ans, il y a aujourd'hui 54 garçons pour 46 filles, une proportion, nous le verrons, déjà anormalement élevée. Mais, sur 100 enfants uniques dans cette tranche d'âge, la majorité masculine gagne encore du terrain, avec 57 garçons pour 43 filles. Et cela est encore plus vrai dans les campagnes où l'on compte, sur 100 enfants uniques, 59 garçons pour 41 filles. L'enfant unique : d'accord, mais sous condition.

Plus rare, donc plus précieux ?

La chute du nombre d'enfants qui s'est opérée depuis les années 1970 a un impact considérable sur la démographie de la Chine. Mais tout aussi brutal est son effet sur la vie des enfants eux-mêmes. Les attentes qui pèsent sur eux, les droits qu'on leur concède, l'attention qu'on accorde à leur parole, l'affection et le soin qu'on leur porte : tout change lorsque les enfants deviennent moins nombreux, surtout si l'économie et la société, elles aussi, se transforment.

Qui dit moins d'enfants dit, bien souvent, plus de valeur accordée à chacun d'eux. Dès lors, parce que les diverses dimensions de la transmission familiale, aussi bien matérielle que symbolique, se concentrent sur une descendance restreinte, sa valeur s'en trouve mécaniquement accrue. Et si la baisse du nombre d'enfants s'accompagne d'une amélioration du niveau de vie et d'un accès de plus en plus large à la société de consommation – ce qui a été le cas de la majorité des familles chinoises au cours des dernières décennies –, elle se traduit par des investissements toujours plus gros sur l'enfant, qui en augmentent encore sa valeur intrinsèque. L'enfant unique doit être parfait et admirable en tout, doit tout connaître, et surtout ne manquer de rien. Choyé à outrance, on lui passe tous ses caprices, rien n'est trop beau pour lui. Mais cette attention démesurée a un prix car, en contrepartie, les parents nourrissent de grandes ambitions pour lui, et il ne doit pas faillir. Très tôt, on inculque à ce « petit empereur » l'adage selon lequel « ceux qui travaillent avec leur esprit dirigent, ceux qui travaillent avec leurs muscles sont dirigés » (*laoxinzhe zhi ren, laolizhe zhi yu ren*[6]). Il doit donc recevoir la meilleure éducation possible, maîtriser les langues étrangères, la musique, l'informatique... et ainsi, une fois adulte, pouvoir prétendre à un emploi respectable et surtout lucratif. Car dans une société chinoise désormais de plus en plus compétitive, la reconnaissance sociale ne s'acquiert plus que par l'argent.

Pour Susan Greenhalgh, sinologue et anthropologue à l'université de Californie, la politique de l'enfant unique n'aurait pas eu pour seul objectif de réduire la croissance démographique. Son autre but, celui-ci inavoué, aurait été de créer une génération de jeunes élites, héritières uniques bénéficiant sans partage de toutes les ressources accumulées par leur famille. Selon elle : « L'objectif des autorités chinoises a été de produire une génération d'enfants *de grande qualité* dont le rôle était de faciliter l'élévation de la Chine au rang des grandes puissances mondiales[7]. » Si l'on adhère à ce postulat, les résultats sont là. Les immenses ambitions nourries par les parents pour leur progéniture se traduisent par des investissements financiers considérables : dès la fin des années 1980, deux enfants uniques sur trois suivaient des cours particuliers (peinture, calligraphie, musique, danse, langue étrangère...), contre seulement un sur trois parmi ceux ayant au moins un frère ou une sœur[8].

Cela fait-il pour autant des enfants uniques une élite sociale ? Aucune enquête chinoise ne permet de le mesurer. Mais certains enfants, en tout cas, en sont eux-mêmes convaincus. La star du jardin d'enfants Intelligence et performances, l'un des plus réputés de Pékin, c'est Ying Rudi, 5 ans, fils d'un producteur de sitcoms très populaires. Rudi a pris ses premières leçons de piano alors qu'il n'avait que 3 ans, et il est maintenant un prodige. Xu Qiushi, 13 ans, ancienne élève du même jardin d'enfants, excelle également au piano, mais aussi en boxe coréenne. Elle n'a pas le moindre doute quant à son admission à l'université

Qinghua, l'une des meilleures du pays, et fait déjà des plans pour aller poursuivre ses études à Paris avec pour objectif de devenir diplomate.

Plus précieux : oui, mais pour combien de temps ?

Plus rare, l'enfant chinois est aujourd'hui, pour les familles nanties autant que pour les plus pauvres, plus précieux qu'il ne l'a jamais été. Le dicton populaire selon lequel « plus on a d'enfants, plus on est heureux » (*duozi duofu*) perd peu à peu son sens ; les familles s'adaptent à leurs nouvelles contraintes.

Mais si garantir sa descendance, masculine surtout, était autrefois une priorité de la famille élargie, elle ne relève plus, dans les grandes villes, que de décisions hautement personnelles. Les jeunes couples souhaitent désormais choisir le moment où ils auront un enfant, et certains commencent même à revendiquer leur droit à ne pas en avoir du tout. Mariés depuis dix ans, Zheng Jian, homme d'affaires de 38 ans, et sa femme Xiao Yan, graphiste, sont convaincus que leur petite famille, composée de leur seul couple, est la plus heureuse du monde. « On a tellement de choses à faire tous les deux, explique Zheng. Nous sommes comme deux gamins qui passent leur temps à jouer ensemble. On est très heureux de notre vie. Pourquoi irait-on s'embêter avec un enfant ? » Pour beaucoup de jeunes citadins profiter de la vie et faire carrière est aujourd'hui une priorité bien plus grande que d'avoir des enfants. « Je n'ai pas le temps ! » répond, laconique, Jing Du, 27 ans, lorsque son mari lui exprime son désir de fonder une famille. Jing Du n'est pas un cas isolé. C'est aussi

l'état d'esprit de Liu Xiaomei, jeune étudiante de 21 ans :
« Mon père dit tout le temps que je suis égoïste. Je ne veux pas avoir d'enfant car je ne veux pas partager des choses avec quelqu'un d'autre. Je suis l'opposée de ma mère. Elle a tout fait pour moi, mais je me sens incapable d'en faire autant pour un enfant ! »

Les villes chinoises comptent de plus en plus de *ding ke*, adaptation locale des *dinkies* anglo-saxons : *double income, no kids*[9].

Xueyan, 36 ans, est employée de banque. Son mari, Yanghong, 40 ans, est artiste peintre. Ils sont mariés depuis huit ans. À eux deux, ils gagnent près de 35 000 yuans par an, un revenu confortable. « Si on regrette de ne pas avoir d'enfant ? s'esclaffe Yanghong, sûrement pas ! Nous ne sommes pas fous ! Un enfant, si on veut l'élever correctement, ça coûte trop cher ! Sans enfant, on a une vie très heureuse... Regardez notre appartement, il y a des fleurs partout ! Et puis on a un même grand aquarium avec des poissons, et aussi un chien ! »

Les couples *ding ke*, apparus en Chine dans les années 1980, seraient aujourd'hui plusieurs centaines de milliers, concentrés dans les grandes métropoles comme Pékin, Shanghai, Tianjin et Canton. Par manque d'envie, de temps, d'argent, mais aussi par peur de devoir faire face à trop de contraintes, ces jeunes mariés auraient fait le choix de ne pas avoir de descendance. Habitués à ne s'occuper que d'eux-mêmes et peu enclins aux sacrifices, les *dinkies* ne manquent pas d'arguments : « Un enfant, ça détruit l'amour dans un couple ! explique Zhang Xiaoli. Avec mon mari, nous avons une vie facile et romantique, ça casserait tout si on avait un enfant ! On aime voyager, lire, faire du sport, sortir le soir... Alors avoir un enfant, ça n'est pas pour nous ! La vie est courte, on veut donc en profiter et dépenser notre argent comme bon nous semble. » Lin Yehua, qui vit dans le quartier de Chaoyang à Pékin, est mariée depuis trois ans. Interrogée à propos de la maternité, elle s'indigne : « Une grossesse, ça dure neuf mois... c'est beaucoup dans une vie. Que de temps perdu ! Et c'est sans compter tout le temps passé après, à s'occuper de l'enfant ! Et puis en plus, une grossesse, ça abîme vraiment le corps d'une femme ! » Or, Hou Yuchuan, instituteur à la retraite, en est certain : « Si tout le monde fait comme eux, la race humaine va s'éteindre ! Ils ont pourtant bien profité de l'amour de leurs parents... C'est vraiment égoïste de leur part ! »

Cependant, tous les *ding ke* chinois n'ont pas les mêmes motivations hédonistes. Shanshan, 26 ans, mariée depuis quatre ans à un chef d'entreprise, explique : « Moi, j'adore les enfants, et j'aimerais beaucoup en avoir un. Mais, mon mari et moi, on a tellement de travail qu'on n'a pas le temps pour ça. En plus, la compétition est tellement rude au bureau... Si je m'arrête de travailler quelques mois pour faire un enfant, quelqu'un va prendre ma place, et à mon retour je n'aurai plus un aussi bon poste ! Je ne peux pas me le permettre... » Pour Guo Jin, 30 ans, mariée depuis six ans, « un enfant coûte beaucoup d'argent. Entre le jardin d'enfants, puis l'école, les vêtements, les jouets... on ne peut pas s'en sortir ! Et si je ne lui achète pas tout ce qu'il demande, j'aurais trop peur qu'il développe un complexe d'infériorité vis-à-vis de ses camarades de classe. Voilà pourquoi je n'aurai pas d'enfant. Et puis trouver un travail est tellement difficile pour les jeunes aujourd'hui...

Je n'ai pas envie de faire un enfant s'il doit vivre dans une société aussi élitiste ! ».

Les témoignages en ce sens abondent. À commencer par celui de Liu Xiaojan, 28 ans. « Ce n'est pas que les gens n'ont pas envie d'avoir des enfants, explique-t-il, c'est qu'ils ne peuvent pas ! Élever un enfant dans une ville aujourd'hui, c'est très onéreux, et il faut commencer à payer avant même sa naissance… Chaque mois, mon mari et moi dépensons au moins 1 500 yuans pour nourrir notre fils, le faire garder et payer le médecin quand il est malade. » C'est pourquoi les jeunes couples rechignent de plus en plus à avoir un second enfant, même lorsque la politique de contrôle des naissances leur en donne le droit. La raison en est purement financière. « Ce n'est pas la politique de contrôle des naissances qui nous fait hésiter à avoir un deuxième enfant, ma femme et moi. Comme nous sommes tous les deux enfants uniques, on y a droit. Mais la vie est trop chère aujourd'hui, explique Chang, ingénieur de 32 ans. Mon seul salaire suffit tout juste à payer le remboursement de notre appartement, la nourriture et les vêtements de notre fille. On ne peut pas se permettre d'avoir un deuxième enfant. »

Plus précieux parce que plus rare, l'enfant chinois l'est sans aucun doute d'un point de vue symbolique. Mais au niveau strictement matériel, il représente une charge toujours plus lourde pour les familles, à tel point que certaines d'entre elles ne peuvent plus s'offrir ce qui est en train de devenir un véritable objet de luxe. Alors que l'État ne soutient plus guère les familles dans leur mission reproductive et éducative au sens large – aides sociales et financières quasi inexistantes, éducation et soins de santé à la charge des particuliers, coûts exorbitants pour la garde des enfants en bas âge, trop faible protection juridique des mères sur le marché du travail –, l'enfant impose désormais moult sacrifices financiers.

L'enfant unique, symptôme d'une Chine malade ?

C'est un fait, les coûts liés à l'entretien et à l'éducation d'un enfant sont aujourd'hui, eu égard aux revenus des couples, souvent démesurés. Mais, dans certaines familles, les comportements des parents vis-à-vis de leur progéniture, en particulier lorsqu'il s'agit d'un enfant unique, défient parfois l'entendement. En Chine, comme ailleurs, les parents tentent, quand ils le peuvent, de donner le meilleur à leurs enfants, et cela est en général d'autant plus vrai que leur nombre est réduit. Mais dans les nombreuses familles chinoises qui ont un enfant unique, souvent, on ne regarde plus à la dépense. Ou comment cette quête du « meilleur » se transforme en une quête irraisonnée du « toujours plus ».

« À 8 mois à peine... »

« À 8 mois à peine, notre fils nous a menés à la faillite... Mais, en même temps, on se sent constamment coupables, on a si peur de mal faire ! » Voici l'histoire que nous raconte Li Junhong, une jeune maman de 23 ans. Elle poursuit : « Sitôt après la naissance de mon fils, je ne sais combien de représentantes de commerce ont déboulé à la maternité pour nous féliciter, mais surtout pour nous recommander leurs œufs peints en rouge, de très bonne qualité. Nous avons payé 175 yuans[10] pour deux cent cinquante de ces œufs, que nous avons distribués à nos amis et collègues, pour leur annoncer l'heureux événement. Une semaine plus tard, quand nous sommes rentrés à la maison, nous avons été bombardés d'appels téléphoniques nous vantant les mérites de tel lait en poudre ou de telle compagnie d'assurances. J'ai fini par souscrire un contrat pour assurer notre famille... » Et ce n'est pas fini. « Chaque jour, notre boîte aux lettres était envahie de publicités (adressées à mon fils !) pour des produits et des services destinés aux enfants. J'étais contente de recevoir toutes ces informations, j'avais l'impression qu'elles m'aidaient à être une meilleure mère... J'ai appris que, pendant son premier mois de vie, un enfant devait être soigné de manière "scientifique" par une nourrice professionnelle. » Ce qui a coûté la bagatelle de 2 000 yuans à la jeune femme... Prendre l'empreinte des mains et des pieds de son enfant, en souvenir ? Déboursez 450 yuans... L'achat de gélules « pour favoriser le développement de sa boîte crânienne » ? Il vous en coûtera cette fois-ci plus de 400 yuans.

Quand son fils a eu 3 mois, Li Junhong a pu l'amener en promenade pendant deux heures chaque jour, pour lui faire prendre l'air. Mais « dès que nous mettions le nez dehors, des représentants de commerce surgissaient de nulle part, me disaient que mon fils était vraiment adorable, et me proposaient encore d'autres choses pour lui ! » L'un deux l'a alors pressée d'inscrire son enfant à un programme d'enseignement pour lui faire apprendre une seconde langue. « Mais comment aurait-il pu apprendre une seconde langue alors qu'il ne parlait pas encore le chinois ? » s'exclama-t-elle. « Vous allez le regretter, Madame ! m'a-t-il dit. Et effectivement j'ai regretté, quand je me suis rendue compte que certains de mes voisins y avaient déjà inscrit leur enfant, et surtout quand mes parents m'ont dit que ma décision de ne pas le faire était irresponsable. Mais cela coûtait 5 000 yuans ! Alors, pour essayer de compenser, j'ai acheté toute une série de documentaires pour tout-petits (les gens disent qu'on doit faire "lire" ce genre de livres aux enfants dès leur naissance…) et je l'ai amené chaque semaine à la piscine pour des cours de natation, soit 58 yuans la séance. »

Ce véritable chemin de croix financier ne s'arrête pas là. Parce qu'elle a lu dans les magazines destinés aux jeunes parents qu'un enfant de 3 mois devait jouer, la jeune mère lui a « acheté des tas de jeux pour favoriser son développement physique et intellectuel ». Quand le bébé a eu 6 mois, son médecin lui a dit que son lait n'était plus assez nourrissant, et qu'il fallait compléter son alimentation. C'est ainsi que Li Junhong a dû « chaque mois dépenser environ 800 yuans pour du lait maternisé, 100 yuans pour du "Niuchuru" [un lait de vache de première qualité censé améliorer les défenses immunitaires], 100 yuans pour du foie de poisson et du calcium, et 150 yuans pour le reste de sa nourriture ». C'est aussi à partir de là qu'elle a « commencé à lui acheter des vêtements de marque, pour que ça lui donne confiance en lui ».

Et de poursuivre : « Mon fils n'a jamais été gravement malade. Mais dès qu'il éternue, qu'il renifle ou qu'il a un peu moins d'appétit, on le conduit à l'hôpital. Les médecins, pleins de considération, lui prescrivent des tas de médicaments – on en a tellement à la maison qu'on pourrait ouvrir une pharmacie ! »

Pis, le cas de Li Junhong est loin d'être isolé : « Hier, j'ai rencontré une autre jeune maman de mon immeuble. Elle m'a dit qu'elle venait d'inscrire son fils dans un centre pour qu'il y apprenne l'anglais et les bonnes manières. Pour cela, elle paie plus de 10 000 yuans par an ! En entendant ses propos, j'ai tout de suite eu envie de cambrioler une banque ! Aujourd'hui, les enfants uniques sont vraiment élevés avec de l'or[11] ! »

« Un maître qui a deux valets »

Zhou Wei, maman de Qiqi, 2 ans, explique : « Qiqi est le centre de toute la famille. Une fois, il s'est cogné au front. Cela nous a mis dans un état de folie totale, comme si le ciel nous était tombé sur la tête… Sa grand-mère ne pouvait pas s'arrêter de pleurer, et moi non plus. Depuis, nous avons remplacé tous nos anciens meubles par des nouveaux, avec des coins ronds, pour qu'il ne puisse plus se faire mal ! » Véritables objets de vénération de la part de leurs parents, les « petits empereurs » (*xiao huangdi*) sont dispensés de toute corvée ou effort superflu ; aucune contrainte ne leur est imposée. Certains se décrivent comme « un maître qui a deux valets » (*wo shi yi zhu er pu*) : il est le maître, ses parents sont ses valets. L'enfant roi est symptomatique de cette société chinoise en quête de repères : sur lui repose l'avenir de la famille, sur lui se focalisent les ambitions parentales, et sur sa seule personne s'expriment l'affection et les attentions décuplées de ses proches.

C'est le jour de la rentrée pour Qiyi, 3 ans. Le chauffeur de la famille vient de les déposer, lui et sa grand-mère, devant son jardin d'enfants. Une fois dans la salle de classe, l'enseignant demande : « Les enfants, vous souvenez-vous de la comptine apprise avant les vacances ? » Qiyi et ses camarades tapent dans leurs mains et se mettent à chanter. Les meilleurs petits chanteurs sont récompensés par des bonbons, mais Qiyi n'en fait pas partie. « Je m'en fiche ! Chez moi, j'ai tous les bonbons que je veux ! » Enfant unique d'une famille très aisée, Qiyi vit avec son père, sa mère et ses grands-parents maternels ; en effet, il mange autant de bonbons qu'il le souhaite. Tout, dans la manière dont il est élevé, lui laisse penser qu'il est le centre de l'univers. Wang Ying, directeur du jardin d'enfants dans lequel Qiyi est scolarisé, explique : « Les enfants aujourd'hui sont affreusement gâtés. Ils ne sont pas sociables et exigent des gratifications immédiates. Les adultes sont trop protecteurs avec eux, ils leur passent tous leurs caprices de peur de mal faire… Les enfants n'ont aucune discipline, et les parents s'en moquent ! »

Patience, effort, partage, respect des autres… autant de notions inconnues, ou presque, des enfants uniques. Et, contre toute attente, la forte implication des grands-parents dans leur éducation, en particulier lorsque les deux parents travaillent, n'arrange rien. Souvent démunis face à un petit-enfant au caractère bien trempé, les grands-parents laissent faire – c'est pourtant un enfant sur deux qui, en Chine aujourd'hui, serait, au moins une partie du temps, élevé par ses grands-parents[12]. Désespéré, ce père explique : « Hanhan était en train de jouer sur l'ordinateur. Tout d'un coup, il s'est mis à hurler "Papa ! Papa !" Je me suis précipité. Il voulait que je joue avec lui, mais je n'ai pas réussi. Alors il m'a traité de tous les noms : "Imbécile ! Incapable ! Tu ne comprends rien ! Ça n'est pas comme ça qu'il faut faire !" Il est devenu très agressif. Après, il s'en est pris à sa grand-mère, disant qu'elle ne savait même pas parler anglais, puis il a insulté son grand-père[13] ! »

La tyrannie des « petits empereurs »

Le film *Le Petit empereur de Chine*[14], sorti en Chine en 1987, jeta d'emblée un pavé dans la mare : Ma Qi, enseignante en primaire, est confrontée à un problème de taille : elle est incapable de gérer sa classe d'enfants uniques. Parmi eux, on trouve Xiaoxing, garçonnet agressif et à l'esprit vengeur, mais aussi la petite Lili : ses parents, ouvriers, rêvent qu'elle devienne une pianiste de renom. Ils ont économisé sur leur nourriture pour lui offrir un piano ; Lili répète chaque jour, sous les coups de bâton de sa mère. Et puis il y a Mingming, « petit empereur » de 10 ans, élevé par ses grands-parents car ses parents, qui travaillent tous les deux, n'ont pas le temps de s'en occuper, et à qui sa grand-mère ne refuse rien. Ma Qi connaît bien les problèmes liés à l'éducation des enfants uniques... mais elle est tout aussi démunie quand elle se retrouve, chez elle, face à sa propre fille.

Plus de vingt ans ont passé depuis la sortie de ce long-métrage, mais certains enfants uniques posent toujours autant de problèmes. Taotao, 10 ans, insulte régulièrement ses parents. Sa mère a beau faire, il ne lui obéit pas. À la moindre de ses injonctions comme « Va te laver les mains ! » ou « Fais tes devoirs ! », il conteste et se roule par terre de colère[15]. Xuanxuan, 4 ans, est scolarisé dans un jardin d'enfants de Qumo, au Hebei. Il passe son temps à se chamailler avec ses camarades et, souvent, n'hésite pas à les mordre. Liang, son enseignante, décide alors de convoquer ses parents pour expliquer la situation... et finalement découvrir, atterrée, que « cela fait longtemps que Xuanxuan a pris l'habitude de mordre », selon les propres dires de son père, désespéré. « Dès qu'il est contrarié, il mord... Même nous, ses parents, il nous mord ! », se lamente-t-il en découvrant ses avant-bras, couverts de cicatrices. « Mais on ne l'a jamais vraiment grondé pour cela... On ne sait pas quoi faire pour qu'il arrête[16]... »

Lin a 47 ans. Elle est séparée de son mari depuis plusieurs années et élève seule Xiaoqing ; elle vit chichement, mais sacrifie tout au bien-être de sa fille. À la fin de ses études, Xiaoqing, qui s'est mise à la recherche d'un travail, tombe sur une offre pour un poste d'employée commerciale. *A priori*, l'emploi l'intéresse, mais, pour en être sûre, elle doit l'occuper quelques jours à l'essai. Xiaoqing s'économise, elle ne veut pas se fatiguer pour rien. La solution pour elle : envoyer sa mère s'y essayer à sa place... Le plus fort, c'est que Lin a accepté[17] !

Xiao Cao, elle, est étudiante dans une université de Shanghai. Mais comme elle habite à plusieurs dizaines de kilomètres de là, elle est interne. Elle raconte : « En hiver, il fait froid. Je n'ai pas envie de me lever trop tôt le matin. Alors, ma mère part devant pour me trouver une place dans le car. » Et la mère d'expliquer son comportement :

« C'est vrai, en hiver, les enfants aiment rester au lit. J'ai des scrupules à laisser partir ma fille dans le froid… » Réserver un siège pour sa fille est devenu une activité habituelle pour elle. Chaque lundi, elle se lève à 5 heures du matin, emporte la valise de sa fille, attend le bus dans le froid et s'y installe pour réserver un siège, jusqu'à ce que Xiao Cao arrive[18].

« Chi ku », ou comment rééduquer les enfants uniques

« Ne pas [savoir] écaler un œuf, s'habiller seul ou même lacer ses chaussures[19] » : les « petits empereurs » chinois ont souvent bien peu d'autonomie dans leur vie quotidienne. Yi Wei, auteure d'un ouvrage sur la jeunesse chinoise, explique : « C'est une génération fragile. Ils ont toujours été très protégés, n'ont aucun sens du sacrifice, de la frustration et de la retenue. » Complainte universelle des parents d'enfants uniques : ceux-ci n'ont jamais appris à « *chi ku*[20] »… une expression courante pour exprimer leur incapacité à faire face à la moindre difficulté. Ne sachant plus comment faire renouer leur enfant avec les réalités de la vie, certains parents s'en remettent à des colonies de vacances d'un genre un peu spécial : les camps *chi ku*, de véritables camps de rééducation pour les enfants uniques.

Rien de mieux, en effet, pour les petits citadins nantis vivant sous une atmosphère ultraprotectrice que de se confronter, pour un temps, au quotidien des campagnes reculées. Règle n° 1 : ne pas donner d'argent de poche aux enfants ; règle n° 2 : ne leur laisser aucune friandise. Le programme est strict : se lever tôt, se coucher tôt, et la journée en immersion complète dans la vie paysanne. Logés dans des familles d'accueil, les enfants participent à l'épandage de l'engrais et la cueillette des fruits et des légumes. Chacun doit apprendre à faire du feu, laver le produit des récoltes, faire la cuisine[21]...

Parmi les initiatives destinées à endurcir ces enfants – mais aussi dans l'espoir de renforcer leur esprit patriotique ! –, le gouvernement chinois a instauré, en 2007, l'obligation pour tout lycéen de suivre au moins une semaine de formation militaire. Pour motiver autant que possible les jeunes stagiaires, les notes reçues à l'issue de cette formation sont inscrites au dossier scolaire, et pourraient bien, à terme, être prises en compte dans le fameux *gaokao*[22], le concours national d'entrée à l'université[23]. Mais la vie dans les camps d'entraînement est l'antithèse de celle qu'ont quotidiennement les jeunes citadins : l'obéissance absolue est exigée, l'esprit d'équipe développé... tout est fait pour mettre les jeunes à l'épreuve. Ceux qui refusent de se plier aux règles sont bien sûr punis.

Soumettre les enfants uniques à l'autorité des adultes et les rendre plus respectueux de leurs aînés – une vertu cardinale pourtant traditionnelle en Chine – devient, pour certains, une obsession. Chen Ping est enseignant dans un lycée de Shanghai. En guise de travaux pratiques dans le cadre d'un cours sur l'éthique, il a demandé à ses élèves de laver les pieds de leurs parents. Mais le résultat a été peu concluant : sur cent quatre de ses élèves, seuls vingt-quatre ont accompli leur tâche. L'un d'entre eux s'est même insurgé : « Qui utilise encore des bassines de nos jours ? On a tous des douches ! En plus, ceux qui veulent qu'on leur lave les pieds n'ont qu'à descendre dans la rue pour trouver un salon de massage ! Les masseurs n'ont qu'à accomplir cet acte de piété filiale à notre place[24] ! »

Gosses de riches

Zhang, antiquaire, annonce la mauvaise nouvelle à sa fille : la famille, qui connaît de graves difficultés financières, doit quitter son luxueux appartement de deux cents mètres carrés près du marché de la soie, à Pékin, pour s'installer dans un trois pièces en périphérie de la ville. En fait, c'est un mensonge. Zhang et sa femme n'ont pas de problèmes d'argent ; ils espèrent juste, en déménageant dans un quartier populaire, ramener leur fille de 13 ans aux réalités de la vie. « Ma fille est beaucoup trop gâtée, elle est incapable d'avoir un comportement normal ! » raconte Zhang. « Quitter notre bel appartement va lui faire peur, il faudra forcément qu'elle s'adapte à un nouvel environnement. »

Avec les réformes économiques, certaines familles ont vu leur niveau de vie décupler. Mais cette nouvelle aisance matérielle ne leur rend pas que des services ; au contraire, elle les met face à de nouveaux défis dans l'éducation de leurs enfants. De nombreux parents continuent de penser que l'argent peut résoudre tous leurs problèmes éducatifs, et que la vie de leurs enfants sera meilleure s'ils dépensent sans compter pour eux. Zhang avait commencé à restaurer des meubles, dix ans plus tôt, dans une modeste boutique. Lui et sa femme travaillaient dur et faisaient garder, le plus clair du temps, leur fille par une nourrice. En 2003, Zhang et sa femme décidèrent d'acheter un très bel appartement pour plusieurs millions de yuans, une manière pour eux de compenser un peu les années passées à négliger leur fille au profit de leur emploi. Mais, en grandissant, celle-ci est devenue une « petite reine ». Quand le chauffeur de la voiture familiale passait la chercher pour l'emmener à l'école, elle ne l'appelait plus *gege* (grand frère) comme le veut l'usage, mais tout bonnement « chauffeur » ; elle s'est mise à exiger qu'il lui ouvre la portière de la voiture pour lui permettre de descendre... Puis elle a commencé à acheter à crédit dans les magasins. Pensant bien faire, ses parents lui ont supprimé son argent de poche ; alors, elle s'est mise à voler de l'argent dans le portefeuille de sa mère. Finalement, Zhang et sa femme ont décidé de déménager, se disant qu'un nouvel environnement obligerait leur fille à changer de comportement. « Elle a besoin de voir comment les enfants vivent dans un environnement ordinaire », explique Zhang. Heureux de l'efficacité de sa démarche, il confie : « Désormais, ma fille est plus polie et s'entend bien avec nos voisins. Elle commence même à s'intéresser aux autres ! » Mais il est prêt à aller plus loin : « S'il le faut, nous déménagerons encore[25] ! »

Zhang n'est pas le seul à avoir compris à quel point une existence trop cossue pouvait nuire à certains enfants. Ainsi, un couple de Chongqing a-t-il caché sa fortune à sa fille de 17 ans, Li Wen, jusqu'à ce qu'elle réussisse son examen d'entrée à l'université. Li Wen avait toujours cru que ses parents étaient pauvres, et que son père devait travailler dur pour subvenir à leurs besoins. La jeune fille ne se faisait offrir des vêtements neufs qu'à l'occasion des fêtes familiales. Les téléphones portables de ses parents et quelques appareils électroménagers étaient, en apparence, leur seule richesse. Li Wen ne leur a demandé de l'argent qu'une seule fois, pour aider l'une de ses camarades de classe atteinte de leucémie. Ses parents ont alors vendu leur télévision pour 1 000 yuans, qu'ils ont donnés aux parents de la jeune malade. Quand Li Wen a décidé d'entrer à l'université, elle a choisi celle qui était la plus proche de chez elle, pour limiter les coûts. Mais, à sa grande surprise, ses parents l'ont alors encouragée à s'inscrire dans l'une des universités les plus prestigieuses du pays, à Shanghai. En plus, ses parents lui offraient une voiture et un voyage à l'étranger. C'est alors que la vérité éclata au grand jour : non seulement son père possédait une grande librairie au cœur de la ville, mais encore il était propriétaire d'une mine de charbon à Panzhihua, au Sichuan. Avant la naissance de Li Wen, ses parents avaient d'emblée pris la décision de l'élever dans un environnement modeste, afin qu'elle ne devienne pas trop matérialiste. Choquée par l'attitude de ses parents, Li Wen a écrit au courrier des lecteurs d'un magazine : « Mes parents m'ont menti pendant dix-sept ans ! Le mensonge est-il la seule manière d'élever correctement un enfant[26] ? »

L'enfant unique victime des stéréotypes ?

Égocentrique, capricieux, incapable d'accepter la moindre critique... l'enfant unique a bien mauvaise réputation. Mais, à force de clichés, ne serait-il pas, en fin de compte, exagérément stigmatisé ? Pour Shen Jie, sociologue à l'Académie chinoise des sciences sociales, ces inquiétudes sont excessives : selon lui, les enfants uniques chinois sont comme tous les enfants du monde, ils essaient seulement de trouver leur voie. « Si vous jugez les enfants d'aujourd'hui par rapport aux standards d'hier, alors là, c'est sûr, ils sont différents. Ils n'aiment pas souffrir et ils ne sont pas habitués à faire face aux difficultés ni aux sacrifices. Et alors ? Est-ce ce dont la Chine a besoin aujourd'hui, de plus de gens doués dans l'art d'être misérable ? Ces enfants ont d'autres compétences. Ils sont créatifs, ont un avis sur tout et sont toujours prêts à découvrir de nouvelles choses. N'est-ce pas une raison d'être optimiste quant à leur avenir ? » Lin, maman pékinoise, n'a en tout cas aucun souci à se faire pour son fils : quelle ne fut pas sa surprise lorsque Xiaobao, 11 ans, lui a rétorqué que si elle lisait son journal intime sans sa permission elle commettrait un crime : « Ne fais pas ça, maman ! C'est illégal, et je pourrais porter plainte contre toi[27]... »

Lorsque les enfants uniques sont apparus en masse en Chine dans les années 1980, un vrai problème éducatif s'est posé. Leurs parents, qui avaient pour la plupart grandi avec au moins deux ou trois frères et sœurs, n'étaient pas préparés. Comment s'opposer à un enfant qui, devenu l'unique héritier d'une lignée familiale, était désormais investi d'une charge affective démesurée ? Comment s'empêcher d'offrir le meilleur à son enfant alors que, soi-même, on avait grandi dans la frustration, parfois même la privation ? Mais, pour Shen Jie, ce serait de l'histoire ancienne. Les parents, désormais, gâteraient moins leurs enfants, favoriseraient davantage les activités collectives et seraient plus autoritaires avec eux. Surtout, les enfants uniques, fortement stimulés dans leurs apprentissages, seraient plus performants que les autres.

Il n'est jamais trop tôt

En Chine, les couches sociales favorisées placent l'instruction au plus haut dans leur échelle de valeurs. Dès le plus jeune âge, au prix souvent de lourds sacrifices financiers pour les familles, les enfants sont envoyés dans les jardins d'enfants les plus réputés, où ils sont formés à l'excellence. L'objectif : leur offrir le plus grand nombre possible d'apprentissages, et maximiser ainsi leur capital éducatif. Au jardin d'enfants Intelligence et performances, précédemment cité, une véritable quête de l'excellence commence très tôt, dès 18 mois. Là, en fonction de leur âge, les enfants suivent des cours de chinois, de mathématiques, de sciences, d'art, de musique... mais aussi d'anglais, de golf ou de tennis, tout cela dans la plus pure tradition confucéenne. Discipline, bonnes manières et sens du sacrifice sont plus que de rigueur : tous les matins, les enseignants offrent un bonbon à chaque enfant et leur en promettent un second, plus tard dans l'après-midi, s'ils se retiennent de manger le premier avant le déjeuner. « Dès l'âge de 3 ans, ils sont ainsi capables de contrôler leurs désirs... », explique fièrement Wang Ying, le directeur, avant d'ajouter : « 3 ans, c'est aussi l'âge auquel ils sont capables de réciter le nombre *pi* jusqu'à cent chiffres après la virgule ! »

Mais la quête d'excellence ne s'arrête pas à la porte du jardin d'enfants. Si Youxun, 5 ans, se jette chaque soir sur son ordinateur dès qu'il rentre chez lui, ce n'est pas pour jouer... mais pour poursuivre ses apprentissages. Grâce aux nombreux programmes éducatifs disponibles sur Internet,

Youxun révise son orthographe, teste ses compétences en mathématiques ou en sciences. Et quand il ne navigue pas sur la toile, le petit garçon apprend inlassablement des poésies chinoises, ou encore répète son anglais. « On a commencé à lui faire apprendre l'alphabet quand il avait 1 an », explique fièrement son grand-père Shi Guojun. « On veut qu'il soit capable de parler au moins deux ou trois langues étrangères, et, quand il sera un peu plus grand, on orientera ses apprentissages vers la musique et l'art. » Youxun, enfant unique, est un pur produit de la nouvelle classe moyenne citadine : pendant la semaine, alors que ses parents travaillent, il vit avec ses grands-parents qui lui consacrent tout leur temps[28]. Sans répit, Youxun passe ses journées à apprendre... et il est loin d'être le seul.

Par un samedi après-midi ensoleillé, Yunze, jeune Pékinois de 10 ans, s'adonne à la même activité que la plupart des autres enfants de son âge durant le week-end : il suit des cours particuliers. Car chaque samedi et dimanche, Yunze a une heure et demie de cours particulier d'anglais, un de mathématiques et une leçon de piano. Il n'a donc guère le temps de jouer. « Ce n'est pas grave ! De toute façon, mes amis n'en ont pas le temps non plus. Et puis, si on ne travaille pas dur, on ne peut pas trouver un travail qui rapporte de l'argent ! » confie-t-il.

Depuis peu, sous l'impulsion du ministère du Travail, une nouvelle profession a vu le jour : celle de « tuteur de bébé ». Sa vocation : prendre en charge leur éducation dès leur naissance, et ce jusqu'à l'âge de 3 ans, pour pallier ainsi une éducation parentale jugée trop pauvre dans cette tranche d'âge[29]. Développer le potentiel des enfants de 0 à 3 ans : tel est également l'objectif du Programme 2049, mis en place par le Centre de recherche et de développement des enfants *Xingfu quan* de Pékin[30]. Pour une cotisation annuelle de 1 000 yuans, des experts reçoivent l'enfant chaque mois pour évaluer son niveau de développement et élaborer, à partir des résultats obtenus, un programme éducatif adapté au mieux à son cas. « Les parents peuvent également assister à des conférences au cours desquelles ils reçoivent des conseils pour mieux élever leur enfant », explique Chen Huai, à l'origine du projet. Pour Fu Zongbi, cadre au département Enfance de la Fédération des femmes, l'utilité de telles initiatives ne fait pas de doute : « Au fur et à mesure de l'augmentation du niveau de vie, les parents doivent réaliser l'importance de ces premières étapes de l'existence... Il est de notre devoir de les aider à élever leurs enfants pour qu'ils soient plus intelligents et en meilleure santé. »

Dès le plus jeune âge, le capital éducatif des enfants est investi, surinvesti même, pour qu'ils deviennent les plus performants possibles. Mais l'excellence a un prix : plusieurs centaines, voire quelques milliers de yuans chaque mois, au bas mot[31]. Xu Baoyu, jeune père pékinois, offre par exemple chaque samedi des leçons de piano à Fu Lin, sa fille de 7 ans : ça lui coûte 500 yuans par mois. Une enquête menée à Shanghai en 2008 a révélé que 94 % des couples interrogés consacraient, en plus du jardin d'enfants, plus de 300 yuans par mois à des cours particuliers et autres activités éducatives pour leur enfant, et que 20 % en dépensaient plus de 2 000[32] !

C'est incontestable, le système éducatif chinois est bien à deux vitesses. D'un côté, pauvreté, ségrégation sociale et pragmatisme poussent des millions d'enfants hors du système scolaire ; de l'autre, toute une catégorie de population pour laquelle un surinvestissement éducatif est le seul passeport pour la réussite sociale. L'enjeu est désormais tel qu'il arrive que l'un des deux parents renonce à son emploi et loue une chambre à proximité de l'école, pour pouvoir encadrer l'enfant dans ses études et se dévouer entièrement à lui[33]. Dans les classes sociales moyennes et riches, les parents sont plus que jamais convaincus que, sans formation polyvalente – et souvent poussée à l'extrême ! –, leur enfant ne pourra, une fois adulte, évoluer avec aisance et dignité dans une société chinoise toujours plus élitiste et compétitive. Préoccupés plus que de raison par l'avenir de leur précieuse et unique progéniture, ils sont prêts à tous les sacrifices pour lui donner l'éducation la plus complète possible. Quant à l'enfant lui-même, il n'a le plus souvent guère d'autre choix que de se plier à cette stricte discipline scolaire.

Mais trop, c'est trop !

Leng Yaqun, courtière en assurances à Pékin, organise l'emploi du temps de son fils Bingyang, 13 ans, pendant les six semaines de ses vacances d'été : chaque jour, il doit être à pied d'œuvre dès 9 h 30 pour une heure de devoirs donnés par l'école. Puis il enchaîne avec une heure de mathématiques, puis une autre pendant laquelle il doit apprendre par cœur les textes de Confucius. Après le déjeuner, c'est à une heure de calligraphie qu'il doit s'atteler, puis une à la lecture de textes littéraires. Pour terminer la journée, il a l'obligation d'écouter des textes de littérature anglaise classique enregistrés sur des cassettes. « J'ai expliqué à mon fils qu'il avait de la chance. À son âge, je n'avais rien d'autre à apprendre que ce que l'on voulait bien me donner à l'école ! » Binyang fait de son mieux... mais les livres que sa mère lui donne à lire lui tombent des mains. « C'est tellement ennuyeux... », avoue-t-il. Et puis, il aurait tellement voulu pouvoir profiter aussi de ses vacances pour jouer à des jeux vidéo et se livrer à sa passion : l'assemblage de maquettes d'automobiles.

La plupart des parents se rendent bien compte qu'ils chargent trop leur enfant, mais la tentation d'en faire un membre de l'élite – et aussi le besoin irrépressible de lui offrir des chances qu'eux-mêmes n'ont jamais eues – est la plus forte.

La pression parentale exercée sur certains enfants est énorme : sur les enfants uniques, en particulier, pèsent des attentes sociales et familiales démesurées, au point que nombre d'entre eux souffrent de manque de sommeil, de stress, voire de troubles psychiques et comportementaux[34]. Dans les hôpitaux pour enfants, de jeunes patients se présentent de plus en plus nombreux pour des troubles phobiques : ils ne supportent plus l'école[35]. D'autres, las d'étudier, fatigués des exigences trop élevées de leurs parents et de leurs enseignants, choisissent de fuguer ou, même, dans les cas les plus extrêmes, se suicident[36]. Le 20 février 1997, Li Yuan, un collégien de Guiyang, s'est ainsi donné la mort à son domicile : il avait 14 ans. Huit jours plus tard, le journal local *Guiyang dushi bao* publie le mot laissé par le jeune garçon : il y parle de ses mauvais résultats scolaires, et se décrit comme un incapable. Le 25 octobre 2001, à Guangzhou, une jeune fille de 14 ans aussi se suicide en avalant des médicaments : elle ne supportait plus la pression que ses parents exerçaient sur elle.

Le 20 novembre 2001, quatre lycéennes de Shihezi, au Xinjiang, se suicident ensemble. Leur lycée venait de publier le classement des élèves à l'issue du premier semestre : elles étaient dans les dernières. Craignant les réactions de leurs parents, elles ont absorbé de la mort-aux-rats. Le 2 septembre 2004, Xiaoquan, 12 ans, se jette d'une fenêtre du sixième étage de son école. D'après l'un de ses camarades de classe, le jeune garçon ne supportait plus les critiques de ses parents car il ne travaillait pas assez bien à l'école[37]. La pression exercée sur certains enfants est telle que les autorités chinoises s'emparent du problème : depuis 2000, les devoirs sont interdits en première année de primaire, et il sont limités à une heure quotidienne entre la deuxième et la sixième année. Un spot télévisé a même été diffusé, dans lequel des enfants uniques chantent : « Je sais que vous m'aimez, mais tous ces cours, c'est vraiment trop pour moi ! »

Par certains côtés, l'enfant unique constitue donc bien un symptôme à part entière d'une Chine malade de sa propre frénésie de progrès et de réussite, de sa quête de compétitivité, et des transformations de sa société qui bouleversent ses repères existants. Surtout, la Chine continue de porter les stigmates du désengagement de l'État dans la prise en charge de ses enfants, qui laisse les familles aux prises avec leurs inquiétudes, le tout dans un abîme d'incertitudes et de possibles. Seule justification de cette course à l'excellence : la conviction que seuls les enfants les mieux armés pourront prétendre à une existence sinon dorée, du moins respectable.

LIVRE 2

L'enfant, entre symboles et réalités

Avec la baisse drastique de la fécondité et les bouleversements sociaux survenus au lendemain des réformes économiques, le statut de l'enfant chinois connaît des transformations sans précédent. Qu'il soit issu des couches sociales les plus riches comme des plus pauvres, il est aujourd'hui au cœur d'enjeux primordiaux : sa santé, la manière dont il est éduqué et, plus généralement, l'environnement dans lequel il lui est donné de vivre sont de puissants déterminants de son bien-être, de son avenir et donc, à terme, de celui de la société dans son ensemble.

Toutes les familles chinoises ne nourrissent cependant pas les mêmes ambitions pour leur progéniture. Alors que certaines, on l'a vu, sont prêtes à tous les sacrifices pour offrir le meilleur à leur enfant et investissent massivement dans sa santé et son éducation, d'autres ne raisonnent qu'en termes de rendement immédiat, l'enfant devant dès lors coûter le moins possible et leur rapporter le plus. Le milieu social, dans sa dimension culturelle tout autant qu'économique, est donc une variable décisive de la manière dont l'enfant est pris en charge.

Mais, en Chine comme ailleurs, la valeur d'un enfant tient d'abord à la nature des changements induits par sa venue dans la vie de ses parents, de même qu'aux liens qu'il est à même de tisser avec chacun d'eux, à la charge affective qu'il représente et aux attentes qu'ils font peser sur lui. Ainsi, une naissance est-elle, selon les circonstances qui l'entourent, accueillie avec plus ou moins d'enthousiasme : fille ou garçon, aîné ou cadet ne suscitent pas tous la même joie, surtout lorsque les coûts qui leur sont associés sont à même de compromettre l'équilibre économique de la famille. Mais s'il existe un trait commun à toutes ces familles, c'est bien le bouleversement qui accompagne la naissance d'un premier enfant.

À PEINE ENFANT, DÉJÀ « CULTIVÉ »

Devenir parent : entre devoir et vertu

Dans la société chinoise, l'arrivée d'un premier enfant constitue une étape charnière de l'existence : se reproduire est toujours perçu comme un « devoir naturel » du confucianisme et, sans mari ni enfant, une femme passe encore pour « incomplète et inaccomplie ». Si elle ne montre pas de signes de grossesse quelques mois après son mariage, on la raille, on chuchote qu'elle est « malade » ou « trop vieille », ou que son mari est « trop faible »[1]. Presque tout autant que par le passé, l'une des pires disgrâces est la stérilité totale ou limitée aux enfants mâles – autrefois considérée comme une déficience strictement féminine. À la fin du XIXᵉ siècle, J.-J. Matignon, médecin français exerçant en Chine, explique :

> La stérilité est considérée comme une sorte de châtiment céleste. Elle est même, aux termes de la loi chinoise, une cause de répudiation, au même titre que la jalousie, la colère ou le commérage. La femme stérile, ou celle qui n'a que des filles, a une situation des plus misérables dans la famille. Son mari, sa belle-mère surtout, lui font rudement sentir son infériorité, et ce rôle de bru est un des plus pénibles qui se puisse rêver[2].

En accédant aux statuts de père et de mère, les jeunes parents gravissent un échelon décisif dans la hiérarchie familiale et sociale. Ils deviennent dès lors « respectables » car ils ont su donner un héritier à leurs ancêtres, une continuité à la lignée familiale. En donnant naissance à un fils, ils accomplissent le premier devoir du confucianisme : celui de piété filiale. Surtout, ils ont prouvé qu'ils étaient « capables » – car, en Chine, un premier enfant reste avant tout le témoignage incontestable de la virilité de son père autant que de la fécondité de sa mère.

Celle-ci est d'ailleurs la seule garante du bon développement d'un enfant, au moins jusqu'à sa naissance. On comprend mieux, dès lors, pourquoi la maternité reste à ce point valorisée en Chine : un ventre arrondi attire le regard de tous ; les futures mamans font l'objet de tous les égards. Quand une femme est enceinte, on lui dit qu'elle « a du bonheur » (*you xi*), et ses proches lui manifestent avec enthousiasme l'attention qui lui est due. Dans les milieux favorisés, tout est fait pour qu'elle vive sa grossesse dans les meilleures conditions, dans l'espoir que le bébé soit aussi « réussi » que possible. Les futures mamans, investies de la lourde responsabilité qui consiste à mettre au monde l'héritier de la famille, prennent leur rôle très au sérieux, comme en témoigne Ma Xiaoqi :

> Le jour même où l'on m'a confirmé que j'étais enceinte, je me suis rendue directement chez la coiffeuse pour faire couper mes cheveux tout court. Adieu crinière, taille mince et talons aiguilles : je me préparais à être maman, à faire tous les sacrifices pour ce petit être.

Aujourd'hui comme hier, devenir mère justifie tous les sacrifices… à la seule condition d'être bien visibles de tous : une femme enceinte doit montrer qu'elle est à la hauteur de la mission qui l'attend, et que les intérêts du bébé passeront toujours avant les siens. Dès sa conception, l'enfant est choyé au possible. Mais ce petit être en devenir, par essence, ne détient alors qu'un statut d'« accédant » dans la généalogie familiale. Ce n'est qu'au fil des mois, voire au fil des années, qu'il en deviendra un membre à part entière.

Un être « incomplet » et « inachevé »

Dans la Chine ancestrale, la naissance n'était pas considérée comme un événement marquant en soi, mais plutôt comme l'une des nombreuses étapes jalonnant la vie d'un individu depuis sa conception. Les taoïstes ne concevaient d'ailleurs pas la naissance et la mort en tant que telles, mais plutôt comme des phases de « densification », ou de « dissipation », de la force vitale – le *qi* – soumise aux principes fondamentaux de l'ordre universel : le *yin* et le *yang*. Les taoïstes vantaient la pureté et la simplicité « naturelles » de l'enfant, mais sa naissance en elle-même ne lui conférait aucun statut, le *qi* d'un jeune enfant n'étant pas encore « consolidé »[3].

Pour les confucianistes, l'enfant naissant, considéré avant tout comme un maillon reliant les ancêtres à leurs descendants, n'avait pas non plus de valeur proprement dite : être « incomplet » et « inaccompli », aussi bien du point de vue physique que moral, il devait de ce fait être « éduqué » aussi tôt que possible – parfois dès sa conception. Ainsi, par un long processus de « transformation » (*hua*) par l'éducation, destiné à développer ses facultés morales, l'enfant était mis sur la bonne voie et, à ce prix seulement, pouvait devenir un jour un individu « achevé »[4]. Telle une plante, l'être humain germe, puis pousse et, enfin, mûrit : « Cette manière de percevoir et de mesurer le temps de la vie humaine sert toujours de référence aujourd'hui. Dans la société chinoise contemporaine, les êtres humains sont toujours assimilés à des végétaux qui suivent les cycles de la nature, depuis la plantation de la semence jusqu'à sa maturation. Ainsi, le mot pour dire "jeunesse" (*qingchun*) signifie littéralement "le jeune printemps", celui d'"adulte" (*chengren*), "être humain s'étant développé jusqu'à la maturation". Le terme moderne pour élever un enfant, *peiyang*, qui signifie littéralement "butter et nourrir", évoque lui aussi les soins prodigués aux plantes. En Chine, on ne se contente pas d'élever un enfant, on le "cultive"[5]. » En son temps, l'enfant chinois fut d'ailleurs érigé en « fleur de la patrie[6] », symbole du renouveau de la nation chinoise après la Révolution de 1949.

Perçue comme l'un des fondements de l'ordre politique et de l'harmonie sociale, l'éducation a toujours été valorisée par les confucianistes – une vertu, on l'a vu, toujours largement à l'honneur aujourd'hui, et ce dès le plus jeune âge. C'est pourquoi, dans la tradition chinoise, divers rites entouraient la grossesse et la petite enfance, chacun d'eux étant destiné à doter le jeune enfant des meilleures qualités possibles : alimentation, enseignements, environnement... rien ne devait être laissé au hasard. Liu Xiang[7], figure éminente de la pensée confucianiste, illustra le concept de tranformation progressive par l'éducation et par l'environnement à travers une anecdote vécue par le jeune Mencius[8]. On raconte que sa mère déménagea trois fois avant de trouver un environnement digne des espoirs qu'elle fondait en son fils : dans le quartier des fossoyeurs, Mencius creusait des tombes miniatures ; dans celui des abattoirs, il tuait les petits animaux... Mencius et sa mère finirent par s'installer à proximité d'une école, pour que le jeune garçon bénéficie de son influence positive[9]. Plus tard, Mencius est devenu l'un des plus grands penseurs de la culture chinoise.

« Éduquer le fœtus », ou le déterminisme exacerbé

Entre autres bénéfices, Liu Xiang vantait l'éducation prénatale (*taijiao*) comme le moyen de forger le plus tôt possible la personnalité d'un enfant. C'est pourquoi la mère – seul acteur dans l'éducation de l'enfant à ce stade –

se voyait imposer au cours de sa grossesse une conduite des plus strictes ; le moindre de ses actes était contrôlé. Elle devait être extrêmement vigilante par rapport à ce qu'elle s'autorisait à voir, manger, entendre et dire. Car, pour Liu Xiang, « les ressemblances à telle ou telle chose présentées par un individu à sa naissance sont le fait des influences exercées par ces choses sur la mère [pendant la grossesse[10]] ». Selon lui, si la mère subissait de bonnes influences, l'enfant serait « bon », mais si elles étaient mauvaises, l'enfant, lui aussi, serait « mauvais » :

> Pendant sa grossesse, la femme ne doit pas entrer dans un local où on élève des vers à soie, parce que, étant du principe femelle *yin*, elle nuirait au développement du ver. Celui-ci serait étouffé dans son cocon et il serait à craindre que pareil accident n'arrivât à l'enfant, dans le ventre de sa mère[11].

Traditionnellement, en Chine, la femme enceinte est tenue à une stricte discipline pour prévenir son bébé du moindre danger : elle ne doit pas faire de travaux chez elle, les coups de marteau et le sciage risquant de provoquer une fausse couche ou une malformation du fœtus ; il lui est aussi interdit d'assister à des funérailles et elle doit écarter les esprits maléfiques, soit en plaçant un couteau sous son lit, soit en y accrochant de la peau de tigre ou du papier découpé en forme de paire de ciseaux. Tout ce qu'elle fait et voit pouvant influencer le fœtus, une femme enceinte ne doit pas se livrer à des commérages, ni rire bruyamment, ni s'asseoir sur une natte installée de travers, et encore moins se mettre en colère. Par contre, lire de belles histoires ou, mieux encore, de la poésie avant de s'endormir, est hautement recommandé pour ses vertus apaisantes et éducatives sur le fœtus.

Pour que le bébé soit fort et en bonne santé, une future maman se doit de consommer une nourriture aussi riche que possible, accompagnée de décoctions de la médecine traditionnelle connues pour leurs vertus fortifiantes. Elle doit manger beaucoup, mais pas n'importe quoi. À éviter à tout prix : le lapin, susceptible de faire naître l'enfant avec un bec-de-lièvre, ou le crabe, qui pourrait faire qu'il se présente mal au moment de l'accouchement ou que, plus tard, il marche de travers. La chèvre est également strictement interdite, l'enfant risquant de se retrouver avec le même gros ventre et les mêmes quatre membres frêles de cet animal. Ces croyances n'ont, au fil des siècles, rien perdu de leur force : lièvre et lapin restent proscrits de l'alimentation de la femme enceinte, de même que le chien – pourtant considéré comme l'un des mets les plus fins de la cuisine chinoise – au risque que l'enfant aime mordre le sein de sa mère puis, plus tard, ses petits congénères. Il ne faut pas non plus consommer de viande d'âne, qui pourrait rendre l'enfant têtu et désobéissant, ni de coq, car le nouveau-né risquerait de pleurer régulièrement la nuit. Gare aussi au gingembre, dont une consommation excessive accroîtrait le risque de grossesse multiple... et attention enfin à ne pas consommer d'aliments qui ne seraient pas correctement coupés ou écrasés, au risque de donner naissance à un petit être au caractère insouciant !

Sur le site Internet de l'hôpital Xiehe, à Luoyang, des prescriptions détaillées sont proposées aux femmes enceintes. Premier conseil : éviter de consommer des plats à base d'aliments « chauds », comme les bois de jeune cerf utilisé dans la médecine traditionnelle, ou la noix qui renforcent le *yang* – principe éminemment masculin – et risquent d'altérer le *yin*, éminemment féminin[12]. On déconseille aussi la consommation excessive de gingembre, qui accroîtrait le risque d'œdème, d'hypertension artérielle et de saignements vaginaux. De même que l'azerole, fruit de l'aubépine riche en vitamine C, qui augmenterait les contractions de l'utérus et donc le risque de fausse couche. Une recette, en particulier, serait à proscrire : le ragoût de poulet à la racine d'astragale. En effet, l'association de ces deux aliments – le poulet, riche en protéines, et l'astragale, qui aurait pour vertu de renforcer la constitution physique du fœtus – rendrait le bébé trop gros et augmenterait de ce fait le risque d'épisiotomie, voire de césarienne[13].

Entre déterminisme exacerbé et superstitions, ces pratiques ont pour seuls objectifs de protéger l'enfant et faire en sorte qu'il naisse avec le plus grand nombre possible d'atouts, quitte à contraindre sa mère à une discipline de fer. Ainsi, comme le raconte Robert Van Gulik : « Une fois que la femme a conçu [...], il ne faut pas qu'elle tourne ses regards vers de vilains spectacles, il ne faut pas qu'elle entende des mots malsonnants ; il lui faut supprimer tout désir sexuel[14]... » L'activité sexuelle, en effet, reste sans doute l'un des interdits les plus prégnants imposés à la femme enceinte, qui le prend très au sérieux. Maomao1116 (pseudonyme), 26 ans, interroge sur un forum de discussion : « Quand on est enceinte, on peut avoir des relations sexuelles ? » Et un autre internaute de lui répondre : « Pendant la grossesse, tu peux continuer à partager la même chambre que ton mari. Mais c'est aussi le moment de penser à tous les problèmes qui peuvent arriver. Les trois premiers mois, l'embryon n'est pas encore implanté de manière stable. À ce moment-là, les contractions de l'utérus provoquées par le rapport sexuel risquent d'entraîner une fausse couche. Après, dans les trois derniers mois de la grossesse, ces contractions peuvent déclencher un accouchement prématuré. Mais de toute façon, à la fin de la grossesse, les femmes n'ont plus de libido ! » Sur un site Internet basé à Tianjin et dédié à la santé de la reproduction[15], à la même question un expert renchérit : « Durant le premier et le dernier trimestre de la grossesse, il ne faut pas avoir de relation sexuelle car cela risque, selon le niveau d'avancement, de déclencher une fausse couche ou un accouchement prématuré. Entre le quatrième et le sixième mois, on peut avoir des relations sexuelles, mais pas trop souvent ! »

ENTRER DANS LA VIE, ÉTAPE APRÈS ÉTAPE

« Zuo yuezi », *la période de confinement*

Pour une future maman, la conduite à tenir est stricte : préserver son bébé de toute influence néfaste, suivre un régime alimentaire particulier et, autant que possible, éviter les relations sexuelles ; ce sont donc neuf mois de grossesse pendant lesquels elle doit faire preuve d'une grande vigilance. Mais, après son accouchement, d'autres consignes lui sont imposées. Traditionnellement, en effet, le mois suivant la naissance de l'enfant, la jeune mère est censée régénérer son *yang* et, surtout, se tenir à l'écart des autres membres de la famille – y compris du jeune père – pour se protéger, elle et son bébé, de tout risque de maladie. Confinée chez elle, elle est alors libérée des tâches ménagères et son seul devoir consiste à choyer le nouveau-né. Cette pratique du *zuo yuezi*[16], déjà prescrite dans le *Livre des rites* (*Liji*), a été forgée par la croyance selon laquelle tout contact extérieur avec le processus de la naissance – et en particulier avec le sang fœtal – pouvait être néfaste aussi bien pour la mère et l'enfant que pour leur entourage. Durant ce mois de confinement, la jeune mère devait se tenir éloignée de l'eau ou du vent, ce dernier étant porteur d'esprits maléfiques. Elle devait aussi s'abstenir de lire, de pleurer, d'avoir des rapports sexuels et, pour ne pas offenser les dieux, éviter de brûler de l'encens.

Après sa grossesse – période pendant laquelle sa féminité, donc sa part *yin*, est à son comble –, la mère doit aussi restaurer l'équilibre entre le *yin* et le *yang* dans son corps. Elle est donc tenue de suivre un régime alimentaire composé principalement d'aliments « chauds » (*yang*) riches en protéines, comme le porc, le poulet, les œufs ou le ginseng. Lui sont par contre proscrits les fruits et les légumes, aliments « froids » et donc *yin*, en particulier la pastèque, le concombre ou le chou. Sur un forum de discussion destiné aux jeunes mamans, l'une d'entre elles interroge : « Je suis en plein *zuo yuezi* : que dois-je manger ? Quels sont les aliments interdits ? » Une autre, soucieuse des effets réputés néfastes de l'eau autour de la naissance, s'inquiète : « Je viens juste d'accoucher... Ai-je le droit de prendre une douche ? Que risque-t-il de m'arriver si je ne respecte pas cette règle ? »

Aujourd'hui, le confinement n'impose plus des contraintes aussi strictes qu'autrefois. Par la force des choses, cette pratique a été adaptée aux nouveaux modes de vie et, surtout, aux capacités financières des familles. La plupart des femmes, généralement tenues de reprendre leur activité professionnelle dès la fin de leur congé maternité, n'ont en effet d'autre choix que d'écourter leur *zuo yuezi*. Ancrée dans la culture chinoise, cette pratique reste toutefois répandue, y compris chez les Chinoises de la diaspora installée en Malaisie, à Taïwan, aux États-Unis, en Australie[17]. Au point que, en Chine, des services hospitaliers se spécialisent dans l'accueil des jeunes mères les mieux nanties, dans un cadre médicalisé au confort luxueux. Le premier hôpital du genre, l'hôpital Kangxin de Pékin, a ouvert ses portes en 1999 dans le quartier de Chaoyang. Il offre à ces femmes et à leur bébé quantité de soins : conseils pour l'allaitement, massages, soins du visage, soutien psychologique, gymnastique douce pour l'enfant, rééducation périnéale pour les mères, régime alimentaire adapté... pour la modique somme de 350 yuans par jour au minimum (sans les extras...[18] !).

Les rites de l'enfance

En Chine, la venue d'un enfant demeure fort ritualisée : dès la conception, elle impose à la mère des règles précises, destinées à faire fructifier au mieux le véritable capital qu'il représente pour la plupart des familles. Car cette attention portée à l'enfant dès les premiers moments de son existence suit une logique particulière : cet être « incomplet » nécessite une prise en charge aussi précoce que possible. Pour autant, sa naissance en elle-même ne lui confère pas le statut d'individu à part entière, et ce n'est qu'au fil des jours, voire des années, qu'il se positionne, peu à peu, dans la famille puis dans la société :

> Les pores de sa peau, par exemple, ne sont pas suffisamment refermés ce qui le rend vulnérable aux dangers qui proviennent de l'extérieur. Son âme reste souvent fugueuse, elle risque de s'enfuir lorsqu'il subit une frayeur particulière, et son destin n'a pas réellement débuté. En effet, toute personne est identifiée par les « huit caractères » qui qualifient l'année, le mois, le jour et l'heure de sa naissance selon le calendrier traditionnel. Ceux-ci représentent l'image métaphorique du destin de l'individu qu'ils inscrivent ainsi dans l'univers. Néanmoins, le « destin » d'un enfant ne débute pas réellement dès sa naissance, mais généralement entre un et cinq ans, lorsque « les éléments qui l'identifient entrent en harmonie, en vibration, avec le cycle universel »[19].

La naissance, finalement, ne marque qu'une étape parmi d'autres dans la vie de l'enfant. Autrefois, elle ne correspondait même pas à son entrée symbolique dans la famille qui se faisait de manière progressive, au fil de rites ancestraux :

> Dans les usages modernes, c'est le troisième jour après la naissance qu'a lieu une cérémonie de purification, le lavage du nouveau-né ; dans l'Antiquité, c'est le troisième jour que l'on commençait à porter l'enfant. Ce jour-là, le père, averti de la naissance, ordonnait un sacrifice par lequel [...] étaient, à leur tour, avertis les ancêtres. Ainsi le nouveau-né était reçu dans la famille. [...] Le nouveau-né alors seulement était remis à sa nourrice, c'est-à-dire à sa mère pour les gens du peuple et les nobles du dernier rang et, pour les

grands officiers et les seigneurs, une mère nourricière dirigée par une gouvernante et assistée par une gardienne [...]. Ces gardes le tenaient enfermé dans une pièce réservée où nul n'entrait sans raison grave jusqu'à la fin du troisième mois. Ce temps de retraite terminé, il était présenté en cérémonie à son père, à son grand-père et recevait un nom personnel dont on faisait part à la parenté et qu'on enregistrait à l'état civil. Il continuait jusqu'à sa troisième année à vivre avec sa nourrice ; sa nourriture terminée, il prenait enfin part, avec les autres enfants, à la vie commune du gynécée[20].

En Chine, les rites autour de l'enfance ont double vocation : d'un côté, ils marquent l'acceptation symbolique de l'enfant au sein de sa famille et, de l'autre, ils sont censés lui apporter bonheur et protection. Parmi les rites toujours pratiqués : le *sanzhao*, ou cérémonie des « Trois matins » – car ce n'est qu'au troisième matin de sa vie qu'un enfant ouvre enfin les yeux et, d'un point de vue rituel, découvre ses parents[21]. Pour la première fois depuis sa naissance, il est plongé dans un bain chaud et parfumé, où l'on jette des pièces de monnaie et des fruits « de bon augure » pour lui apporter bonheur et longue vie. À la maternité, c'est souvent la sage-femme qui donne ce premier bain, auquel assistent parents et amis. Elle s'assoit auprès de la mère, sur le lit : autour d'elles, divers objets au rôle protecteur ou divinatoire. De l'encens est brûlé en hommage aux dieux, un morceau de soie rouge est fixé à la baignoire. Chaque invité, après avoir placé un fruit ou un œuf peint dans l'eau, offrira un petit objet en argent à l'enfant. À leur tour, les parents donneront des présents à leurs proches, souvent les traditionnels « œufs du bonheur » (*xi dan*) : leur forme oblongue, symbole d'harmonie, et la couleur rouge, évoquant le bonheur, portent les meilleurs présages. Ces œufs sont offerts en nombre pair pour une fille et impair pour un garçon.

Puis vient la cérémonie du « mois plein » (*manyue*), au trentième jour de l'enfant, qui marque traditionnellement la fin de la période de confinement. C'est aussi le moment où le nouveau-né devient formellement un membre de la lignée paternelle. Ce jour-là, la coutume veut qu'on lui rase la tête (c'est la cérémonie du *ti tou*), pour le débarrasser de ses cheveux de naissance, à l'exception d'une petite touffe, en bas de la nuque, qui symbolise le lien de l'enfant avec ses ancêtres et le souhait qu'il soit animé de piété filiale :

> Quand l'enfant atteint un mois, on lui rase la tête, avec un certain cérémonial, si les parents sont riches ; on ne laisse qu'une mèche sur le sommet. Les cheveux enlevés ne sont point jetés à la rue, mais soigneusement conservés : mêlés à des poils de chien, ils sont placés dans un sachet qui sera cousu à l'intérieur du vêtement du bébé. [...] En même temps, on prépare pour les esprits malveillants et affamés, qui pourraient encore se trouver dans la maison, un repas avec accessoires en papier[22].

Le *manyue*, qui symbolise la naissance de l'enfant d'un point de vue rituel, est encore régulièrement pratiqué en Chine. Dans de nombreuses régions, l'événement est banalisé : les parents se contentent d'un repas familial ou font photographier l'enfant pour immortaliser cette étape à la symbolique forte. Dans d'autres, la famille se réunit pour boire le *manyue jiu*, le « vin du mois plein », ou fait des offrandes aux dieux pour qu'ils donnent leur protection à l'enfant tout au long de sa vie. Le soir, parents et amis se retrouvent autour d'un banquet[23].

Vient enfin le *zhou sui*. Grandiose et solennelle, cette cérémonie, au premier anniversaire de l'enfant, a aujourd'hui encore gardé tout son sens. Ce jour-là, son avenir se dessine : grâce au *zhuazhou*[24], s'expriment les prédispositions de l'enfant, son ambition, son futur métier... :

> À 1 an, l'enfant est assis sur un grand plateau. Tout autour de lui, on dispose un certain nombre d'objets : petite balance, abaque à compter, pinceau et encrier, livres, armes, etc. L'objet, qui attirera son attention et sur lequel il portera la main, permettra de prédire son avenir : il sera général, magistrat, lettré, suivant que le pinceau, la balance ou un sabre l'auront particulièrement intéressé[25].

Depuis lors, de maigres concessions ont été faites à la modernité : les objets comme le sabre ou l'abaque ont été remplacés par d'autres, davantage ancrés dans la société moderne. Désormais, la souris d'ordinateur symbolise les professions technologiques, le dictionnaire désigne les professions littéraires ou juridiques, un crayon de couleur, les métiers de l'art, un stéthoscope, les professions médicales... Si, entre autres objets, l'enfant choisit la paire de ciseaux, c'est qu'il sera tailleur ; s'il choisit le livre, c'est qu'il aimera lire... Autant de choix arbitraires qui, aujourd'hui comme hier, pèsent sur la destinée des enfants.

Ces rites autour de la naissance restent profondément déterministes : protection divine, harmonie, bonheur, réussite sociale, longévité… sont autant de bienfaits avidement souhaités par les parents pour leur enfant. Par tous les moyens, ceux-ci tentent d'influencer son destin. Quand ce luxe leur est offert, les parents chinois investissent le capital représenté par leur enfant aux tout premiers instants de sa vie, parfois même dès le stade embryonnaire, pour qu'il devienne, par un long processus d'éducation, un être cultivé et accompli. Mais si aucun investissement n'est fait et que, si l'on peut dire, l'enfant est laissé à l'état de « friche », sa valeur symbolique s'en trouvera alors passablement diminuée.

« *Bu ju* », ou comment légitimer l'infanticide

Au cours de la grossesse, puis dans la toute petite enfance, l'enfant est doté de vie, mais pas encore de vertu. Sa valeur est, de ce fait, dans ces moments-là, toute relative : pour le meilleur et pour le pire, il reste soumis au destin que lui réservent ses parents et est donc très vulnérable. Au point qu'il en va même parfois de sa vie.

L'expression *bu ju*, qui signifie littéralement « ne pas élever » – le mot *ju* faisant référence à l'acceptation rituelle et symbolique d'un enfant au sein de sa famille –, donne aux parents, ni plus ni moins, droit de vie et de mort sur leur enfant. S'ils décident de « ne pas l'élever », et donc, symboliquement, de ne pas l'accepter au sein de leur famille, il leur suffit de le priver des soins indispensables à sa survie. L'enfant décède alors, mais l'accusation d'infanticide, passible de peine, est évitée, tout au moins jusqu'au troisième jour de l'enfant. Car d'un point de vue rituel, l'existence d'un enfant n'est en effet reconnue qu'à partir de son troisième jour. Cela laisse donc trois jours aux parents pour décider si leur bébé vivra ou non[26]. Certains traits physiques, ou le fait qu'il soit né le même mois que l'un de ses parents, peuvent être de mauvais augure et donc inciter à « ne pas l'élever ». Surtout, les intérêts à long terme de la famille comptent pour beaucoup dans la décision : selon ce qu'il pourra apporter à ses parents, la manière dont son existence affectera le statut social de sa famille en l'appauvrissant ou, au contraire, en l'enrichissant, sont décisifs.

Grâce à de petits arrangements avec la morale, décider de « ne pas élever » un enfant se transforme, finalement, en acte charitable n'ayant d'autre but que de lui éviter la souffrance ou la privation. Déjà sous la dynastie des Qin[27], l'infanticide, bien qu'illégal, était largement toléré :

> Le meurtre d'un enfant en bonne santé est puni. Mais quand le corps d'un nouveau-né est déformé ou incomplet, tuer l'enfant n'est pas considéré comme un crime. Si, à la naissance, son corps est complet et n'est pas déformé, mais qu'on décide de ne pas l'élever et de le tuer pour la seule raison que l'on a déjà trop d'enfants, comment un tel acte pourrait-il être puni[28] ?

Et le poète Su Dongbo, au début du XIe siècle, de préciser :

> Les paysans pauvres ont pour règle de ne pas élever plus de deux fils et une fille, [lorsque ce nombre est atteint, ils] tuent les enfants qui naissent par la suite. [...] En général,

ils se débarrassent de leurs enfants aussitôt après la naissance en les noyant dans un baquet d'eau froide[29].

Dire que ce sont des stratégies comparables qui laissent aujourd'hui l'infanticide et, plus largement, l'élimination des filles par des avortements sélectifs ou un manque de soins, toujours socialement acceptable en Chine, n'est malheureusement pas un abus de langage. Car pour les couples chinois, décider d'éliminer une fille ne relève pas d'un débat moral, mais bien d'un choix économique : élever un enfant, on l'a vu, coûte désormais très cher et, pour certains d'entre eux, cette dépense n'est pas forcément justifiée... surtout si l'enfant est de sexe féminin.

Un fils à tout prix

Lorsque, finalement, l'enfant s'avère digne de trouver une place au sein de sa famille, tout doit être être fait pour qu'il soit doté des meilleures qualités possibles : il doit être bien soigné, en bonne santé, et recevoir une bonne éducation pour, ensuite, trouver un bon travail. Bref, tout est bon pour lui garantir un avenir radieux. Mais la plus grande qualité que l'on souhaite à son enfant, c'est incontestablement d'être un garçon.

Ce sont les infirmières qui annoncent à la mère le sexe du nouveau-né en adoptant l'expression qui sied, gaie ou affligée selon le cas. La réaction première du père sera dans le même ton. Pour un garçon, les félicitations et les cadeaux, la fierté de pouvoir envoyer aux amis le faire-part d'un heureux événement et les œufs rouges du bonheur. Pour une fille, l'accablement, les reproches, éventuellement l'emportement et les coups. C'est la tradition immuable de l'accueil des nouveau-nés, le comportement convenu qui marque la supériorité et dégage la responsabilité masculine, sans préjuger pour cela qu'une fille n'aura pas droit à l'affection paternelle[30].

La préférence pour les fils est ancrée au plus profond de la culture chinoise, comme en témoigne Han Fei, éminent légiste[31], dès le IIIe siècle avant Jésus-Christ : « Quand [les parents] ont un fils, ils se félicitent mutuellement, mais quand ils ont une fille, ils la tuent [...] parce qu'ils font en sorte de préserver leurs intérêts à long terme »... Et il n'en va guère différemment de nos jours : dans les campagnes, « la naissance d'un garçon est accueillie par des cris de joie et des pétards. Mais quand une fille voit le jour, les voisins ont la délicatesse de ne pas présenter de condoléances. Ils se contentent de ne rien dire[32] ».

Aujourd'hui comme hier, la préférence pour les fils résulte d'un calcul rationnel des coûts et avantages représentés par un enfant, selon son sexe. Car dans les représentations sociales, un fils est investi de compétences et de rôles avec lesquels une fille ne peut tout simplement pas rivaliser : il perpétue par exemple la lignée paternelle et affirme le statut social de la famille. Alors que plus tard une fille se dévouera aux parents de son mari, un fils sera, lui, un soutien sans faille pour ses parents âgés. Les réformes économiques et la libéralisation sociale qui en a découlé n'ont fait que renforcer ces enjeux : tout autant que par le passé, des attentes considérables pèsent sur le fils – *a fortiori* s'il est unique. En lui, les parents placent tous leurs espoirs ; ils le projettent d'emblée dans un avenir de réussite professionnelle et sociale. Au point que, dans les campagnes, lorsqu'un conflit émerge pour des questions d'argent ou concernant la propriété d'un bien, la partie qui obtient gain de cause est celle qui a un fils, tandis que l'autre s'entend dire : « Mais pourquoi continues-tu à revendiquer des droits, toi qui n'as même pas de fils pour perpétuer ta lignée familiale[33] ? »

Dès lors, on comprend mieux pourquoi les parents rivalisent d'imagination pour s'assurer la naissance d'un garçon : consultation des augures, séances d'astrologie, prières et hommages à la déesse protectrice Guanyin... et même régime alimentaire spécifique – car selon un dicton chinois : « *suan er la nü*[34] ». Sur un forum de discussion, l'internaute répondant au pseudonyme de jiezhu01 demande : « Pour avoir un garçon, qu'est-ce qu'on doit manger mon mari et moi ? » Et yun952 de répondre : « Toi, tu dois manger des algues, des radis blanc, des fraises et tout ce qui est acide, comme le citron. Ton mari, lui, doit consommer beaucoup de viande, de poisson, du riz, du sucre... Et puis, juste avant d'avoir un rapport sexuel, il faut que tu te laves le vagin avec du bicarbonate de soude, ça marche ! »

Un procédé traditionnellement utilisé pour déterminer le sexe de son enfant : l'examen du pouls. « Si le pouls est le même aux deux bras, il y aura enfantement double ; si le pouls est plus fort au bras gauche, il naîtra un garçon ; s'il est plus fort au bras droit, il naîtra une fille. Pareillement, si la femme enceinte ressent surtout du malaise sur son côté gauche, c'est qu'elle aura un garçon, et si c'est sur son côté droit, c'est qu'elle aura une fille. Les Chinois croient en effet – physiologie traditionnelle – que, dans le sein maternel, les garçons sont à gauche et les filles à droite[35]. » L'examen du pouls pour connaître le sexe de son enfant serait une technique presque infaillible : une enquête menée en 1999 dans l'Anhui a révélé qu'il donnait des résultats fiables dans plus de 80 % des cas, et ce dès la sixième semaine de grossesse[36] ! Mais les parents ne s'arrêtent pas là : de plus en plus fréquemment, ils recourent à une méthode qui, elle, ne faillit pas : l'échographie, suivie d'un avortement lorsque le fœtus est une fille.

Les couples chinois ne reculent devant rien pour avoir un garçon. Et si cela ne marche pas du premier coup, ils ne renoncent pas pour autant : en attendant que le destin leur sourie, ils se contentent de l'influencer en donnant un prénom prémonitoire à leur fille, comme Laidi (littéralement : Un garçon va suivre), Pandi (En espérant un fils), Zhaodi (Apporte-nous un fils) ou même Yehao (Ça va aussi).

Un prénom pour la vie

En Chine comme ailleurs, un prénom n'est pas choisi à la légère. Mais, plus qu'ailleurs encore, on croit à ses vertus déterministes : les ambitions nourries pour son enfant, les qualités qu'on lui souhaite, la protection divine qu'on désire lui apporter... sont autant d'éléments pris en compte dans la décision. Cependant le verdict des augures n'est pas en reste : en fonction de l'heure, du jour, du mois et de l'année où il naît, un devin calcule les « huit caractères » définissant sa naissance, et donc sa personnalité. Ces « huit caractères » aideront à prédire le destin de l'enfant, et donc à savoir s'il aura du succès, de la chance, ou encore s'il deviendra riche. Le devin pourra aussi déterminer s'il y a, ou non, équilibre entre les « cinq éléments » (à savoir le métal, le bois, l'eau, le feu et la terre). S'il l'un d'eux vient à manquer, et donc que ce déséquilibre risque d'empêcher l'enfant d'avoir un destin épanoui, alors on tente d'y remédier en incluant, dans son prénom, un mot qui rappelle l'élément manquant. Ainsi, si l'enfant manque d'eau, on rajoutera le mot *hu* (lac) ou *hai* (mer) ; s'il manque de métal, on rajoutera *jin* (or) ou *yin* (argent)…

Dans la tradition chinoise, l'attribution d'un prénom ne se faisait qu'au premier mois de l'enfant ; jusque-là, il portait un « nom de lait », souvent celui d'un animal, qui le protégeait des mauvais esprits. Ainsi : « Les enfants sont très souvent appelés : "Petit chat", "Petit chien". Pareil surnom n'est qu'une ruse pour tromper les esprits malfaisants qui rôdent autour de la maison, désireux de s'emparer de l'âme du bébé, mais qu'ils laisseront bien tranquille en s'apercevant qu'ils ont affaire non point à un enfant, mais à un animal[37]. » Ces prénoms traditionnels tels que Xiaogou (Petit chien), Xiaomao (Petit chat) ou Gousheng (littéralement « Ce dont même les chiens ne veulent pas »), jugés grossiers et vulgaires, sont méprisés par les citadins. Mais ils sont toujours d'usage dans certaines régions rurales, en signe d'humilité et, surtout, pour conjurer le mauvais sort.

Le choix du prénom, finalement, entre dans cette logique ultradéterministe qui consiste à tout faire pour influencer positivement le destin d'un enfant. Selon les époques, les milieux sociaux et même le climat politique

– et en particulier au cours du demi-siècle passé –, la vogue des prénoms a évolué. Dans les années 1950 et 1960, aux heures de gloire du communisme, par exemple, les prénoms à forte connotation politique étaient de bon ton et, surtout, la preuve vivante de la ferveur patriotique des parents. La famille Chen, qui vit à Pékin par exemple, a trois enfants nés à cette époque : le premier s'appelle Weiguo (littéralement « Défendre la patrie »), le deuxième Weimin (Défendre le peuple) et le dernier, Ligong (Accomplir des exploits).

Les réformes économiques menées à partir de la fin des années 1970 n'ont pas seulement provoqué de profonds bouleversements, elles ont aussi eu une incidence sur les prénoms des enfants. Dès lors, l'individu a pris le pas sur le collectif et, du même coup, l'expression de la ferveur politique a cédé la place à celle de l'individualisme, de l'épanouissement personnel et de la réussite sociale : des caractères tels que *bo* (érudition), *yong* (courage) *wei* (grand) ou *shou* (longévité), et d'autres évoquant la force comme *hu* (tigre) ou *shan* (montagne) pour les garçons. On trouve aussi *nuo* (gracieuse), *li* (belle), *yuan* (belle femme) ou *yu* (parfum) pour les filles. Tous porteurs de qualités remarquables, ils sont devenus des éléments de choix[38]. En signe d'érudition, d'autres parents privilégieront des prénoms tirés d'œuvres de la littérature chinoise, comme par exemple les épopées guerrières de Jin Yong[39] ou les romans d'amour de Qiong Yao[40]. D'autres reprendront les prénoms des héros du *Livre des Odes*[41] ou des *Élégies de Chu*[42], comme celui de la déesse Nüwa, tous faisant référence à des personnalités éminentes – les parents espérant ainsi que leur enfant sera doté des mêmes qualités !

Pour les Chinois, le prénom peut donc, à un certain degré, influencer la vie de l'enfant. Mais, aujourd'hui, la société change tellement vite que le message porté par le prénom de son enfant peut se révéler rapidement inadapté au destin qu'on lui souhaite. C'est ainsi que Yutong, lycéenne de 16 ans, a changé son prénom pour celui de Fangqiao. Selon le géomancien consulté par ses parents, le mot *yu* (univers) était « trop grand » pour une jeune fille, tandis que le mot *tong* (rougeâtre) revêtait des connotations « trop excitantes », voire provocantes. Celui de Fangqiao, qui signifie métaphoriquement « Montagne parfumée », paraissait donc beaucoup plus approprié à la nécessaire modestie féminine. À Chongqing, dans le centre du pays, un père s'est rendu au bureau de l'état civil pour modifier le prénom de son fils Zumin en demandant à ce que ce dernier, qui rendait hommage à ses ancêtres, soit remplacé par Chenggong fafen tuqiang (Travailler dur pour la prospérité du pays). Mais un refus clair et net lui a été opposé par l'administration : ce prénom était trop long pour être accepté par le système informatique[43] !

Aujourd'hui, individualisme oblige, les parents cherchent à personnaliser à tout prix leur enfant. Traditionnellement, les prénoms chinois sont formés d'une ou de deux syllabes ; mais, pour éviter de trop nombreux homonymes, les parents multiplient désormais les caractères, jusqu'à en accoler parfois quatre ou cinq successifs. Et cela apparaît d'autant plus indispensable aux parents qu'en Chine le nombre de noms de famille est très limité : près de 90 % des Chinois se partageraient en effet une petite centaine de noms de famille, comme Li, porté par 92 millions de personnes, ou Zhang, par 88 millions ! Environ

300 000 Chinois porteraient le nom Zheng suivi du prénom Wei. Les Wang Wei et les Wang Fang seraient tout aussi nombreux, tandis que Wang Tao, avec 180 000 heureux propriétaires, arriverait en quatrième position. Pour remédier à cette uniformisation rampante, la législation chinoise s'adapte : alors que les enfants doivent aujourd'hui choisir entre le nom de famille de leur père et celui de leur mère, un projet de loi propose que l'on puisse combiner les deux, ce qui ouvrirait la porte à des millions de nouvelles possibilités[44]. Mais pour Zhao C., étudiant de 23 ans, la question de l'originalité ne se pose plus : son père, avocat de renom, a choisi la lettre C de l'alphabet latin, comme prénom pour son fils ; c'est simple, facile à mémoriser, et c'est l'initiale de « Chine » !

Les parents chinois, finalement, ne laissent que peu de place au hasard. Leurs stratégies déterministes accompagnent l'enfant dès son plus jeune âge, souvent même dès sa conception. Tout est fait pour qu'il soit doté des meilleurs atouts, l'objectif ultime étant, envers et contre tout, la réussite sociale.

LIVRE 3

De nouvelles menaces sur la santé des enfants

L'avenir de la Chine, comme celui de n'importe quel autre pays, dépend de sa capacité à prendre soin de ses enfants : elle doit leur donner le meilleur accès possible à l'instruction pour que ceux-ci puissent, devenus adultes, faire bénéficier l'économie nationale d'une main-d'œuvre qualifiée et performante. Mais elle doit aussi, pour que le développement du pays se fasse de manière harmonieuse et équitable, leur permettre de rester en bonne santé.

La construction d'une « société harmonieuse » (*hexie shehui*) est en effet, depuis 2006, un objectif clamé haut et fort par le gouvernement chinois pour que développement économique ne rime plus avec pauvreté et inégalités sociales. Rendre la justice « plus juste », veiller à une meilleure application des lois, faire respecter les droits des personnes, rééquilibrer le développement régional, réduire les inégalités de revenus et les disparités entre villes et campagnes, lutter contre le chômage, instaurer un système de protection sociale, améliorer l'accès aux ressources, protéger l'environnement… tels sont les nombreux objectifs que la Chine s'est engagée à réaliser d'ici à 2020[1].

À maints égards, la santé publique est un enjeu de taille pour le pouvoir politique chinois. Car une population en bonne santé est une population qui vit mieux, plus longtemps, et qui est donc en principe capable de meilleures performances économiques. À plus d'un titre, investir dans la santé d'une population pour servir des objectifs à court, moyen ou long terme s'avère crucial pour les États en quête de progrès social. Et lorsque la démarche s'adresse en particulier aux enfants, son utilité devient plus évidente encore : investir en eux revient à investir dans le capital humain du pays, et donc, à terme, un gage d'équilibre social et de prospérité. Pour l'Organisation mondiale de la santé (OMS) « la santé est un état de complet bien-être physique, mental et social, et ne consiste pas seulement en une absence de maladie ou d'infirmité[2] ». Elle implique de ce fait que tous les besoins fondamentaux – affectifs, sanitaires, nutritionnels, sociaux et culturels – des personnes soient satisfaits. La « bonne » santé reste toutefois un état relatif et hautement subjectif, dont le ressenti peut varier selon le niveau de développement économique, la culture, le mode de vie, les pratiques, la nature de l'environnement qui contribuent en outre à forger l'idée que chacun se fait de son propre état de santé. Dans tous les cas, la « bonne » santé d'une population nécessite une implication des pouvoirs publics, et ne relève que secondairement de l'initiative individuelle.

Quand naître n'est pas vivre

La mortalité des enfants : un fléau en recul

Chaque année, dans le monde, près de dix millions d'enfants meurent avant d'avoir fêté leur cinquième anniversaire – dont près de la moitié sur le seul continent africain. La Chine, avec moins d'un demi-million de décès de jeunes enfants – soit moins de 5 % des décès infanto-juvéniles annuels pour 20 % de la population mondiale – fait donc figure de privilégiée.

En un demi-siècle, en effet, la mortalité des petits Chinois a régressé de façon spectaculaire : alors que, sur 100 enfants, 20 mouraient avant leur premier anniversaire au début des années 1950, ce n'est le cas que pour un peu plus de 2 sur 100 aujourd'hui. En terme de mortalité infantile, la Chine se trouve donc en bonne place parmi les pays en développement, loin devant les autres géants démographiques mondiaux que sont l'Inde (5,5 décès infantiles pour 100 naissances), le Bangladesh (4,5) ou le Pakistan (6,4), et très loin devant le continent africain (8,3) – même s'il lui reste encore du chemin à parcourir avant d'arriver au niveau des pays les plus développés de la région, comme la Malaisie (0,9), la Thaïlande (0,7) ou la Corée du Sud (0,4).

Décès d'enfants de moins de 1 an pour 100 naissances

	1950-1955	1975-1980	1990-1995	2005-2010
Chine	19,5	5,2	3,0	2,3
Corée du Sud	13,8	3,4	0,9	0,4
Inde	16,4	10,8	7,9	5,5
Malaisie	9,9	3,4	1,5	0,9
Pakistan	15,4	10,4	8,5	6,4
Thaïlande	9,4	4,6	1,9	0,7
Vietnam	15,8	8,3	3,8	2,0

Sources : Nations unies, révisions de 2008, à l'adresse http://esa.un.org.

La mortalité dans le premier mois de vie[3], pendant lequel l'enfant est particulièrement vulnérable, a elle aussi connu d'importants progrès : 1,8 décès pour 100 naissances en 2004 – contre encore 3,3 quinze ans plus tôt –, c'est deux fois moins qu'en Inde (3,9), trois fois moins qu'au Pakistan (5,3). Si ces avancées laissent la Chine encore largement à la traîne par rapport à certains de ses voisins – avec un taux de mortalité néonatale presque quatre fois plus élevé qu'en Malaisie (0,5) et encore six fois plus élevé qu'en Corée du Sud (0,3)[4] – les évolutions, bien que chaotiques, sont malgré tout remarquables.

Chaotique, l'évolution de la mortalité des enfants en Chine l'est sans conteste. Car, si le taux qui la mesure a baissé de trois quarts entre 1950 et le milieu des années 1970, les progrès réalisés depuis lors ont été beaucoup plus hésitants. La mortalité infantile a baissé au moins de trois quarts en Malaisie (- 74 %), au Vietnam (- 76 %), en Thaïlande (- 85 %) et en Corée du Sud (- 88 %) depuis le milieu des années 1970, mais de moitié seulement en Chine (− 56 %). La Thaïlande, où la mortalité avant le premier anniversaire était alors presque aussi forte qu'en Chine, a aujourd'hui un niveau trois fois moindre. De toute évidence, la Chine n'a pas su maximiser les chances de survie de ses enfants.

S'ils ne sont pas à la hauteur de ce que la modernisation chinoise aurait pu laisser espérer, des progrès dans la lutte contre la mortalité des enfants sont là, malgré tout. Et la Chine les doit d'abord à la généralisation progressive de conditions d'accouchement plus sûres[5]. Ces progrès résultent, en outre, de l'énergie déployée en matière de traitement et de prévention des maladies infectieuses : poliomyélite, tétanos, variole, diphtérie, coqueluche, rougeole, tuberculose... qui font encore des ravages dans la population infantile de bon nombre de pays en développement, sont aujourd'hui des pathologies globalement maîtrisées en Chine.

Depuis soixante ans maintenant, le gouvernement chinois n'a pas ménagé ses efforts pour développer la vaccination des enfants. Dès les années 1950, mais surtout à partir de la fin des années 1970, des campagnes de vaccination de masse ont été lancées, permettant ainsi de juguler l'expansion de ces maladies[6]. En 1986, le 25 avril est même devenu la « Journée nationale pour la vaccination des enfants ». Depuis lors, la liste des vaccinations obligatoires mais gratuites pour les enfants s'allonge. En mars 2005, la Chine a adopté une nouvelle réglementation selon laquelle tous les vaccins entrant dans le programme national EPI (Expanded Program on Immunization), soutenu par l'OMS, seraient désormais gratuits ; depuis 2007, tous les enfants en âge de suivre une scolarité sont tenus d'être vaccinés gratuitement contre douze maladies[7].

Cela ne signifie pas pour autant que tous les enfants sont désormais immunisés – certains gouvernements locaux n'ont, en effet, toujours pas les moyens de financer ces programmes, et les médecins des villages restent peu enclins à pratiquer gratuitement ces vaccinations[8]. Il n'en reste pas moins qu'en la matière, au vu de la situation dans la plupart des autres pays en développement, la Chine sort du lot. Plus de 90 % des petits Chinois âgés de 12 à 23 mois seraient désormais vaccinés contre six principales maladies infantiles (rougeole, poliomyélite, tuberculose, tétanos, diphtérie et coqueluche), une prouesse compte tenu de la taille du pays – surtout si l'on compare ces chiffres à ceux de l'Inde, où moins de la moitié (43 %) des enfants du même âge ont bénéficié du protocole vaccinal complet[9]. La diphtérie et la poliomyélite sont éradiquées en Chine depuis le milieu des années 1990, la rougeole devrait l'être d'ici à 2012. L'hépatite B reste, elle, un problème à part, dont la Chine peine à se défaire. Sur les quelque 350 à 400 millions de personnes porteuses de ce virus dans le monde, une sur trois est chinoise, et ce sont, chaque année, près de 700 000 nouveaux cas rien qu'en Chine[10]. Depuis 2002, date à laquelle la vaccination contre l'hépatite B est devenue gratuite pour les enfants, l'endémie recule lentement : entre 1992 et 2006, le taux de porteurs chroniques du virus chez les moins de 10 ans est passé de 10 % à moins de 2 %, et de 10 % à 7 % dans l'ensemble de la population[11]. La transmission du virus de la mère à l'enfant, sur le même mode que le sida, a fait des nouveau-nés une cible privilégiée, seule une première vaccination dans les vingt-quatre heures suivant la naissance pouvant prévenir l'apparition de la maladie.

Dans l'ensemble, la situation épidémiologique des petits Chinois est plutôt bonne. Et ces résultats sont d'autant plus louables quand on sait à quel point l'accès à certaines régions enclavées reste difficile. Yang Zheng'e, médecin de village de 46 ans, est la seule spécialiste en santé maternelle et infantile du canton de Jiarong, district de Huishui au Guizhou, qui compte à lui seul quinze mille habitants. Les trois mille familles du canton sont dispersées dans une zone de montagnes qui couvre près de 100 kilomètres carrés. Pour se rendre chez certaines d'entre elles, Yang doit marcher pendant quatre à cinq heures, traverser des torrents… « Je ne compte plus les paires de chaussures que j'ai usées ! » s'exclame-t-elle. Yang transporte en permanence une valisette de 15 kilos qui contient son nécessaire médical : une boîte réfrigérée pour conserver les vaccins, de la glace, de la teinture d'iode, un stéthoscope, des bandages… Dans le canton de Jiarong, les principales menaces pour la santé des enfants restent la rougeole, la pneumonie et la méningite[12].

À maints égards, la ratification par la Chine de la Convention des Nations unies sur les droits des enfants en 1989[13], puis son engagement dans la réalisation des Objectifs du millénaire pour le développement[14] (2000), ont été des étapes décisives pour la santé des enfants. Presque toutes les naissances (98 %) bénéficient aujourd'hui des « nouvelles méthodes d'accouchement » – qui, rappelons-le, consistent à garantir les mesures d'hygiène les plus élémentaires. D'autre part, près de neuf naissances sur dix surviennent en milieu hospitalier, contre seulement une sur deux en 1990[15]. D'importants progrès ont également été réalisés dans le suivi sanitaire qui, en 2004, concernait les trois quarts (74 %) des enfants de moins de 3 ans, contre encore moins de la moitié en 1990[16]. De source officielle, ces progrès auraient permis des améliorations notables dans leur survie : le nombre de décès d'enfants de moins de 1 an pour cent naissances serait, en 2008, tombé à 0,8 dans les villes et à 1,9 dans les campagnes[17], des taux qui, peu à peu, rapprochent la Chine de ses voisins les plus développés. Mais cette vision globalement positive doit être nuancée : de profondes inégalités persistent entre les différentes couches de population, et tous les enfants chinois, selon qu'ils vivent en ville ou à la campagne, dans l'ouest ou dans l'est du pays, n'ont pas les mêmes chances de survivre jusqu'à l'âge adulte.

Premières victimes d'inégalités considérables

Il est d'usage, pour les démographes, de considérer la mortalité des très jeunes enfants comme un indicateur fidèle de l'état sanitaire d'une population : lorsque la mortalité en bas âge recule, c'est la preuve d'un système de santé efficace, capable de garantir de bonnes conditions d'accouchement, de venir à bout des maladies infectieuses les plus meutrières et d'offrir aux enfants une nutrition de qualité.

En ce domaine, la Chine reste inclassable, tant la diversité de situations y est grande ; ce pays, aux dimensions d'un continent, n'offre pas à tous ses enfants d'égales chances de survie, loin s'en faut. Dans les grandes municipalités de Shanghai ou de Pékin, la mortalité d'un très jeune enfant est désormais fait rare (0,4 décès avant 1 an pour cent naissances en 2000), aussi rare qu'en Corée du Sud, presque aussi rare que dans les pays les plus développés de la planète, comme le Japon, la France ou la Finlande (0,3). Mais, dans les provinces centrales ou occidentales, la situation est bien moins enviable. Au Shaanxi, au Qinghai, au Ningxia, dans l'Anhui et au Jiangxi, la mortalité infantile se situe entre trois et quatre décès avant l'âge de 1 an pour cent naissances, et reste ainsi dix fois plus élevée qu'à Pékin ou à Shanghai. Au Yunnan et au Guizhou, ce sont encore six enfants sur cent qui meurent avant leur premier anniversaire, comme au Cambodge ou à Haïti, pays classés parmi les plus pauvres de la planète. Et ces disparités ne sont pas près de se résorber : le ratio entre la province la mieux lotie, à savoir Pékin (avec 0,9 décès d'enfants avant leur premier anniversaire pour cent naissances) et le Tibet (9,6) est passé de 1 à 11 en 1990 à 1 à 16 en 2000 (cette fois entre Pékin : 0,4, et le Yunnan : 6,0). Autrement dit, si les progrès sont incontestables dans les régions les plus développées, ailleurs, ils sont toujours très lents.

Dans les campagnes, en effet, les améliorations se font attendre. Le ratio qui mesure l'écart entre milieu rural et milieu urbain dans la mortalité infantile était de 1,7 en 1982 ; il est de 2,4 en 2008. Dans les régions rurales les plus reculées, le risque pour un enfant de mourir avant son premier anniversaire reste cinq fois plus élevé que dans les grandes villes côtières[18]. En 2005, la mortalité des mères autour de la grossesse était deux fois plus forte à la campagne qu'en milieu urbain (avec respectivement 54 et 25 décès de mères pour 100 000 naissances). Au début des années 2000, 40 % des femmes en milieu rural n'avaient subi aucun examen médical au cours de leur grossesse – contre 10 % dans les villes ; une femme sur six (16 %) accouchait encore chez elle, avec la seule aide d'un membre de sa famille – contre 2 % en ville[19]. On a donc affaire à des contextes bien distincts que tout, ou presque, sépare.

En tout état de cause, d'importants progrès restent à faire. En Chine, sur les quelque quatre cent mille décès d'enfants de moins de 5 ans survenus en 2007, plus de la moitié auraient pu être évités par des gestes simples, comme des examens prénatals plus réguliers, des conditions d'accouchement plus sûres, ou par l'allaitement maternel. La dysenterie et la pneumonie, pourtant facilement curables, restent, à elles seules, responsables d'un quart des décès chez les moins de 5 ans en Chine – alors qu'elles ne représentent plus, par exemple, que 10 % de ces décès en Corée du Sud ou en Malaisie, mais encore 40 % en Inde ou au Bangladesh[20]. Mais, là encore, le risque de mourir de l'une de ces deux maladies varie beaucoup d'un bout à l'autre du pays. La dysenterie, qui ne tue plus guère d'enfants dans les provinces les plus riches, reste l'une des principales causes de décès dans les régions défavorisées[21]. Là, la mortalité par pneumonie restait, au milieu des années 2000, dix fois plus fréquente que dans les plus grandes villes chinoises (avec des taux respectifs de 1 % et 0,1 %[22]). Le tétanos néonatal, éliminé à Shanghai, Pékin ou au Liaoning, touche encore régulièrement les nourrissons au Guangxi ou à Hainan[23].

Le désengagement de l'État laisse la santé des enfants à la traîne dans les campagnes : leur couverture vaccinale contre les principales maladies infantiles est encore, dans certaines régions, bien en dessous des normes urbaines, et les conditions d'accouchement, déterminantes pour la survie d'un nouveau-né, y restent beaucoup plus précaires que dans les villes. En 2006, on l'a vu, presque neuf accouchements sur dix (88 %) ont eu lieu à l'hôpital. Mais, dans certaines provinces, l'hospitalisation n'est pas légion : un accouchement sur trois a encore eu lieu à domicile dans les zones rurales du Ningxia (27 %), du Sichuan (29 %), du Gansu et du Yunnan (33 %), un sur deux au Guizhou (49 %), deux sur trois au Tibet (64 %). À la campagne, chez les moins de 5 ans, près d'un décès sur deux survient à la maison ; dans près d'un cas sur deux, donc, pour une raison ou pour une autre, l'enfant, pourtant gravement malade, n'a pas été hospitalisé[24]. Dans certaines régions très pauvres, la situation est critique : de source officielle, plus de 60 % des enfants n'y auraient jamais bénéficié d'aucun examen de santé, plus de 50 % des femmes enceintes ne subiraient de contrôle prénatal, 90 % accoucheraient chez elles, et 60 % des sages-femmes n'auraient jamais reçu la moindre formation professionnelle[25].

La santé des enfants : l'État défaillant

Le système de santé mis en place par Mao à partir des années 1950, fondé sur un principe d'égalité et d'accès généralisé aux services, n'a pas reçu que des éloges. La qualité des soins – et en particulier les piètres compétences médicales des fameux « médecins aux pieds nus » envoyés dans les campagnes pendant la Révolution culturelle – fut, avec le recul, fortement contestée[26]. Calqué sur la structure administrative du pays, ce système a toutefois eu le mérite de développer l'accès aux soins de santé de base à un coût abordable pour les familles, permettant ainsi d'amorcer la fameuse transition sanitaire chinoise. Mais, avec les réformes économiques et le démantèlement des structures collectives à partir de la fin des années 1970, la quête d'équité qui avait prévalu jusqu'alors fit long feu : les réformes de Deng Xiaoping ont produit une économie dont la croissance est l'une des plus fortes au monde... mais qui laisse malheureusement la santé publique largement à la traîne. Trente ans de communisme n'avaient pas réussi à venir à bout des inégalités entre villes et campagnes dans l'accès à la santé ; les réformes n'ont fait qu'aggraver la situation.

L'économie planifiée offrait aux travailleurs et à leurs enfants un accès peu coûteux aux soins de santé[27]. Mais, après la libéralisation de l'économie, le système collectiviste de prise en charge médicale n'a pas survécu : en 2002, seuls 7 % de la population rurale étaient encore couverts par une assurance de santé[28] ; en 2004, dans l'ensemble du pays, seul un enfant de moins de 7 ans sur six (17 %) bénéficiait d'une assurance médicale publique ou privée[29]. Le financement de la santé incombe aujourd'hui aux gouvernements des provinces qui, à leur tour, soumettent hôpitaux et médecins à des contraintes de rentabilité. Décentralisé et partiellement privatisé, le système de santé ne fonctionne plus comme un service public, et l'accès aux soins dépend désormais de plus en plus de la capacité des patients à payer. Les professionnels de la santé ont des stratégies de plus en plus mercantiles ; pour survivre, cliniques et hôpitaux relèvent progressivement leurs prix, ce qui restreint l'accès aux soins. Alors qu'aucune protection sociale digne de ce nom n'a encore été mise en place, se faire soigner devient inabordable pour les plus pauvres.

Pour tenter de faire face au problème, les autorités chinoises se mobilisent. Dès 1998, une nouvelle « assurance médicale de base pour les employés » (*chengzhen zhigong jiben yiliao baoxian zhidu*), plus restrictive que la précédente, a vu le jour... mais elle ne couvre pas les enfants. Dans les régions les plus riches, des assurances pour les enfants sont proposées – comme à Suzhou, dans le Jiangsu, par exemple[30] –, mais cela reste l'exception. Dans les villes, dès lors que les parents n'ont pas la capacité financière de souscrire une assurance privée, les enfants ne sont, pour la plupart, pas couverts. Dans les campagnes, après deux décennies de désengagement total de l'État, un nouveau système de coopérative médicale a été mis en place à partir de 2003. L'adhésion, facultative, coûte une cinquantaine de yuans par personne et par an, dont 20 % doivent être payés par les familles tandis que le paiement des 80 % restants incombe en principe aux gouvernements locaux. Chaque adhérent peut ainsi, après en avoir fait l'avance, se faire rembourser ses dépenses de santé à hauteur de 65 % en théorie ; début 2007, c'est environ la moitié de la population rurale qui, de source officielle, bénéficiait de ce type d'assurance[31]. Mais tous les problèmes ne sont pas réglés pour autant.

Aujourd'hui, les services de santé en Chine sont à l'image de sa population : d'un côté, les infrastructures médicales les plus performantes, dotées de savoir-faire et de technologies dernier cri mais réservées aux mieux nantis, principalement parmi les citadins. De l'autre, des infrastructures vétustes, inadaptées voire insalubres, auxquelles les franges les plus démunies de la population n'ont parfois même plus accès, du fait de leur coût trop élevé. Dans l'ensemble, les progrès sanitaires et médicaux n'ont pas suivi ceux de l'économie et, depuis les réformes, l'état de santé de la population stagne. Si des gains de productivité remarquables se sont traduits par des améliorations substantielles du pouvoir d'achat, de l'alimentation et du logement, et donc par un recul de la pauvreté globale, ce n'est qu'une facette du « miracle » chinois. Pour une part de la population, l'efficacité des soins préventifs et curatifs régresse, l'accès à la santé est désormais le plus grand des luxes.

Depuis 1978, les dépenses de l'État pour la santé ont grimpé à un rythme supérieur à celui de la croissance démographique[32], mais cela ne suffit pas. La population, toujours plus nombreuse, vieillit ; ses habitudes de vie changent, les coûts médicaux flambent, la qualité de l'environnement se dégrade… Alors, mécaniquement, la charge économique représentée par la santé s'alourdit chaque année davantage. Le gouvernement chinois consacre désormais 10 % de ses dépenses totales à la santé, presque autant que la Thaïlande (11 %) ou que sa petite voisine la Corée du Sud (12 %)[33] – pays dont les infrastructures de santé sont parmi les plus performantes de la région. Malgré ces investissements, la Chine ne parvient pas à garantir un accès généralisé aux soins, alors même que la majorité des coûts (estimée à 60 % au début des années 2000[34]) incombe désormais aux patients – un facteur hautement discriminant pour les plus défavorisés.

Les coopératives médicales mises en place dans les campagnes depuis 2003 n'ont, fondamentalement, rien changé. Les ménages très pauvres ne peuvent y adhérer car la cotisation annuelle reste hors de portée de leur bourse et, surtout, parce que la plupart des gouvernements locaux, faute de ressources financières suffisantes, peinent à assumer la part qui leur incombe[35]. Et pour ceux qui ont les moyens d'y adhérer, les conditions de remboursement sont fort restrictives : toutes les maladies ne sont pas prises en charge ; seules les hospitalisations dans l'hôpital du canton sont remboursées et, pour certains paysans, la procédure de demande de remboursement est si complexe qu'ils y renoncent avant même d'entamer la démarche ; enfin, le taux moyen de remboursement des soins resterait en réalité inférieur à 30 %, donc bien loin des 65 % officiellement préconisés[36].

« Kan bing nan, kan bing gui »

La Chine des mal nantis est aujourd'hui dans une spirale infernale : la pauvreté génère des inégalités considérables dans l'accès à la santé ; se faire soigner accentue encore la pauvreté... mais y renoncer peut parfois avoir de lourdes conséquences sur l'économie du ménage, surtout lorsque la maladie entraîne une invalidité. Sans une prise en charge collective des dépenses de santé, les disparités de revenus sont une cause majeure des inégalités. En moyenne, les 20 % des ménages ruraux les plus pauvres dépensaient, au milieu des années 2000, 100 yuans par an et par personne pour la santé. Or, dans les villes, les 10 % des ménages les plus riches y consacraient treize fois plus d'argent (1 300 yuans par an et par personne en moyenne), ce qui, indiscutablement, témoigne d'un meilleur accès aux soins pour cette population favorisée. De source officielle, la moitié des paysans qui tombent malades ne se feraient pas soigner par manque d'argent, et la moitié des enfants qui décèdent aujourd'hui dans les campagnes n'auraient reçu aucun traitement médical[37]. Dans certaines régions pauvres, au milieu des années 1990, 80 % des personnes qui ont fait l'impasse sur l'hospitalisation l'ont fait pour cause de difficultés économiques[38] ; en 2004, dans les districts officiellement classés « pauvres[39] », les deux tiers des personnes malades qui n'ont pu recourir aux services d'un médecin en ont été empêchées pour des raisons économiques, 27 % du fait de leur éloignement géographique.

La « Loi sur la santé des mères et des enfants » (*Muying baojian fa*), entrée en vigueur en 1995, reste donc loin de ses objectifs : « L'État met tout en œuvre pour améliorer la santé des mères et des enfants et s'engage à fournir l'environnement et l'aide matérielle nécessaires pour que chaque femme et chaque enfant puissent avoir accès aux services de santé » (art. 2). Or, dans les ménages modestes, une consultation chez le médecin du village coûte en moyenne, médicaments compris, le tiers du revenu hebdomadaire ; pour une visite dans un centre de santé de canton, ce sont les deux tiers qu'il faut cette fois-ci débourser. Quant à un séjour dans un hôpital de district, il équivaut, pour les plus pauvres, à au moins une année de revenus. En 2003, le revenu annuel moyen par habitant était de 2 600 yuans pour les paysans... mais l'hospitalisation coûtait, elle, en moyenne, plus de 2 200 yuans[40].

« Il est fréquent qu'aujourd'hui les familles soient ruinées simplement parce qu'un de leurs membres est tombé gravement malade », explique Wang Hongman, professeur en santé publique à l'université de Pékin. Une étude de l'Unicef a montré que 18 % des ménages qui, en 1993, avaient recouru aux services de santé, y avaient consacré un montant supérieur à leur revenu annuel total ; 25 % ont dû tout bonnement s'endetter pour faire face à ces dépenses, 5 % ont dû vendre ou hypothéquer des biens. Désormais, une simple vaccination contre la grippe peut coûter 200 yuans, l'équivalent du quart des revenus mensuels les plus faibles dans la ville de Canton, par exemple[41]. Le désespoir est tel que dans certaines régions rurales la colère l'emporte : les médecins sont victimes d'agressions physiques, le matériel médical est détruit, les hôpitaux saccagés… ultime protestation contre des coûts exhorbitants, des erreurs médicales trop fréquentes et le manque d'éthique reproché à certains praticiens[42].

Payer le médecin, les médicaments, l'hôpital… c'est aujourd'hui une préoccupation majeure pour la plupart des Chinois : « *Kan bing nan, kan bing gui* » (« Consulter un médecin, c'est difficile ; consulter un médecin, c'est cher[43] »). Zhou Wenfen, 53 ans, vit dans le village de Yangjiagou, au Hubei. Comme des milliers d'autres Chinois, pour faire face au coût de la vie toujours croissant, elle vend son sang. À chaque prélèvement, elle touche 168 yuans, une somme conséquente pour la plupart des paysans. Elle s'est engagée dans ce sinistre commerce – auquel elle se livre deux fois par mois en moyenne – en 2007, quand son petit-fils alors âgé de 3 ans s'est vu diagnostiquer une aplasie médullaire. Chaque fois que

Zhou Wenfen part vendre son sang, elle se lève à 4 heures du matin. Elle marche pendant plus d'une heure dans la montagne, puis descend la rivière Han en bateau. À midi, elle arrive enfin au centre de prélèvement. « Je n'ai pas d'autre choix, explique-t-elle. Il faut bien que je trouve de l'argent pour faire soigner mon petit-fils... sa maladie nous a déjà coûté près d'un demi-million de yuans[44] ! » Vendre son sang reste une pratique légale en Chine. Certes, la loi de 1998[45] a tenté de réglementer ce commerce, pour éviter qu'un nouveau scandale de sang contaminé n'éclate[46]. Mais, dans les régions pauvres, limiter les abus reste une gageure. Les paysans les plus démunis donnent toujours leur sang pour de l'argent, à la grande satisfaction des réseaux de trafiquants qui continuent de sévir malgré la loi.

Lutter contre la pauvreté tout en garantissant à chacun des soins corrects et à moindre coût, là est sans doute l'un des principaux défis des autorités chinoises en ce début de XXIe siècle. Au cœur de la tourmente, les enfants, victimes silencieuses d'un État qui s'avère être particulièrement défaillant. À la fin des années 1990, la Chine a procédé à un réexamen sérieux de ses politiques de santé, qui s'est soldé par de timides réformes. Mais l'ampleur de la tâche – et surtout son coût – fait hésiter le gouvernement. Peng Peiyun, conseillère d'État chargée de la santé entre 1992 et 1997, admet l'impuissance des pouvoirs publics à trouver une solution durable pour les campagnes : « Le budget de l'État n'est pas suffisant pour engager des réformes à grande échelle ; pour l'instant, nous ne pouvons que mettre en place des mesures incitatives[47]... » En octobre 2008, le Premier ministre Wen Jiabao a réitéré l'objectif d'une réforme du système de santé pour une couverture de base de l'ensemble de la population d'ici à 2020. Mais pour l'instant, dans de nombreuses régions, rien ne bouge, ou presque. La situation demeure particulièrement critique dans les zones rurales où les soins restent essentiellement à la charge des familles et où les hôpitaux manquent de financements, de personnel médical et d'équipements, ce qui continue d'entraver l'amélioration de la qualité des soins. Les autorités chinoises parent en fait au plus pressé. En 2007, le ministère de la Santé a envoyé cinq mille cinq cents médecins et infirmières dans les campagnes, version réactualisée des « médecins aux pieds nus » de Mao, pour soigner les malades et former du personnel médical. Il s'est aussi engagé à débloquer vingt milliards de yuans pour la rénovation de près de vingt-cinq mille dispensaires, hôpitaux et maternités en milieu rural[48]. Des efforts, certes, mais qui restent bien en deçà des besoins réels.

« Ils avaient l'air normal à la naissance... »

Né au cœur d'un site industriel minier, Yilong, 10 ans, est handicapé mental et ne parle pas. Il est un enfant du Shaanxi, où le charbon a fait la fortune de quelques-uns et donné du travail à beaucoup d'autres. Mais la pollution environnementale y est aujourd'hui telle que la proportion d'enfants naissant avec des malformations y est six fois plus élevée que la moyenne nationale. Gaojiagou, le village où vit Yilong, est comme beaucoup d'autres hameaux du sud-ouest du Shaanxi : il est entouré par des dizaines d'exploitations minières d'où sont extraits, chaque année, des millions de tonnes de charbon destinés à satisfaire les besoins toujours plus grands de l'économie chinoise. À Gaojiagou, de nombreux villageois souffrent de troubles respiratoires. « Avant, toutes les familles buvaient l'eau de leur puits », explique Hao, un habitant en remplissant une bassine d'une eau aussi foncée que du thé. « Aujourd'hui, notre eau est tellement polluée par les mines de charbon tout autour du village qu'on ne peut plus la boire ! »

« Ils avaient l'air normal à la naissance », explique Hu Yongliang, 38 ans, dont les deux aînés sont handicapés. « Mais ils n'ont appris à marcher qu'à l'âge de 6 ou 7 ans. Et ils sont très faibles. Personne ne sait d'où vient leur problème. » Yimei, la fille de Hu, a 13 ans. Elle sait à peine prononcer quelques mots. Son frère Yilong, lui, n'en dit pas un seul. Tous deux passent leurs journées à jouer dans la cour, sous l'œil désespéré de leur mère, Wang Caiying. « Je ne les laisse jamais sortir, explique-t-elle. Je ne veux pas que les gens se moquent d'eux. Je suis surtout inquiète pour Yilong. Il n'est pas du tout autonome. Je dois tout faire pour lui… » Le salaire de Hu ne lui permet pas de faire soigner ses enfants. Alors, le couple place tous ses espoirs dans son dernier fils, Yiwu, âgé de 6 mois : grâce à des tests sanguins, Yongliang et Caiying savent qu'il n'est pas touché par l'affection dont souffrent son frère et sa sœur ; ils veulent qu'il devienne médecin plus tard. « Si les malformations d'enfants sont aussi nombreuses au Shaanxi, c'est à cause de la pollution provoquée par l'industrie minière, surtout par la combustion du charbon », explique Pan Xiaochuan, professeur à l'université de Pékin.

« Dans cette région, les troubles neurologiques sont le handicap le plus fréquent, mais on trouve aussi des maladies cardiaques congénitales, des enfants qui naissent avec le palais fendu ou des doigts ou des orteils en trop[49]... »

Un bébé malformé toutes les trente secondes...

En Chine, toutes les trente secondes, un bébé naît avec une malformation[50]. Au total, ce sont chaque année plus d'un million d'enfants qui naissent avec une anomalie physique ou mentale, soit environ 7 % des naissances – un taux trois fois plus élevé que dans les pays développés. Ce chiffre place la Chine au-dessus de la moyenne mondiale estimée par l'OMS entre 3 et 5 %[51]. De source officielle, trente millions de ménages – près d'un sur dix ! – compte ou a compté un enfant avec une malformation congénitale[52]. « Le nombre de nouveau-nés présentant des anomalies à la naissance augmente constamment », explique Jiang Fan, directeur adjoint de la Commission nationale sur la population et la planification des naissances ; ce nombre a en effet crû de moitié entre 2001 et 2006, passant de 105 à 146 cas pour 10 000 naissances. Pourquoi une telle envolée ? Ce phénomène serait à mettre en relation d'abord avec les grossesses qui, dans les villes, surviennent de plus en plus tard dans la vie des femmes, alors même que les examens médicaux prénuptiaux ne sont plus obligatoires depuis 2003 – on le sait, plus l'âge de la mère augmente, plus les risques de malformation fœtale sont élevés. Mais cela est l'explication officielle, donc la plus acceptable. Car en dehors des villes, là où ces malformations sont les plus nombreuses, ce sont les carences en iode et en acide folique – qui touchent les populations les plus pauvres – et surtout la pollution environnementale qui sont en cause.

La province du Shaanxi, au nord de la Chine – très active, on l'a vu, dans l'extraction du charbon, et où les usines chimiques sont la principale source d'émissions toxiques –, enregistre les plus forts taux de malformation à la naissance. Selon An Huanxiao, qui y dirige l'agence de planning familial : « Ces malformations à la naissance sont liées à la pollution environnementale, surtout dans les huit grandes régions charbonnières du Shaanxi. » Pour Pan Jianping, professeur au Centre de recherche sur la santé infantile et maternelle de l'université Jiaotong, à Xi'an, toujours dans le Shaanxi : « Ce phénomène aura à la longue un impact sur le développement économique et la qualité de la vie. [...] De plus, la pression économique est très lourde pour les familles qui doivent élever des enfants handicapés, surtout en milieu rural. » Ces malformations à la naissance seraient fatales dans 30 à 40 % des cas, et seulement 20 à 30 % des enfants concernés pourraient – à condition que leurs parents en aient les moyens – être soignés. Quant aux 40 % restants, ils n'ont d'autre choix que de vivre avec leur handicap. Pour Jiang Fan, cette situation « affecte directement la force nationale de la Chine, sa compétitivité au plan international, mais elle compromet aussi son développement socio-économique durable, de même que la réalisation de l'objectif qui consiste à construire une société plus riche ». Alors, une fois encore, les autorités chinoises parent au plus pressé : les contrôles médicaux prénatals ont été renforcés dans les huit provinces les plus touchées, et plusieurs millions de femmes se sont vu administrer des suppléments en iode et en acide folique, pour réduire les risques de malformation neurologique chez leur bébé. Mais, sur cette question, les responsables politiques ne sont guère bavards ; la Chine, quand elle est prise en faute, n'aime pas beaucoup faire parler d'elle.

Ce pays est devenu l'« usine du monde » ; et l'expression n'a rien d'une litote. Mais la conséquence environnementale ne se fait guère attendre : la pollution des sols par les métaux lourds est devenue un problème majeur. En 2009, la très prestigieuse revue médicale américaine *The Lancet* s'indigne : des émeutes ont éclaté au Shaanxi et au Hunan. La cause : pas moins de deux mille enfants vivant à proximité de fonderies ont été intoxiqués par le plomb. Cinq usines ont dû fermer sous la pression populaire. Rappelons que l'excès de plomb dans l'organisme n'a rien d'anodin : il peut endommager le système nerveux, provoquer des retards de développement et des lésions cérébrales. Xue Yani est inquiète pour son fils : il a 8 ans, mais en paraît 4 tant il est maigre et petit. « Je veux juste qu'il passe un examen pour que nous puissions savoir ce qui ne va pas. » Très vite, le verdict tombe : le sang de l'enfant contient 239 milligrammes de plomb par litre, c'est presque deux fois et demie le seuil accepté en Chine, presque cinq fois le niveau maximum toléré en France[53]. Dans deux villages du district de Fengxian, au Shaanxi, six cent quinze des sept cent trente et un enfants ont été diagnostiqués avec des taux de plomb dans le sang dangereusement élevés : tous vivent non loin de la fonderie Dongling. Les risques étaient connus lorsque l'usine a ouvert ses portes en 2003. Un plan de relogement des riverains avait été proposé, mais n'a jamais abouti. Aujourd'hui, l'usine est forcée à la fermeture mais le gouvernement local hésite : l'activité qu'elle génère représente un sixième de l'économie locale…

Devenue le premier pollueur de la planète, la Chine essaie tant bien que mal de pallier les méfaits écologiques de trois décennies de développement aveugle. Mais le laxisme des dirigeants locaux dans le respect des normes environnementales, et surtout une demande insatiable d'énergie pour alimenter l'économie chinoise en pleine expansion, sont les plus forts. Pour Zhang Lijun, ministre de l'Environnement, « les problèmes du pays en matière d'environnement sont toujours aussi graves [en 2009], faute d'efforts suffisants des gouvernements locaux. La situation générale de la pollution de l'environnement ne nous permet pas d'être optimistes ». L'OMS a calculé que la pollution provoquerait, chaque année en Chine, la mort prématurée d'au moins trois cent mille personnes – soit un coût global chiffré par la Banque mondiale entre 20 et 75 milliards de dollars par an.

Des petites filles bien encombrantes

En matière de santé, la société chinoise est loin de réserver le même sort à tous ses enfants, loin s'en faut. D'un bout à l'autre du pays, selon la situation économique et sociale des parents, selon l'environnement dans lequel l'enfant grandit et, surtout, selon le niveau d'implication des gouvernements locaux, le meilleur et le pire sont possibles. Mais il est une autre variable hautement déterminante – et fortement discriminante – pour la santé de millions d'enfants : leur sexe. Dans la Chine d'aujourd'hui, filles et garçons ne grandissent toujours pas sur un pied d'égalité.

Une surmortalité préoccupante...

De longue date, la Chine a toujours privilégié ses fils, et la modernisation économique n'a rien changé à cet état de fait. La société chinoise est ancrée dans des rôles sociaux et familiaux très sexués, qui valorisent tous deux le masculin : un fils reste un atout pour la prospérité de la famille, et surtout un gage de reconnaissance sociale. Tous les traits du patriarcat chinois encouragent à favoriser les garçons qui, dans les représentations sociales, ont de nombreux avantages : ils perpétuent la lignée familiale, assurent un véritable soutien économique et s'occupent de leurs parents quand le poids des ans devient trop lourd. C'est pourquoi, dans l'histoire chinoise, en temps de crise, de famine ou de grande pauvreté, lorsque le contexte était tel que les familles ne pouvaient plus subvenir aux besoins de tous leurs enfants et qu'elles se voyaient, de ce fait, obligées d'en limiter le nombre, la préférence se portait régulièrement sur les garçons... d'où deux mille ans de pratique de l'infanticide féminin.

Après trois décennies de promotion du statut des femmes par le gouvernement communiste, puis trois décennies de libéralisation économique et sociale à la suite des réformes, la problématique de la discrimination des filles se pose en des termes à peine différents. Le statut de la femme chinoise, bien qu'ayant bénéficié d'incontestables progrès depuis la Révolution de 1949, reste socialement déclassé : que ce soit en matière d'éducation, d'emploi, de prise de décision au sein de la famille, d'accès aux moyens de production – notamment la terre – ou d'héritage, les femmes restent des individus de second rang, en dépit des nombreuses lois qui imposent l'égalité entre les sexes.

> L'un des principaux défis à relever [pour endiguer l'élimination des filles] consiste à modifier la coutume rigide du mariage patrilocal et patrilinéaire, de la transmission des droits sur la terre limitée aux héritiers masculins du clan patrilinéaire, de l'affaiblissement traditionnel des liens d'une fille avec sa famille biologique après son mariage, de la dépendance vis-à-vis des fils pour garantir ses vieux jours, de même que des autres pratiques sociales traditionnelles qui font que les filles ont moins de valeur que les fils pour leur famille[54].

Souvent perçues comme des individus de moindre valeur, les femmes sont, dans les représentations sociales, jugées incapables d'endosser le lot de responsabilités familiales, sociales et économiques que les hommes, eux, n'ont d'autre option que d'assumer. Ainsi, alors que les naissances restent strictement limitées en Chine, les filles deviennent indésirables pour la simple raison qu'elles privent leurs parents d'un fils qui, d'un point de vue matériel autant que symbolique, n'a pas d'égal. Mais, au-delà du strict contrôle des naissances pratiqué depuis les années 1970, les comportements changent. L'enfant est de plus en plus souvent mis en balance avec la charge économique, toujours plus lourde, qu'il représente pour sa famille ; alors, spontanément, les couples font aujourd'hui moins d'enfants. Mais parce qu'ils continuent de préférer les garçons, les filles sont en mauvaise posture : éliminées avant même leur naissance par des avortements sélectifs, ou négligées dans leur petite enfance, elles sont, en Chine, moins nombreuses qu'elles ne devraient.

La Chine est aujourd'hui le pays du monde dans lequel la mortalité des filles en bas âge, en comparaison de celle des garçons, est la plus élevée : dans les campagnes, surtout, les familles pauvres entourent un fils des soins les plus attentifs et hésitent moins, quand il est malade, à recourir aux services coûteux du médecin. Ainsi, la lente amélioration de la survie des enfants depuis les années 1970 s'est accompagnée d'écarts toujours plus grands entre les deux sexes, au détriment des filles. Au recensement de population de 2000, le taux de mortalité des garçons avant le premier anniversaire était de 2,7 %, mais celui des filles atteignait 3,9 % – alors que, dans des circonstances ordinaires, c'est-à-dire si leurs parents leur avaient accordé les mêmes soins qu'à leurs fils, ce taux n'aurait pas excédé les 2,1 %. Au point que Zhao Baige, haut cadre de la Commission nationale de planification des naissances, reconnaissait récemment : « Dans toutes les familles, surtout dans les zones rurales, on accorde plus d'attention aux garçons. Nous ne pouvons pas critiquer les familles parce qu'elles ont besoin de garçons, qui peuvent les aider. »

Si les filles meurent davantage que les garçons, c'est parce que leurs parents sont souvent moins enclins à dépenser de l'argent pour elles. La seule enquête disponible sur le sujet, menée en zone rurale[55], en dit long sur ces inégalités de traitement. D'abord, parce qu'un accouchement à l'hôpital coûte cher, les filles naissent plus souvent à domicile[56], où la survie du nouveau-né est plus compromise. Ensuite, elles sont moins souvent envoyées chez le médecin quand elles sont malades. Enfin, si traitement médical il y a, celui-ci est administré en moyenne vingt-quatre heures plus tard pour les filles que pour les garçons, d'où des chances de guérir réduites. Par contre, quand un fils tombe malade, les parents prennent la chose très au sérieux ; ils sont beaucoup plus réactifs et mobilisent d'emblée tous les moyens possibles. Et si le fils doit être hospitalisé, les parents sont prêts à dépenser une somme rondelette pour emprunter une voiture, alors qu'une fille sera, elle, amenée en charrette à bras ou en remorque de vélo : ainsi, aux dires d'un médecin interrogé lors de l'enquête, lorsque les filles arrivent à l'hôpital, elles sont souvent dans un état plus critique que les garçons, compte tenu du délai de réaction des parents, mais aussi des moindres moyens qu'ils déploient.

L'élimination des filles toujours plus répandue

Ces négligences des parents dans les soins apportés à leur fille sont, chaque année en Chine, à l'origine de quelques dizaines de milliers de décès. Mais là n'est malheureusement pas la seule manifestation de la préférence, toujours forte, des Chinois pour les garçons.

Partout dans le monde, lorsque les enfants des deux sexes sont traités sur un pied d'égalité, il naît un peu plus de garçons : sur 100 naissances, on compte en principe 51 garçons et 49 filles, une légère surmasculinité qui joue comme la compensation naturelle d'une surmortalité normale des hommes à tous les âges de la vie. Mais la Chine déroge à cette règle démographique universelle et, depuis les années 1980, les garçons y sont en proportion toujours plus nombreux : en 2005, sur 100 naissances, on comptait 54 garçons pour 46 filles, le ratio le plus élevé au monde. Inévitablement, la population enfantine devient, au fil des ans, plus masculine que jamais par le passé : au début des années 1950, à un moment où l'infanticide était encore régulièrement pratiqué, on comptait, sur 100 enfants de moins de 15 ans, 53 garçons et 47 filles – une proportion déjà anormalement élevée. Très vite cependant, avec l'amélioration des conditions de vie et du statut des femmes sous l'égide du nouveau gouvernement communiste, les effectifs de garçons et de filles chez les enfants se sont, peu à peu, rééquilibrés.

Mais à partir des années 1980, parce que les couples ont dû limiter de plus en plus strictement le nombre de leurs enfants et, surtout, parce que les techniques de détermination prénatale du sexe se sont progressivement démocratisées, la tendance s'est de nouveau inversée : en 2005, sur 100 enfants de moins de 15 ans, la Chine enregistrait 54 garçons pour 46 filles, un niveau très au-dessus de la norme. Au point que la Chine est devenue le pays au monde affichant la plus forte proportion d'hommes dans sa population ; d'un point de vue démographique, la situation des femmes chinoises est ainsi la plus mauvaise qui soit. Pourquoi naît-il si peu de filles en Chine ? On l'a vu, les Chinois font désormais de moins en moins d'enfants : en 2010, chaque femme en a eu 1,7 en moyenne, soit trois fois moins que dans les années 1950. Mais, parce que les couples continuent de préférer les fils, le déficit féminin se creuse. Désormais, grâce aux échographies, il est facile de savoir si l'on attend un garçon ou une fille et, quand le sexe n'est pas celui que l'on souhaite, l'avortement s'impose comme une solution largement acceptable. Chaque année, ce sont ainsi, au bas mot, un demi-million de fillettes qui sont éliminées de la sorte, un féminicide sans égal... sauf en Inde où, à l'instar de la Chine, d'innombrables petites filles sont supprimées avant même de voir le jour[57].

Le gouvernement chinois, pourtant, légifère à tour de bras. Dès 1994, la sélection prénatale du sexe de l'enfant devenait illégale[58]. Quelques années plus tard, la loi sur la population et la planification des naissances (2002) prohibait l'avortement sélectif (art. 36[59]) et ajoutait que « les discriminations ou mauvais traitements infligés aux femmes qui donnent naissance à une fille ou souffrent de stérilité sont interdits. Les discriminations, mauvais traitements et abandons de bébés filles sont interdits » (art. 22). L'année suivante, un document officiel[60] imposait un contrôle – jusque-là inexistant – sur les avortements. Mais ce n'est qu'en 2005 que, pour la première fois, un délai est fixé[61] : désormais, les avortements pratiqués au-delà de quatorze semaines de grossesse font l'objet d'un contrôle renforcé, et toute échographie prénatale requiert la présence d'au moins deux techniciens, pour empêcher que l'un d'eux soit tenté de révéler le sexe de l'enfant.

Mais, malgré cet arsenal de mesures, l'avortement sélectif se banalise... car tout le monde, ou presque, y trouve son compte : d'abord les parents, bien sûr, qui peuvent ainsi s'assurer d'emblée un garçon ; ensuite les médecins peu intègres qui trouvent, dans les pots-de-vin versés par les parents, un bon moyen d'arrondir leurs fins de mois. Au début des années 2000, le démographe Chen Wei a mené une enquête dans une région rurale de l'est de la Chine : les résultats sont édifiants. Sur l'ensemble des femmes interrogées qui ont passé une échographie au cours de leur grossesse, près d'une sur trois (28 %) a admis l'avoir fait pour connaître le sexe de son enfant – et trois sur quatre (72 %) chez celles attendant leur troisième enfant ! Et, sur l'ensemble des femmes ayant avorté, une sur cinq a reconnu l'avoir fait car le sexe de l'enfant attendu n'était pas celui qu'elles souhaitaient[62]. Dire que l'avortement sélectif est entré dans les mœurs n'a donc malheureusement rien d'un abus de langage.

Des tares du sous-développement aux dangers de la prospérité

Enfants du sida : enfants de la pauvreté

Précarité, pauvreté, mauvaise santé, sont autant de conséquences d'un développement économique débridé. « Papa est mort il y a trois ans à cause d'une maladie appelée sida », explique Taohua, jeune Henanaise de 11 ans. « D'abord, il a eu des maux de tête. Ensuite, il a été très malade et est allé voir un médecin, mais son état n'a fait qu'empirer. Maman a voulu acheter les médicaments pour mon père, mais il a refusé. Notre famille est très pauvre, et papa ne voulait pas qu'on dépense tout notre argent pour le soigner. Il est resté malade à la maison pendant plus d'un an. Quand il est mort, une de mes tantes m'a apporté des vêtements. D'autres membres de la famille et des voisins nous ont donné de l'argent et de la nourriture, pour qu'on puisse manger à notre faim. » Taohua appartient à une famille de paysans, dans les plaines du Henan. Au début des années 1990, plusieurs centres de collecte de sang ont été installés dans les villages voisins. De nombreux villageois se sont alors mis à vendre leur sang pour s'assurer un complément de revenus.

Dans les années 1990, des centaines de milliers de paysans, notamment au Henan, ont vendu leur sang dans des banques gouvernementales ou dans les dizaines de *xuetou*[63], ces centres de collectes plus ou moins légaux qui fleurissaient alors à travers la province. Les conditions de prélèvement y étaient effroyables. Plusieurs donneurs étaient prélevés en même temps. Le sang de même rhésus était ensuite mélangé dans des centrifugeuses pour en extraire le plasma. Mais pour éviter, a-t-on prétendu à l'époque, que les donneurs ne s'affaiblissent trop, on leur réinjectait un mélange de résidus sanguins issu de plusieurs donneurs, laissant ainsi la porte ouverte aux contaminations[64]. Il s'en est suivi une rapide propagation du sida. « Ce qui me fait le plus de souci, ajoute Taohua, c'est ma maman. Depuis quelques temps, elle ne se sent pas très bien. Papa a vendu son sang deux fois, mais maman ne l'a jamais fait. » D'après un fonctionnaire local, la mère de Taohua serait, elle aussi à son tour, atteinte par la maladie après avoir été infectée par son mari, mais la jeune fille ne le sait pas encore. À l'instar de Taohua, quelque cent trente enfants du village ont déjà perdu au moins un de leurs parents, sinon les deux. Au seul Henan, plus de deux mille enfants sont orphelins du sida ; la plupart d'entre eux ont moins de 15 ans, et certains sont également séropositifs[65]. Dans le meilleur des cas, ces jeunes orphelins sont pris en charge par leurs grands-parents, ou dans des centres d'accueil.

Fin 2005, l'Unicef estimait qu'environ 140 000 enfants chinois avaient perdu l'un de leurs parents, ou les deux, à cause du sida, et que 500 000 autres vivaient dans des familles dont les parents étaient infectés par le virus – mais des sources indépendantes avancent le chiffre de 250 000 orphelins du sida en 2010. On ignore combien d'enfants sont atteints par la maladie en Chine, mais les taux élevés de transmission de la mère à l'enfant ne laissent rien présager de bon. Dans tous les cas, le sort des jeunes orphelins du sida est, malheureusement, tout tracé : stigmatisés, souvent exclus de l'école, ces enfants, s'ils sont séropositifs, ne sont même pas acceptés par les orphelinats. En outre, les thérapies, toujours difficiles d'accès, ne leur sont pas adaptées.

En Chine, c'est bien la pauvreté qui, à ses débuts, a favorisé le développement de l'épidémie de VIH. Une pauvreté endémique qui, dans de nombreuses régions du pays, continue de faire des ravages dans la population infantile.

La malnutrition, un mal rare mais persistant

Maigreur effroyable, ventre gonflé, yeux exorbités... En Chine, il est rarissime aujourd'hui de rencontrer des enfants victimes de malnutrition grave ; la faim n'y est plus un fléau endémique comme, encore aujourd'hui, dans de trop nombreux pays d'Afrique ou d'Asie du Sud-Est. Si cela n'a pas toujours été le cas – y compris dans l'histoire récente de la Chine, et ce jusque dans les années

1970 –, l'immense majorité des Chinois mange aujourd'hui à sa faim ; les régimes alimentaires ne sont pas nécessairement variés, les apports nutritionnels restent parfois largement insuffisants mais, bon an mal an, chacun trouve de quoi remplir quotidiennement son bol. Le problème alimentaire de la Chine se pose aujourd'hui davantage en termes de qualité que de quantité *stricto sensu*, avec des répercussions particulièrement visibles chez les enfants. Insuffisance pondérale, retard de croissance, handicap physique ou mental, faible résistance aux infections sont autant de conséquences d'un mauvais état nutritionnel, induites par des carences en fer, en iode, en vitamines, en protéines... Aussi, une malnutrition chronique, même modérée, traduit-elle, en général, une situation de grande pauvreté.

La situation nutritionnelle des enfants s'améliore en Chine et, globalement, les chiffres sont plutôt encourageants : la prévalence de l'insuffisance pondérale, qui concernait encore près d'un enfant de moins de 5 ans sur quatre (22 %) au milieu des années 1980, est tombée à 6 % en 2006 – presque aussi bas qu'en Corée du Sud (4 %) ; les retards de croissance, autre symptôme associé à la malnutrition, ne concerneraient plus que 10 % des enfants. Comparée à l'Inde, où ces deux symptômes de la malnutrition concernent encore environ 40 % des enfants, la Chine peut être fière de ses performances.

Mais, là encore, tous les petits Chinois ne sont pas égaux. Au début des années 1990, l'insuffisance pondérale ne touchait plus que 3 % des jeunes Pékinois (mais plus d'un enfant sur trois au Guangxi et à Hainan) ; 7 % d'entre eux souffraient d'autre part d'un retard de croissance, mais, dans les provinces de l'Ouest (Guizhou, Jiangxi, Hunan, Guangxi, Hainan, Sichuan, Yunnan, Qinghai, Xinjiang, Tibet), plus de 40 % des enfants étaient touchés, avec tous les risques que cela implique. En effet, troubles hépatiques, infections respiratoires et intestinales restent, dans ces régions, des causes fréquentes de décès chez les jeunes enfants, la malnutrition représentant toujours un facteur aggravant[66]. Au début des années 2000, dans les campagnes, un enfant de moins de cinq ans sur six (17 %) souffrait encore de retard de croissance – c'est six fois plus que dans les villes. Et cette proportion grimpe à un enfant sur trois dans les régions les plus défavorisées, dans lesquelles un enfant sur dix souffre d'insuffisance pondérale[67] – trois fois plus qu'en milieu urbain. Les cas de malnutrition infantile les plus sévères se trouvent en haute altitude, dans les villages tibétains : les retards de croissance et l'insuffisance pondérale y concernent encore respectivement le tiers et le quart des jeunes enfants[68].

En Chine, les inégalités sont de tous ordres, y compris dans la manière de se nourrir. Si, pour les jeunes élèves de grandes villes prospères comme Pékin, Shanghai ou Canton, déguster un déjeuner copieux en compagnie de ses camarades de classe fait partie du quotidien, pour des millions d'autres scolarisés dans des régions défavorisées, en particulier montagneuses, cela reste un mirage. D'après une étude menée en 2009, plus de trente millions de jeunes pensionnaires de l'ouest et du centre du pays seraient victimes d'une malnutrition rampante. Un projet, mené en coopération avec une multinationale de l'alimentaire, a permis quelques progrès : « Avant, la plupart de mes élèves ne mangeaient qu'une ou deux brioches farcies froides pour leur déjeuner. Maintenant, ils peuvent avoir un repas complet et chaud chaque midi, pour seulement 2 ou 3 yuans », explique Chen Lihua, directeur de l'école Miaochong bénéficiaire du projet, dans l'Anhui[69]. Ailleurs, selon le degré d'urgence, ce sont les programmes « Un œuf par jour » ou « Un œuf tous les deux jours » qui sont mis en œuvre : entre 2007 et 2008, sept mille internats en auraient bénéficié. À Jingle, au Shaanxi, le gouvernement local distribue gratuitement des œufs dans les quarante-cinq internats du district, chaque établissement étant, en contrepartie, tenu d'enregistrer la consommation de chaque élève : « Je suis ému de voir à quel point mes deux petits-fils sont heureux de pouvoir manger des œufs à l'école ! », s'enthousiasme Li Chunyuan, un paysan de 75 ans du village de Xincun[70].

L'obésité enfantine, une bombe à retardement

Si elle persiste dans quelques poches de grande pauvreté, la malnutrition résultant d'un déficit nutritionnel est, globalement, en voie de disparition en Chine. Mais une autre manifestation de malnutrition prend, elle, une ampleur sans précédent : l'obésité enfantine, mal des sociétés modernes. En 2006, le quotidien *China Daily* publie une photographie de Wu, 4 ans ; il vit à Xuchang, au Henan. Sur la photo, son énorme ventre en avant, il soulève fièrement deux altères de 5 kilos chacune. Sa performance, il la doit sans nul doute à son poids : Wu pèse 39,5 kilos, le double du poids normal à son âge[71].

En Chine, un bébé en bonne santé, c'est un *dapang xiaozi*, un « enfant gras[72] ». Dans l'esprit des Chinois, être bien en chair prouve que l'on mange plus que de besoin, donc que l'on n'a pas de problème d'argent ; c'est un symbole de réussite sociale. Mais aujourd'hui l'excédent de poids devient un vrai problème de société : deux cents millions de Chinois sont en surpoids, quatre-vingt-dix millions sont obèses[73] – un Chinois sur cinq est concerné ! Ces dix dernières années, le nombre d'obèses aurait doublé... La Chine est désormais le pays où le poids moyen des individus augmente le plus vite au monde. Ce mal, inexistant jusqu'aux réformes économiques, concerne de plus en plus d'enfants. Un petit Chinois de moins de 7 ans sur cinq est aujourd'hui en surpoids, et 7 % sont obèses. Ces proportions grimpent encore dans les villes – où les taux sont trois fois plus élevés qu'à la campagne – et avec l'âge : 15 % des Pékinois âgés de 6 à 8 ans et 21 % des 11-12 ans sont obèses – des taux cinq fois plus élevés qu'il y a quinze ans. D'après une étude menée dans onze grandes villes, le nombre d'enfants obèses a été multiplié par 2,5 entre 1996 et 2006 ; et c'est à Shanghai que la situation est le plus critique[74].

Dans les rues des grandes villes chinoises, l'obésité enfantine fait désormais partie du décor. S'empiffrant alternativement de cornets glacés, de bonbons ou de friandises diverses, les petits obèses sont victimes de l'aisance financière, récemment acquise, de leurs parents. Dans d'autres pays, comme les États-Unis ou la Russie, également de plus en plus touchée, l'obésité est le fléau des pauvres – les produits alimentaires les moins chers sont aussi les plus gras ; les légumes frais, pourtant indispensables à un régime équilibré, sont peu consommés car trop coûteux. En Chine, à l'inverse, l'obésité est l'apanage des mieux nantis : dès lors qu'une famille devient plus riche, elle cherche à manger mieux, donc, dans l'esprit des Chinois, à manger plus.

Les revenus augmentent, les habitudes alimentaires s'occidentalisent, les modes de vie sont davantage sédentaires. Alors, la silhouette des enfants s'arrondit au même rythme que le compte en banque de leurs parents. « Les enfants aujourd'hui pèsent en moyenne trois kilos de plus qu'il y a trente ans », explique Du Zhengming, nutritionniste. « Aujourd'hui, vous ne pouvez plus descendre dans la rue sans tomber sur un McDonald's, un KFC ou un Pizza Hut. Ces fast-foods sont bondés ! Ils sont propres, climatisés, le service est rapide… Et le fait qu'il s'agisse de chaînes américaines ne fait qu'ajouter à leur popularité. En plus, même s'ils sont chers, ces restaurants deviennent accessibles à un nombre croissant de familles… » Soucieux de donner à leur enfant ce qu'ils pensent être le meilleur pour lui, les parents sont des proies faciles sur le marché de l'alimentaire : plats cuisinés, sodas, compléments nutritionnels garantissant un développement optimal de l'enfant… Les publicités à la télévision rivalisent d'imagination pour vanter les bienfaits d'aliments certes attractifs, mais très caloriques, largement associés – à tort, bien entendu – à l'idée d'une bonne qualité nutritionnelle. Le problème du surpoids, s'il se propage lentement dans les campagnes, reste pour l'instant l'apanage des villes : à l'âge de 5 ans, un petit citadin pèse en moyenne 2 kilos de plus – soit plus de 10 % du poids normal à cet âge ! – qu'un enfant de la campagne ; à 10 ans, il pèse en moyenne… 5 kilos de plus.

L'obésité devient une menace de taille pour la santé des enfants : troubles des réflexes, de la capacité pulmonaire, de la vue ou encore problèmes cardiaques, peuvent être cités dans la liste non exhaustive des dommages occasionnés par un surpoids. Alors que les maladies infectieuses, en recul, affectent de moins en moins la vie des enfants, les indicateurs de maladies chroniques virent au rouge : au début des années 2000, dans l'ensemble des enfants d'âge scolaire, dix-huit millions souffraient d'hypertension artérielle – plus d'un collégien sur deux à Pékin ! – et six cent mille étaient atteints de diabète[75]. L'hôpital Changhai, à Shanghai, possède un service spécialisé dans les problèmes de croissance des enfants. Il reçoit chaque jour en consultation entre vingt et quarante enfants, la plupart pour des problèmes d'obésité[76]. En 2007, l'OMS a estimé les coûts, directs et indirects, de l'obésité à plus de 2 % du PIB chinois – un taux amené à augmenter fortement dans les prochaines années si rien n'est fait. 2 % du PIB, c'est presque autant que la part consacrée à l'éducation (3 %), plus que la part du PIB allouée à la protection de l'environnement. Le développement rapide de ces nouvelles pathologies, alors que les modes de vie changent, pose un nouveau défi aux autorités chinoises[77]. « Non seulement l'obésité nuit au bon développement physique et psychologique des enfants, mais elle est une véritable bombe à retardement pour le développement économique de la Chine et pour son système de santé », explique Chen Chunming, directrice de la branche chinoise de l'International Life Sciences Institute[78].

Cours de danse obligatoires

Wei Yi, 22 ans, pèse 150 kilos. Il a décidé de suivre une cure d'amaigrisssement dans un hôpital de Tianjin : « C'est vraiment trop grave, je n'arrive plus à faire quoi que ce soit. Je suis tellement gros que je ne trouve pas de travail, et je n'ai pas de petite amie... Il faut que je maigrisse ! » Li Ying, sa nutritionniste, explique :

> Notre économie se développe très rapidement. Le rythme de vie s'accélère, mais on n'apprend pas à bien manger. C'est pour cela qu'un déséquilibre se crée et que l'on prend du poids. Les parents se doutent que certains aliments ne sont pas sains, mais, dans les villes chinoises, c'est le règne de l'enfant unique... Les enfants sont habitués à manger tout ce qu'ils veulent, et les parents ne disent rien...

Depuis quelques années, le marché de l'amaigrissement prospère. L'hôpital Aimin, à Tianjin, est un ancien hôpital militaire. Depuis 1992, opportunisme économique oblige, il s'est spécialisé dans la perte de poids. Il traite simultanément deux cents patients, et la plupart d'entre eux ont moins de 25 ans. Acupuncture, régime draconien, activité physique quotidienne... Liang Chen, 15 ans, ne cache pas sa joie : il a perdu 15 kilos en moins d'un mois. Mais il ne peut s'empêcher de repenser avec nostalgie à ses festins au restaurant KFC de son quartier : « J'avais l'habitude de manger une portion familiale à moi tout seul ! » « Juste une ? », s'esclaffe Li Xiang, 14 ans, sa voisine de chambre. « Ce n'est rien du tout ! Moi, j'en mangeais au moins quatre... parfois même cinq ! »

Un régime alimentaire trop riche, trop d'heures passées devant la télévision, les jeux vidéo ou derrière un bureau à exécuter des devoirs scolaires interminables... Les petits Chinois sont de plus en plus gros et souffrent d'un cruel manque d'exercice : seuls 5 % pratiquent régulièrement une activité physique. Pourtant, l'éducation sportive fait partie intégrante du programme scolaire, au même titre que les mathématiques ou les sciences naturelles. Mais dans certains établissements, parce que la compétition est des plus rudes, les enfants doivent travailler sans relâche s'ils veulent avoir une chance d'intégrer plus tard le meilleur lycée ou l'université la plus calée. Alors, l'éducation sportive est reléguée au second plan, parfois même totalement sacrifiée aux autres disciplines. Et il arrive que le temps de récréation soit, lui aussi, supprimé ; plus le temps de s'amuser, plus d'occasions de bouger : à Pékin, par exemple, la majorité des enseignants avoue ne pas accorder ne serait-ce qu'une heure quotidienne de détente en plein air à leurs élèves ; ils préfèrent les garder en classe pour leur faire répéter leurs leçons[79].

Dans l'espoir de faire perdre quelques kilos aux enfants, le gouvernement chinois innove : depuis septembre 2007, il impose un cours de danse quotidien de cinq minutes dans tous les établissements scolaires du pays. Au programme : danse traditionnelle *Yangge*[80] ou séance de déhanchement sur l'air du *Xiao bai chuan* (Petit bateau blanc[81]). Yang Guiren, du ministère de la Santé, précise toutefois : « Les enfants qui ne veulent pas danser pourront participer à d'autres activités ; ils sont juste obligés de sortir pendant la récréation pour faire de l'exercice, au lieu de rester assis dans la salle de classe à terminer leur travail scolaire[82]. »

Mais les initiatives du gouvernement pour lutter contre l'obésité ne s'arrêtent pas là. L'examen d'entrée à l'université, le *gaokao*, pourrait bientôt comporter un test d'aptitude physique, les notes obtenues pouvant départager les élèves ex-æquo dans les autres disciplines[83]. La mesure pourrait en effet favoriser une prise de conscience chez les parents des effets dévastateurs de l'obésité sur leur progéniture... car ces derniers sont prêts à tout pour que leur enfant réussisse le *gaokao*, même à les mettre au régime !

Les enfants chinois sont pris, à leur corps défendant, dans la spirale de la modernisation, avec ses dimensions positives, mais aussi ses effets pervers : traitements ultra-privilégiés pour les uns, précarité croissante pour les autres, le tout dans une société de plus en plus individualiste et en quête de repères. À un extrême de l'échelle sociale, les enfants uniques : nourris avant d'avoir pu éprouver le moindre sentiment de faim, envoyés chez le médecin avant même d'être malades, formés à l'excellence dès le plus jeune âge, la plupart d'entre eux grandissent sans avoir eu le temps de manquer de rien. Mais, à l'autre extrême, des millions d'enfants perdus dans le sillage des réformes économiques, une masse silencieuse dépourvue de tout, ou presque.

En Chine, pourtant, les droits de *tous* les enfants sont protégés – du moins si l'on s'en tient aux textes existants. Parmi eux, la loi sur la protection des mineurs de 1992, révisée en 2006, qui protège « [...] la santé physique et mentale des mineurs de même que leurs droits et intérêts légitimes, et favorise leur développement moral, intellectuel et physique[84] [...] » (art. 1). Sur le plan humain, la bonne santé des enfants, marqueur incontestable de progrès social, s'impose en effet comme une nécessité absolue. Mais si l'on prend en compte les paramètres politiques, et surtout économiques, l'équation est bien plus complexe. En effet, la bonne santé des enfants, au même titre que celle du reste de la population, de par les coûts considérables qu'elle implique, n'est possible qu'au prix d'un engagement politique fort et d'investissements financiers et humains suffisants. Or, ces dernières décennies, la santé publique n'a guère été la priorité du pouvoir chinois ; celui-ci s'est contenté de parer au plus urgent, laissant l'essentiel de cette responsabilité à la charge des familles.

L'incapacité à faire face à ces dépenses, en particulier pour les tranches les plus pauvres de la population, explique pourquoi la Chine n'obtient pas, dans le domaine de la santé, les améliorations qu'une économie bénéficiant d'une croissance rapide aurait pu laisser attendre. Pourtant, l'égalité entre les individus et le développement d'une « société harmonieuse » passent par un accès aussi équitable que possible aux soins médicaux, le tout découlant d'une véritable volonté politique de les rendre accessibles à tous. Si l'amélioration de la santé, en particulier celle des enfants, reste un objectif politique clairement affiché, la réalité n'est toujours pas à la hauteur des espérances.

Livre 4

Apprendre et grandir

Toute société organisée impose aux adultes de transmettre aux enfants les connaissances nécessaires à l'acquisition de leur autonomie : la capacité à se nourrir, à se défendre et à coexister avec ses semblables, sont autant d'apprentissages essentiels à la survie et à la reproduction des groupes humains, que l'on retrouve dans toutes les cultures. Dès lors, l'enfant peut s'intégrer au groupe social dans lequel il évolue et, une fois adulte, il est à son tour en mesure de prendre en charge sa propre progéniture.

Dans les sociétés contemporaines, cette mission éducative au sens large incombe non seulement à la famille, mais aussi à la collectivité, généralement par l'intermédiaire d'institutions étatiques – ou privées – et selon un principe de subsidiarité. Mais la répartition de cette charge entre l'État et la sphère familiale n'est pas fixe : selon les époques, les cultures et l'idéologie prédominante, l'implication des pouvoirs publics dans la prise en charge des enfants et, ce faisant, celle des familles, peut en effet varier fortement.

Aujourd'hui, les États se donnent un droit d'ingérence au sein des familles par l'adoption de législations protégeant les enfants : éducation obligatoire, protection sociale, stricte réglementation du travail des mineurs... Mais encore faut-il, pour être effective, que l'application de ces lois bénéficie d'un engagement fort de l'État, sans lequel les enfants, pour le meilleur et pour le pire, restent livrés au sort que leur réservent leurs parents. Lorsque l'État s'engage, il s'impose comme une autorité capable de soutenir les familles dans leur mission éducative, voire de pallier leurs déficiences, et joue ainsi un rôle déterminant pour le bien-être et l'avenir de ses enfants. C'est le cas en particulier dans les sociétés en transition qui, comme celle de la Chine aujourd'hui, perdent leurs repères traditionnels et voient leurs valeurs sociales et familiales profondément modifiées sous le coup de bouleversements socio-économiques notoires. Parce qu'à travers l'enfant se dessine la société de demain, celui-ci se trouve au cœur de multiples enjeux.

L'INSTRUCTION SCOLAIRE :
UN PAYS, DEUX SYSTÈMES

Faire en sorte que les enfants grandissent en bonne santé est un prérequis essentiel au développement d'une « société harmonieuse ». L'autre condition primordiale consiste à leur garantir une instruction de qualité. Devenus adultes, ils peuvent alors s'intégrer honorablement sur le marché de l'emploi, et ainsi subvenir décemment à leurs besoins et à ceux de leur famille. Lieu d'acquisition de savoirs et de compétences, le milieu scolaire constitue en outre un espace privilégié de socialisation et de pratique de la citoyenneté. Si l'accès de tous les enfants à une école égalitaire est, à terme, un atout indéniable pour l'économie d'un pays, il constitue surtout un gage de cohésion sociale. Mais alors que la société chinoise traverse des bouleversements sans précédent, l'éducation, autrefois centrée sur la famille et l'école publique, relève désormais d'une multiplicité d'instances, formelles ou non, dont les exclus sont toujours plus nombreux. Alors que l'instruction, à l'instar de la santé, dépend de plus en plus de la capacité des familles à payer, le désengagement progressif de l'État, au cours des décennies passées, a ouvert la porte à toujours plus d'inégalités.

Une scolarisation massive des enfants : oui, mais...

Si l'on se cantonne à une vue d'ensemble, les performances de la Chine en matière d'instruction sont remarquables : d'après les dernières statistiques du ministère de l'Éducation[1] datant de 2008, 99,5 % des enfants en âge d'être scolarisés dans le primaire le seraient effectivement ; et l'illettrisme[2], qui ne concernerait plus que 8,4 % des adultes, serait en passe de disparaître. Une situation en apparence enviable, surtout lorsque l'on compare la Chine aux autres grandes régions du monde en développement. L'Inde, par exemple, qui talonne la Chine par l'immensité de sa population, de même que l'Afrique, avec son milliard d'habitants, comptent chacune encore environ 40 % d'illettrés et des taux nets de scolarisation des enfants dans le primaire d'à peine 80 %[3].

Aujourd'hui, c'est un fait, la grande majorité des petits Chinois vont à l'école. Ils n'y restent pas forcément longtemps, n'y bénéficient pas tous de conditions d'apprentissage optimales et ne font pas toujours preuve d'une assiduité exemplaire, mais presque tous la fréquentent. Les jeunes Chinois restent désormais, en moyenne, environ huit ans sur les bancs de l'école – un an de plus qu'en 1990 – et seulement 1 % d'entre eux n'ont jamais été scolarisés[4]. À l'âge de 16 ans, c'est-à-dire au terme des neuf années d'instruction obligatoire, ce sont officiellement 4 % des enfants qui ne vont plus à l'école : une prouesse quand on sait qu'à l'heure actuelle ce sont chaque année quelque deux cent vingt millions d'enfants qui sont concernés par la scolarité obligatoire. Après plus d'un demi-siècle de réformes, la voie vers l'universalisation de l'instruction de base serait donc ouverte.

Depuis l'arrivée au pouvoir des communistes, en 1949, le chemin parcouru en la matière n'a cependant pas été sans heurts. En prônant l'instruction pour tous – en particulier pour ceux affichant une bonne « étiquette de classe » –, le régime de Mao a marqué une rupture brutale avec le système éducatif traditionnel, sexiste et très élitiste. Dès lors, l'égalitarisme prit le pas sur le mérite et l'excellence, valeurs éminemment confucéennes. L'école, devenue gratuite, fut ouverte aux enfants d'ouvriers et de paysans, favorisant ainsi le développement de l'enseignement primaire. Si le mouvement antidroitier de 1957, au cours duquel enseignants et intellectuels furent persécutés, puis la Révolution culturelle, à partir de 1966, ruinèrent partiellement ces efforts, la rupture avec le système éducatif traditionnel était néanmoins consommée.

Pour autant, le combat pour la généralisation de l'instruction n'était pas gagné. Car la politique de décentralisation qui, à partir de 1985, a donné aux gouvernements locaux la responsabilité de leurs finances, a exacerbé des inégalités qui, en dépit des efforts communistes, n'avaient jamais complètement disparu. La loi de 1986[5], qui a rendu obligatoires neuf années d'instruction pour tous[6], n'a pas atteint ses objectifs : l'éducation n'est toujours pas un droit dont peuvent se prévaloir tous les petits Chinois, indifféremment de leur sexe, de leur origine sociale ou de l'endroit où ils vivent. Particularité bien peu glorieuse : la Chine appartient à la petite trentaine de pays au monde toujours incapables d'offrir une instruction obligatoire gratuite à ses enfants[7]. Parce que l'éducation ne dépend plus que de la capacité des familles à assumer ces frais de scolarité, elle est aujourd'hui un privilège auquel une partie des enfants n'a plus que partiellement accès.

Derrière les statistiques officielles, globalement encourageantes, se cachent des réalités qui, elles, le sont beaucoup moins. Car les chiffres publiés par le ministère de l'Éducation ne prennent en compte que les enfants scolarisés sur leur lieu de résidence officiel, et non les millions d'autres, en particulier les enfants de migrants qui, parce qu'ils n'ont pas de permis de résidence dans la ville dans laquelle ils sont installés, ont un accès limité à l'école publique : au milieu des années 2000, c'étaient, de source officielle, près de 10 % des enfants de migrants qui n'avaient pas accès à l'école[8]. Ces chiffres ignorent aussi les enfants qui, bien qu'inscrits dans une école, n'y sont que de passage. À la campagne, la réforme du système de production entamée à la fin des années 1970 a en effet beaucoup augmenté le coût d'opportunité de la scolarisation des enfants : dans les familles paysannes, en période de pleine activité agricole, les enfants restent plus utiles aux champs que dans une salle de classe. Souvent, dès lors qu'un enfant est susceptible de rapporter par son travail, soit à la maison soit au-dehors, il n'est plus envoyé à l'école ou alors seulement occasionnellement. Ainsi, dans certaines régions, c'est parfois la fille aînée qui s'occupe de ses frères et sœurs plus jeunes et de la maison, pendant que ses parents travaillent[9].

De plus, pour de nombreux enfants, les bancs de l'école primaire sont les seuls sur lesquels il leur sera jamais donné de s'asseoir. Entre 12 et 14 ans, âges auxquels les enfants sont en principe au collège, un peu plus de la moitié (56 %) était, en 2000, effectivement dans ce cas. Les autres se trouvaient soit encore en primaire, accusant ainsi un retard scolaire, ou soit avaient abandonné leurs études. Même s'il accueille une proportion croissante d'enfants – selon le ministère de l'Éducation, 98 % des enfants achevant le cycle primaire auraient accédé au collège en 2005, contre 74 % en 1990 –, le collège reste sélectif. En outre, les retards, dus principalement à une scolarisation tardive, sont une constante de l'école chinoise, surtout dans les régions les plus défavorisées : en 2000, dans l'ensemble des collégiens, seuls les deux tiers (65 %) avaient l'âge préconisé pour ce cycle (entre 12 et 14 ans) ; le tiers restant (32 %) avait plus de 14 ans, donc au moins une année de retard.

L'abandon scolaire, une réalité utile ?

Scolarisation massive dans le primaire, avec certes de fréquents retards scolaires, allongement progressif de la durée des études : en matière d'éducation de base, globalement, la Chine ne s'en sort pas trop mal.

Mais il ne faut pas oublier que dans ce pays fait de réalités multiformes, derrière un pourcentage même faible se cachent souvent des millions de laissés-pour-compte. Officiellement, l'abandon scolaire ne concernait en 2004 « que » 2,5 % des élèves de primaire et 3,9 % des collégiens – mais tout de même deux à deux millions et demi d'enfants chaque année[10]. Et ce ne sont là que des moyennes qui dissimulent, par définition, des disparités considérables[11]. Dans les régions les plus défavorisées du pays, à savoir les villages rattachés aux cinq cent quatre-vingt douze districts les plus pauvres[12], le taux d'abandons atteignait, toujours en 2004, 6 % en primaire et 11 % au collège, la moitié des enfants ayant arrêté l'école pour des raisons financières, 4 % parce que l'école était trop loin, en trop mauvais état, ou parce qu'ils n'avaient tout simplement plus d'enseignant. Encore en 2003, c'est-à-dire dix-sept ans après l'adoption de la loi imposant neuf ans d'instruction obligatoire, Wu Qidi, alors vice-ministre de l'Éducation, admettait : « La loi chinoise [de 1986] stipule que chaque enfant a le droit de recevoir neuf années d'éducation obligatoire, mais cette loi n'a, jusqu'à présent, pas été appliquée totalement[13]. »

L'instruction universelle, certes, progresse, mais reste un vœu pieux pour certaines franges de la population. En 2000, le gouvernement central se vantait d'avoir éradiqué l'anaphalbétisme chez les jeunes, mais reconnaissait que « [...] les neuf années d'instruction obligatoire ne sont généralisées que dans une partie du pays, qui regroupe 85 % de la population. Mais d'importants progrès restent à faire auprès des 15 % restants, qui sont principalement les habitants des régions pauvres dans l'ouest du pays. En outre, même dans les endroits dans lesquels les neuf années d'instruction obligatoire ont été mises en place, les résultats ne sont pas acquis, et on assiste à un rebond significatif de l'abandon scolaire[14] ».

Envoyer un enfant à l'école représente, pour tous les parents du monde, un investissement à long terme. Mais, en Chine, alors que l'État s'est, dans les années 1980 et 1990, massivement désengagé de sa mission éducative, toutes les familles n'ont pas été en mesure de prendre le relai. Désormais, alors que la scolarité d'un enfant s'avère de plus en plus coûteuse, nombre d'entre elles n'ont ni les moyens d'investir, ni la possibilité d'attendre plusieurs années avant de profiter de ce retour sur investissement. Et le phénomène, semble-t-il, s'accentue. L'apport de l'instruction est mis en cause, et le pragmatisme bien souvent l'emporte[15]. Guo, enseignant dans un district du Guangdong, explique : « Avant, les élèves qui interrompaient leur scolarité étaient ceux qui n'avaient pas de très bons résultats. Mais, depuis quelques années, même ceux qui ont de bons résultats disparaissent sans laisser de trace. On leur rend visite chez eux pour essayer de convaincre leurs parents de les renvoyer au collège, mais rien n'y fait, les parents nous disent qu'ils sont partis travailler dans une usine du delta de la rivière des Perles. » Il ajoute : « Chez les enfants qui ont 14 ou 15 ans, les effectifs sont très instables. Un jour l'enfant vient à l'école, mais le lendemain, il n'est plus là… Dans mon collège, cette année, après les vacances du nouvel an, 15 % des élèves ne sont tout simplement pas revenus. »

Avec les réformes, alors même que les jeunes diplômés ont de plus en plus de mal à trouver un emploi à la hauteur de leurs attentes, la main-d'œuvre peu qualifiée, elle, n'est pas en reste : dans toutes les usines du pays, sur lesquelles repose l'essentiel de la croissance économique chinoise, les besoins en main-d'œuvre bon marché sont énormes. Finalement, ne pas avoir de diplôme apparaît alors comme un moyen somme toute rapide d'accéder à l'emploi – même si l'emploi en question est, le plus souvent, précaire et mal rémunéré, et même si les conditions de travail qui sont offertes sont la plupart du temps des plus pénibles. Sans aller jusqu'à dire que la Chine entretient à dessein ce réservoir de main-d'œuvre peu qualifiée, il ne fait pas de doute qu'il lui est bien utile : pour Cai Fang, démographe à l'Académie chinoise des sciences sociales, si chaque enfant du milieu rural bénéficiait effectivement des neuf années d'instruction obligatoire, cela aurait été, en 2009 par exemple, 1,9 million de travailleurs en moins entrés sur le marché du travail[16]. L'économie chinoise peut-elle vraiment se priver de ces salariés à bas prix, même s'ils ne représentent qu'une infime part (1 %) des travailleurs de l'industrie ? Rien n'est moins sûr...

L'école à tout prix ?

Si certains enfants arrêtent leur scolarité aussi tôt que possible, c'est aussi parce que, dans de nombreuses régions rurales, en particulier dans les zones montagneuses, l'accès à l'école est à lui seul un obstacle. Dans le district de Qingxin au Guangdong par exemple, restrictions budgétaires obligent, de nombreuses écoles ont fermé, contraignant ainsi les élèves à de longs trajets quotidiens pour atteindre un établissement. Une mère explique : « Dans certains villages du district, les enfants doivent parcourir parfois jusqu'à 20 kilomètres pour se rendre à pied à l'école. Certains doivent même se lever à 5 h 30 du matin s'ils veulent être à l'heure… C'est trop dur pour eux, alors ils renoncent à s'y rendre… » Et d'ajouter : « En plus, les enfants n'ont plus envie d'aller à l'école car le bâtiment est en trop mauvais état, l'équipement est trop rudimentaire, la salle de classe mal éclairée, le bâtiment humide… et les dortoirs surchargés et insalubres. Ceux qui n'ont pas trouvé de place en internat sont obligés de faire chaque jour jusqu'à deux heures de marche à pied ou de vélo pour effectuer le trajet de chez eux à l'école ! » Au début des années 2000, 4 à 5 % des établissements du primaire et du secondaire du Ningxia, du Xinjiang et du Qinghai étaient à ce point délabrés qu'ils ont été classés comme « dangereux » par le gouvernement. Dans certaines régions pauvres, cette proportion atteindrait même les 10 % ou 15 %, parfois plus. Dans le district de Bao'an au Gansu par exemple, c'est un établissement sur trois qui a été classé de la sorte[17].

Désormais, dans le système éducatif chinois, la notion de service public n'est plus ; seules les logiques économiques gouvernent. Autonomes dans la gestion de leurs finances, les gouvernements locaux, selon leurs moyens, n'accordent pas la même priorité à l'éducation des enfants. Alors, inévitablement, parce que les ressources éducatives, aussi bien financières qu'humaines, sont très mal réparties à travers le pays, les inégalités prennent le pas. Dans les campagnes, les enseignants sont si mal payés qu'ils désertent leur poste, attirés en ville par des emplois plus lucratifs. Wang, directeur d'un collège de Huining, au Gansu, explique : « Ces dernières années, non seulement les écoles de Huining ont perdu beaucoup d'élèves, mais elles ont aussi perdu leurs professeurs tant ils sont mal payés ! Les mieux payés d'entre eux arrivent à gagner 1 300 yuans par mois, mais les salaires les plus faibles ne dépassent pas les 200 yuans. Il faut vraiment augmenter les salaires des enseignants dans les campagnes si l'on veut qu'ils restent[18]. »

Dans les familles, le manque d'argent reste, sans conteste, l'élément le plus déterminant de l'abandon scolaire – pour un enfant sur trois parmi ceux qui interrompent leur scolarité avant la fin du collège[19]. Dès le primaire, c'est un fait, l'école coûte cher, trop cher. Elle devient ainsi un luxe, parfois même définitivement inaccessible pour de nombreuses familles, qui ont en outre de plus en plus de mal à voir les bénéfices qu'elles sont à même d'en tirer. Aujourd'hui, de tous les investissements consacrés à l'enfant, ce sont ceux nécessaires à sa scolarité qui sont les plus considérables pour les Chinois, y compris ceux issus des classes moyennes, surpassant même le budget alloué à l'achat d'un logement[20]. Ainsi, une famille de paysans dépenserait, en moyenne, le quart de son revenu annuel pour envoyer un enfant à l'école : en 2005, il en coûtait pas moins de 800 yuans pour une année en primaire ou au collège, alors que le revenu annuel moyen des paysans plafonnait autour de 3 200 yuans[21]... un luxe hors de portée des plus pauvres, *a fortiori* s'ils ont plusieurs enfants d'âge scolaire.

L'exclusion de l'école pour des motifs économiques est, sans nul doute, l'une des plus grandes injustices qui soient.

Au point que certains enfants s'abîment dans les affres de la déception. Ainsi, dans la ville de Wenzhou, une fillette de 8 ans se suicide car ses parents n'ont plus les moyens de payer les frais de sa scolarité[22]. À Nanjing, Xiaojie, 6 ans, met elle aussi fin à ses jours. Avant sa mort, elle avait laissé ces quelques mots : « Je veux aller à l'école ! » Cette fille de travailleurs migrants habitait près d'un jardin d'enfants ; trop pauvre pour aller à l'école, elle passait ses journées derrière sa fenêtre, à regarder les élèves jouer dans la cour[23].

Mais les sacrifices financiers inhérents à la scolarisation d'un enfant ne sont pas le seul apanage des campagnes. Dans les classes moyennes citadines, un quart du budget des ménages serait également consacré à l'éducation de l'enfant dès l'école primaire, ce pourcentage passant à presque la moitié pendant les années de collège. Et les mieux nantis, qui ont aussi des attentes particulièrement élevées pour leur progéniture, ne sont pas épargnés : dans l'un des quartiers les plus riches de Shanghai, au début des années 2000, la scolarisation d'un enfant pouvait coûter jusqu'à 9 000 yuans par an dans le primaire, et 12 000 au collège[24] – soit environ le tiers du revenu annuel moyen des ménages dans cette municipalité.

Qu'elles soient riches ou pauvres, toutes les familles chinoises sont confrontées aux coûts démesurés de l'école. Le système scolaire redevient donc très sélectif, la sélection se faisant désormais, et ce dès le plus jeune âge, d'abord par l'argent, tandis que le mérite est finalement relégué, dans bien des cas, au rang de critère secondaire dans le processus de sélection. Toutefois, si les bénéfices apportés par l'instruction ne sont pas une évidence pour tout le monde, il existe des familles, même défavorisées, qui, elles, sont prêtes à tout pour continuer à envoyer leur enfant à l'école. C'est le cas par exemple de Gao Congfen et de son mari, du village de Zhengjiahe au Hubei. Pour payer les études de leur fils, les deux parents vendent leur sang depuis plusieurs années : « On n'a pas le choix, si on ne vendait pas notre sang, notre fils ne pourrait pas aller à l'école », explique Gao, 51 ans[25]. Pour d'autres, la solution se trouve… de l'autre côté de la frontière ! Ainsi, dans le district de Longchuan, à l'ouest du Yunnan, chaque matin, des dizaines d'écoliers, cartable sur le dos, franchissent la frontière pour rejoindre leur école, dans la « rue des Étrangers » (*yang ren jie*), à Leixi, au Myanmar. Parce que leurs parents ne peuvent plus payer l'école chinoise – dans les campagnes du Yunnan, les frais de scolarité dépassent les 2 000 yuans par an pour le cycle primaire, et atteignent les 8 000 pour le collège –, ces enfants vont apprendre à lire et à écrire leur langue natale en dehors de leur pays. Là, les programmes scolaires sont comparables, mais les frais de scolarité bien plus accessibles. L'école pour Chinois émigrés de Leixi accueille plus de sept cents élèves de primaire et de collège. Son directeur Yang Shaozang, lui aussi originaire du Yunnan, explique : « Des deux côtés de la frontière, l'enseignement est le même. Mais au Myanmar, les enfants peuvent en plus apprendre l'anglais et le birman, ce qui peut être un atout. Par la suite, ils peuvent toujours revenir en Chine continuer leurs études. » Mais il ajoute : « Les enfants chinois pauvres viennent à l'école au Myanmar, et les petits Birmans riches viennent étudier dans les écoles chinoises de bon niveau[26] ! »

Le lycée et l'université, privilèges des nantis

Même si des poches d'exclusion persistent dans les campagnes et chez les enfants de migrants, la Chine s'achemine, *noleus voleus*, vers une généralisation de l'instruction de base. Mais dès lors que l'instruction n'est plus obligatoire, et surtout qu'elle devient plus chère encore, c'est-à-dire à partir du lycée, les effectifs s'étiolent. En 2005, chez les jeunes citadins âgés de 15 à 19 ans – âge normal pour ce cycle (15-17 ans), plus deux ans pour tenir compte d'éventuels retards scolaires –, moins d'un sur deux (46,1 %) fréquentait effectivement le lycée. Les autres n'étaient pas allés plus loin que le collège (41,3 %), 3 % avaient arrêté leurs études en primaire, alors que moins d'un sur dix (9,3 %) avait déjà accédé à l'enseignement supérieur.

Répartition des jeunes de 18-20 ans selon le niveau d'éducation atteint, en 2005 (en %)

	Jamais scolarisés	Primaire	Collège	Lycée	Enseignement supérieur
Villes	0,3	3,4	37,9	35,8	22,5
Campagnes	2,0	12,8	58,0	24,5	2,8
Chine	1,3	8,5	49,8	30,5	9,9

Source : Enquête sur un échantillon de 1 % de la population, 2005, Bureau national de la statistique.

En milieu rural, le lycée est plus élitiste encore : toujours en 2005, moins d'un jeune de 15-19 ans sur quatre (22,3 %) y était inscrit. La grande majorité (65,6 %)

n'était pas allée plus loin que le collège, près d'un sur dix (9,7 %) avait arrêté ses études en primaire, et 1,3 % n'avait jamais été à l'école[27]. Même dans les zones rurales des provinces les plus développées du pays – à savoir Pékin, Shanghai et le Guangdong –, le lycée reste l'apanage d'une minorité : en 2008, seul un élève sur quatre (26,8 %) y avait poursuivi des études après le collège[28]. Et dans ces provinces, même après avoir migré en ville, les jeunes d'origine rurale restent fortement défavorisés, avec seulement 20 % d'entre eux qui fréquentent le lycée, contre 85 % des natifs.

A fortiori, plus rares encore sont ceux qui parviennent jusqu'à l'université : en 2005, seul un jeune Chinois sur dix (9,9 %) avait accédé à l'enseignement supérieur. Certes, cela est peu – quatre fois moins qu'en France, par exemple, ou cette proportion avoisine les 40 %. Mais les évolutions récentes n'en sont pas moins remarquables : le nombre d'inscrits a été multiplié par dix entre 1990 et 2008 (passant de 2,06 à 20,2 millions) et le nombre de diplômés (passé de 0,6 à 5,1 millions) par plus de huit. Dans la seule université de Qingdao dans le nord-est du pays par exemple, le nombre de postulants a augmenté de 13 % entre les sessions 2009 et 2010[29] !

Dans l'absolu, les résultats sont là. Mais la médaille a un revers : dans le même temps, alors que la proportion de jeunes citadins sur les bancs de l'université s'envole, celle des jeunes d'origine rurale fond comme neige au soleil : ces derniers ne comptent que pour un étudiant sur sept (14,2 % chez les 18-20 ans en 2005) – alors qu'ils représentent plus de la moitié des jeunes dans ce groupe d'âges (51,2 %). Dans les plus grandes universités du pays, le constat est sans appel : à l'université Qinghua de Pékin, la proportion de jeunes d'origine rurale a diminué de quatre points entre 1990 et 2000 (passant de 21,7 % à 17,6 %) ; à l'université normale de la capitale chinoise, elle est passée de 28 % en 1990 à 22,3 % en 2002[30] ; à Beida, la proportion de jeunes d'origine rurale n'était plus que de 16,3 % en 1999 (contre 50 à 60 % dans les années 1950). Une enquête menée en 2008 auprès de quelque six mille jeunes dans les villes de Pékin, Shanghai et Canton en dit long sur l'ampleur des inégalités : parmi ceux d'origine rurale, moins d'un sur cent (0,7 %) était titulaire d'un diplôme universitaire – contre 14 % des jeunes citadins de naissance[31].

L'exemple de Shan Mei, originaire du Shaanxi, est pour le moins instructif. À 19 ans, Shan Mei travaille dans une usine de matériel électronique à Shenzhen : elle gagne autour de 600 yuans par mois. Elle est arrivée dans cette ville avec son père et ses deux sœurs un an auparavant, après que son père l'eut convaincue de renoncer à l'université et de se mettre à travailler. Elle avait pourtant passé avec succès le *gaokao*, pour entrer à l'université de médecine. Shan Mei garde toujours sur elle le courrier notifiant son acceptation à l'université et, chaque fois qu'elle la regarde, elle regrette amèrement la décision que lui a imposée son père[32].

L'université, plus encore que le reste du système éducatif chinois, exclut les plus défavorisés : les études longues restent le fait d'une minorité de privilégiés – privilégiés politiques jusqu'aux réformes, et privilégiés par l'argent aujourd'hui. Zhang Jie, 21 ans, est étudiante à l'université d'économie et des finances de Xi'an, au Shaanxi. Comme la moyenne des autres étudiants chinois, sa scolarité lui coûte, chaque semestre, autour de 5 000 yuans... c'est plus que le revenu moyen dans cette capitale provinciale. Sur cette somme, environ un tiers est consacré aux frais divers réclamés par l'université. Le reste sert pour son logement, sa nourriture, ses sorties[33]... Les parents chinois, quand ils en ont les moyens, mettent un point d'honneur à envoyer leur enfant à l'université. Mais le sacrifice est à la hauteur de l'objectif : désormais, pour pouvoir payer les 40 à 50 000 yuans nécessaires à quatre années d'université, ils commencent à mettre de l'argent de côté dès la naissance de leur enfant[34]. Ces coûts prohibitifs, mais aussi la difficulté croissante pour les jeunes diplômés à trouver un emploi à la mesure de leurs compétences[35] – surtout lorsqu'ils vivent à la campagne – expliquent en partie pourquoi, depuis les réformes, les jeunes d'origine rurale sont de moins en moins nombreux sur les bancs de l'université.

Pour les plus chanceux, toutefois, l'entrée dans l'enseignement supérieur pourra se jouer... à la loterie ! C'est, en effet, le seul moyen trouvé par le gouvernement chinois pour attribuer quelque 300 millions de yuans d'aide aux étudiants les plus pauvres[36]. Quant aux enfants de travailleurs migrants, leurs chances d'accéder à l'université sont peut-être plus maigres encore. Car même si leurs parents ont les moyens de payer leur scolarité, ils ne sont pas autorisés à présenter le *gaokao* dans la ville dans laquelle ils sont installés. Ils doivent pour cela retourner dans leur localité d'origine, celle où leur *hukou*[37] permanent est enregistré, même s'ils en sont partis depuis plusieurs années[38]. De quoi décourager les élèves les plus motivés, voire les plus brillants, comme l'explique Zhao Jiande, directeur de la commission d'études sur les travailleurs migrants de Shanghai : « La plupart des enfants de migrants rentrent dans leur village d'origine avec la ferme intention de préparer l'examen d'entrée à l'université. Mais, en réalité, la plupart abandonnent leur projet... Ils ont vécu en ville souvent pendant très longtemps, ne sont pas du tout habitués à la vie à la campagne... Alors, souvent, ils renoncent[39]... »

Quand l'État pare au plus pressé

Dans certaines régions, tout concourt à décourager les familles d'envoyer leurs enfants à l'école. Celle-ci demeure trop chère, trop loin, en piètre état et les enseignants sont souvent peu motivés. Partout dans le pays, l'école, haut lieu de ségrégation sociale, exclut les plus pauvres. Alors, après vingt ans de désengagement presque total, l'État chinois, enfin, se réinvestit dans sa mission éducative[40]. Dès 2000, un nouveau pas a été franchi : en s'associant aux Objectifs du millénaire pour le développement[41], au rang desquels figure la généralisation de l'enseignement primaire, les autorités chinoises se sont doublement engagées. D'abord vis-à-vis des Chinois eux-mêmes, mais aussi, et peut-être surtout, vis-à-vis de la communauté internationale ; dès lors, plus aucun recul n'est possible.

En actant la nécessité de construire une « société harmonieuse », le onzième plan quinquennal a marqué un autre tournant dans la lutte contre l'abandon scolaire : en septembre 2006, un amendement à la loi sur l'instruction obligatoire de 1986 a été adopté, selon lequel tous les enfants, en ville comme à la campagne, natifs ou migrants, qu'ils aient ou non un *hukou*, devaient pouvoir bénéficier de neuf ans d'instruction à un coût strictement réglementé. Au cœur de cet amendement, la suppression dès 2007 de tous les frais de scolarité, censée bénéficier dans les campagnes à cent soixante millions d'enfants[42]. Pour Shang Zhibo, enseignant dans l'école élémentaire du village de Manhai, au Yunnan, la nouvelle fera date : il va pouvoir annoncer à ses seize élèves en cinquième année de primaire que, désormais, leurs parents n'auront plus à payer pour les envoyer à l'école. « Le bureau de l'éducation du district m'a annoncé que dès lors tous les frais seraient pris en charge par le gouvernement local... C'est vraiment une nouvelle formidable pour moi, pour mes élèves, et surtout pour leurs parents ![43] »

Wang Xiaoshan, 35 ans, vit avec son épouse Wu Yun dans la banlieue ouest de Pékin ; tous deux au chômage depuis plusieurs années, ils vivent de menus travaux. À l'automne 2008, ils ont été parmi les premiers bénéficiaires citadins de l'amendement à la loi de 1986 ; la scolarité de leur fille ne devrait alors plus rien leur coûter : « Nous nous inquiétions beaucoup de savoir comment nous allions pouvoir payer ses frais de scolarité, car ma femme et moi ne gagnons à tous les deux que 2 000 yuans par mois. Maintenant, nous n'avons plus à nous en préoccuper. » Dans les campagnes, l'État s'est également engagé à investir massivement dans la rénovation des écoles, dans la construction d'internats... Début 2009, une réforme relevant le salaire des enseignants en milieu rural a même été adoptée.

Mais en attendant que ces mesures portent leurs fruits, l'État, une fois encore, pare au plus pressé : version contemporaine et antagonique des « jeunes instruits » qui, pendant la Révolution culturelle, avaient été envoyés dans les campagnes pour être rééduqués par les paysans, le gouvernement encourage désormais les enseignants et les étudiants fraîchement diplômés à aller enseigner dans ces régions défavorisées : en 2009, plus de deux cent mille étudiants diplômés auraient répondu à cet appel[44].

Tant bien que mal, l'État chinois semble enfin décidé à miser davantage sur l'instruction des enfants : c'est en tout cas ce que promet le nouveau Plan national pour la réforme et le développement à moyen et court terme de l'éducation (2010-2020), présenté en 2010[45] et suivi par le lancement, en 2011, du troisième Plan national d'action pour le développement des enfants (2011-2020[46]). Ainsi, pour faire face aux énormes besoins en matière d'éducation, mais aussi pour s'aligner progressivement sur les niveaux des pays développés – en 1995, l'Unesco avait classé la Chine au cent dix-neuvième rang mondial, sur 130 pays, pour ses dépenses d'éducation par habitant –, l'État chinois s'engage à porter ces dépenses à 4 % de son PIB d'ici à 2012[47]. Mais la situation actuelle est encore loin du compte : en 2008, seuls 3 % du PIB étaient consacrés à l'éducation en Chine – moins qu'en Inde (3,2 %), bien moins que dans d'autres pays tels que la Russie ou la Thaïlande (4,0 %), la Corée du Sud (4,2 %), la Malaisie (4,7 %) ou encore le Vietnam (5,3 %)[48].

Dans la région, la Chine fait donc encore figure de mauvaise élève. En plaçant l'amélioration de la santé infantile et la généralisation de l'instruction de base au rang d'objectifs prioritaires, elle espère pouvoir changer cette image. Honorer ces engagements pris dans le cadre des grands accords mondiaux, comme la Convention des Nations unies pour le droit des enfants ou les Objectifs du millénaire pour le développement, s'avère désormais primordial[49]. Car si la Chine jouit désormais d'une assise économique aussi solide qu'incontestée au niveau international, il lui faut maintenant s'imposer en tant que grande puissance respectable, car soucieuse du bien-être de sa population et donc respectueuse des droits des individus, à tous les âges de la vie.

En route pour le monde des adultes...

Depuis trente ans, les bouleversements qui touchent les enfants sont considérables : dans tous les domaines, les enjeux évoluent, les valeurs se transforment, les repères changent. Les « âges de la vie », eux aussi, se modifient : alors que la longévité s'accroît, c'est aussi le cas de chacune des étapes de l'existence. Désormais, en Chine comme dans la plupart des sociétés contemporaines, on reste enfant puis adolescent de plus en plus longtemps, et l'on devient adulte puis une personne « âgée » de plus en plus tard. Mais quels sont, dans cette Chine en mutation, les événements à même de qualifier la sortie de l'enfance ? À quel prix devient-on finalement un adulte ?

Quand s'achève l'enfance ?

En Chine, l'accès à l'état adulte n'est pas institutionnalisé. Son seul critère légal est l'âge – 18 ans y est l'âge de la majorité – à partir duquel l'individu devient responsable de ses actes et de ses paroles. Mais si l'âge biologique, donnée acquise et généralement fiable, marque le temps écoulé entre la naissance de quelqu'un et un moment précis de sa vie, il ne dit finalement pas grand-chose de la personne elle-même. L'âge social, par contre, fait sens : dans sa mesure entrent en effet de multiples critères – comme la maturité affective, l'autonomie financière, la prise de reponsabilités, la capacité à se reproduire... – qui correspondent à des situations concrètes et socialement reconnues.

Dans les sociétés traditionnelles, le passage de l'enfance à l'âge adulte était souvent marqué par des rites formels, dits « de passage », validant le changement de statut familial ou sexuel d'un individu. Ces rites structuraient ainsi la vie en étapes bien identifiées, et permettaient donc à tout un chacun de se positionner socialement. Dans l'Antiquité chinoise, à partir de la dynastie des Zhou, les rites *guanli*, célébrés au vingtième anniversaire des garçons, et *jili*, au quinzième de celui des filles, par exemple, marquaient symboliquement leur entrée dans le monde des adultes.

Si ces rites formels ont progressivement disparu, les sociétés contemporaines mondialisées, et donc de plus en plus uniformes, ont mis en place de nouvelles périodes de transition qui, finalement, se révèlent être des étapes tout aussi décisives vers l'âge adulte : la première expérience sexuelle, le premier emploi, la première mise en union... sont autant de caps qui, peu à peu, transforment l'enfant en un adulte responsable et autonome.

Les réformes économiques chinoises ont marqué une rupture brutale avec la société collectiviste instaurée par Mao. Ce nouveau modèle économique a imposé un nouveau modèle de société, plus individualiste, plus libéral et, surtout, marqué par un effacement de l'État-providence. Avant ces réformes, chaque Chinois était pris en charge de sa naissance à sa mort dans tous les domaines de sa vie quotidienne : l'éducation des enfants, les questions de santé, l'attribution d'un logement ou d'un emploi, le mariage, la retraite... le déroulement de tous ces moments-clés relevait non pas de décisions individuelles façonnant des parcours propres à chacun, mais d'une gestion collective de la population, par le biais des unités de travail. À cette époque, l'initiative personnelle était si incompatible avec l'organisation sociale que l'on devenait adulte malgré soi quand, à la fin d'études généralement courtes, on se voyait attribuer un emploi et un logement – qui se limitait le plus souvent, pour les jeunes adultes, à un lit dans un dortoir – puis proposer un conjoint avec lequel on se mariait, hymen avalisé par l'unité de travail elle-même... Même la sexualité était alors strictement encadrée. La destinée de chacun, finalement, comportait peu de surprises. On naissait, on grandissait, on vieillissait selon un schéma prédéfini, scrupuleusement dicté par les règles du socialisme.

Aussi, lorsque les structures collectivistes ont été progressivement démantelées et, avec elles, un modèle social qui faisait peu de place à l'individu, le choc a été rude. Les jeunes qui ont avancé vers l'âge adulte au moment des réformes ont dû brusquement s'inventer un devenir, lequel n'avait rien de commun avec celui de leurs parents. Fini le logement garanti, les emplois à vie, les mariages arrangés par l'unité de travail... Les jeunes ont alors disposé d'une autonomie aussi subite que nouvelle et ont dû faire face à des choix auxquels ils n'avaient guère été préparés : poursuivre ou non des études, choisir un métier, trouver un emploi, décider de se marier... toutes ces décisions, pour lesquelles leurs parents au même âge avaient à peine eu leur mot à dire, leur revenaient d'office. On comprend mieux, dès lors, pourquoi les jeunes Chinois peinent à trouver de nouveaux repères, dans un modèle social consumériste et très individualiste, imposé par les nouvelles valeurs capitalistes. Tous les événements qui mènent à l'état d'adulte relèvent désormais de circonstances éminemment personnelles. En Chine, aujourd'hui, devenir adulte n'est plus un processus uniforme : à chacun de faire au mieux, avec les moyens qui s'offrent à lui.

Les statuts d'enfant et d'adulte tiennent donc surtout au rôle que l'individu en question, compte tenu de son âge social, est amené à tenir dans la famille et au sein de la collectivité. C'est pourquoi, selon les cultures, le cadre de vie, la situation familiale ou encore le niveau de développement social et économique, devenir adulte, et donc quitter l'enfance, s'applique à des réalités bien différentes. La moindre comparaison est-elle possible entre Yilong, cet enfant handicapé victime de la pollution au charbon au sud-ouest du Shaanxi, Zhao Shan, cette jeune citadine nantie à laquelle tout sourit, Lin Wenrong, enfant délaissée par ses parents partis en migration qui, à 10 ans, vit seule avec ses deux sœurs (dont l'aînée n'a que 12 ans !), et Asuo, ouvrière de 13 ans vendue « comme un vulgaire chou » ? Certes non. Car la Chine d'aujourd'hui est capable tout autant de propulser au rang d'« adulte » de très jeunes individus, n'ayant sans doute jamais connu l'insouciance de l'enfance et précocement contraints de ne compter que sur eux-mêmes, que de maintenir à l'état d'éternels enfants de jeunes gens incapables de gérer leur vie quotidienne sans l'aide de leurs parents.

La « première fois »

Plus qu'un cap à passer, le premier rapport sexuel est une étape cruciale dans la vie d'un individu : dès lors, le jeune change de statut ; il est désormais de ceux « qui savent ». Socialement, parce qu'il a eu accès à de nouvelles expériences inaccessibles aux plus jeunes, il franchit un seuil symbolique ; en cela, le premier rapport constitue, au niveau personnel, un grand pas vers l'âge adulte.

Mais n'a pas sa première expérience sexuelle qui veut : dans la plupart des sociétés contemporaines, la découverte de la sexualité n'est acceptable, bien sûr, qu'après la puberté, mais surtout une fois que les partenaires ont acquis une certaine maturité – autrement dit, une fois atteint un certain âge social. En Chine, jusque dans les années 1970, le mariage, étape de vie incontournable, était encore suffisamment précoce – en moyenne autour de 21 ans pour les femmes et de 24 ans pour les hommes – pour éclipser socialement la première expérience sexuelle. Le degré de surveillance de la société et la promiscuité dans les logements étaient tels qu'aucune intimité n'était laissée à deux personnes de sexe opposé tant qu'elles n'étaient pas mariées[50] : à l'époque, la première expérience sexuelle, qui ne pouvait se réaliser qu'après le mariage, n'était donc pas reconnue en tant que telle.

Désormais, il n'en va plus tout à fait ainsi. D'abord, les jeunes Chinois se marient de plus en plus tard : autour de

23 ans pour les femmes et de 25 ans pour les hommes dans les campagnes (en 2005), un an plus tard en moyenne dans les villes – et encore plus tard à Shanghai avec des unions célébrées respectivement à 26 et 28 ans. Ensuite, parce que les mœurs deviennent plus tolérantes, la sexualité, peu à peu, se libère. Le mariage reste la norme pour la très grande majorité des Chinois[51], mais il n'est plus ce préalable indispensable à l'activité sexuelle. Enfin, les jeunes Chinois, à l'instar de leurs congénères des pays développés, connaissent une puberté de plus en plus précoce[52] : comme le temps qui sépare la maturité sexuelle du mariage s'allonge, la probabilité que les jeunes connaissent des expériences sexuelles avant de convoler augmente mécaniquement. Ainsi, les jeunes Chinois citadins, filles comme garçons, perdraient aujourd'hui leur virginité autour de l'âge de 22 ans[53], donc relativement plus tard que dans les grands pays voisins, et plus encore en comparaison des pays occidentaux[54].

Xiaolong, jeune homme sans tabou, s'amuse : « Peut-être qu'autrefois [sous Mao], les jeunes acceptaient qu'on leur dise avec qui et dans quelle position ils pouvaient avoir des relations sexuelles, mais nous, les jeunes d'aujourd'hui, on n'a pas besoin de ces conseils, on se débrouille très bien tout seuls ! » Pour autant, l'heure n'est pas encore à une sexualité débridée. Chez les Chinois nés à partir des années 1960, qui ont donc vécu leur jeunesse à l'ère des réformes économiques, la sexualité avant le mariage n'est pas la norme : dans les villes, moins d'un homme sur deux (48 %) et moins d'une femme sur quatre (22 %) reconnaissent avoir fait le grand saut, sans être mariés – des proportions qui tombent respectivement à un homme sur cinq (20 %) et une femme sur douze (8 %) dans les campagnes. Dans les années 1990, parmi les jeunes citadins, un homme sur quatre et une femme sur cinq avaient, à l'âge de 20 ans, d'ores et déjà connu leur première expérience sexuelle – des proportions deux à trois fois plus élevées que dans les années 1970[55]. L'activité sexuelle avant le mariage devient certes plus fréquente, au moins dans les villes, mais elle est encore loin de constituer la norme[56]. Et pour celles et ceux qui, finalement, font le pas sans être mariés, l'expérience reste en général lourde de symboles. Sur un forum de discussion, le témoignage de Fufu (pseudonyme), 21 ans, incarne les contradictions de cette Chine en mutation, un pied dans la tradition, l'autre balançant vers une forme moderne d'amour libre : « Voilà trois ans que je suis avec mon petit ami. Hier, nous avons fait le grand saut, on a passé la nuit ensemble… C'était ma première fois… J'étais un peu paniquée mais heureuse… Je sais maintenant que je ne suis plus une petite fille… Je suis une vraie femme ! »

Au sein d'une frange de la jeune population urbaine, toutefois, la désinvolture gagne les esprits. Hu Junjie, Shanghaien de 27 ans, ironise : « Les seules distractions que mes parents avaient quand ils étaient jeunes, c'était les films parlant de la Révolution, d'où leurs idées sur la sexualité très conservatrices. Dans ma génération, on est au courant de tout, et on est avide de nouvelles expériences ! » Wang Zhen, 26 ans, ne voit quant à lui aucune raison de prolonger les préliminaires : « Si deux personnes ont envie d'être ensemble, pourquoi attendre ? » Alors que les campagnes restent plus traditionnelles, en ville l'austérité et le contrôle social imposés par le régime de Mao ont fait long feu. Là, favorisée par les réformes, la société consumériste s'impose et, avec elle, une nouvelle « culture sexuelle », fortement influencée par les modèles occidentaux et japonais[57]. Le week-end, de jeunes amoureux se retrouvent dans les parcs. D'autres, plus hardis, rejoindront un hôtel discret où ils pourront s'accorder quelque moment d'intimité – une liberté nouvelle, car jusqu'aux années 1990 il était impossible pour un jeune couple de louer une chambre sans présenter un certificat de mariage.

Quand la Chine se dénude...

C'est un fait, les jeunes citadins s'enhardissent et commencent à revendiquer leur droit au plaisir, à assumer leur sexualité et s'approprier leur corps.

Aux portes du studio de photo situé à quelques encablures du campus de Xi'an, au Shaanxi, c'est la bousculade. Des dizaines de jeunes filles viennent s'y faire prendre en photo... nues. Coût d'une série de clichés ? De 1 000 à plus de 5 000 yuans... Une somme considérable largement au-dessus du revenu mensuel moyen dans cette capitale provinciale, qui tourne autour de 800 yuans (environ 80 euros). Pas de quoi cependant décourager les prétendantes. « Ça vaut le prix ! Comme ça, j'immortalise l'époque de ma vie où je suis la plus belle ! », s'enflamme Lili, une étudiante de 20 ans. Et les parents dans l'affaire ? La plupart ne sont pas au courant. Certains paient la facture les yeux fermés et ne sauront jamais rien de l'initiative de leur fille. D'autres ne voient rien passer du tout, les jeunes filles se chargeant elle-même de régler les frais, quitte à se trouver un petit boulot. L'engouement est tel qu'il faut parfois réserver la séance plusieurs semaines à l'avance... Pour le directeur du studio, les mentalités chinoises ont bien changé : « De nos jours, les jeunes ont une vision complètement différente de la nudité, qui a longtemps été taboue... Maintenant, ils l'apprécient et la considèrent comme un art[58] ! » Une vision qui est loin de faire l'unanimité dans cette Chine où tout ce qui touche à la sexualité ploie encore sous le joug de la tradition.

En Chine, expérience initiatique s'il en est, la première relation sexuelle survient de plus en plus souvent avant le mariage[59]. Cependant, la sexualité des adolescents est loin de récolter toute l'attention qu'elle mérite si l'on considère le déni presque total des familles et de l'État, lesquels refusent d'admettre que, dans cette société chinoise de plus en plus soumise aux influences extérieures, les comportements changent, les esprits se débrident et les nombreux interdits sociaux, peu à peu, s'assouplissent.

Une révolution sexuelle dans l'ombre

« Il n'a jamais été facile de parler librement de sexe en Chine », explique Pan Suiming, directeur de l'Institut de recherche sur la sexualité et le genre à l'Université du peuple, à Pékin. Encore aujourd'hui, alors que la société est en pleine mutation, de nombreux Chinois considèrent toujours le sujet comme honteux. Aux questions habituelles « Maman, comment on fait les bébés ? » ou « Pourquoi y a-t-il des toilettes séparées pour les garçons et les filles ? », les enfants n'ont, dans le meilleur des cas, droit qu'aux réponses les plus évasives... ou alors les parents font comme s'ils n'avaient rien entendu et changent aussitôt de sujet[60].

Les adolescents sont de plus en plus nombreux à expérimenter la sexualité, mais à leurs risques et périls. Ils ne bénéficient d'aucun encadrement de la part de l'État, et ne peuvent guère compter sur le soutien de leurs parents dans cette étape primordiale. « Il y a pourtant un grand besoin d'information sur la sexualité et la santé de la reproduction chez les jeunes, qu'ils soient mariés ou non... Beaucoup d'entre eux sont aujourd'hui susceptibles d'avoir des rapports sexuels avant le mariage, alors pourquoi le gouvernement ne leur offre-t-il pas les mêmes services qu'aux jeunes mariés ? », s'indigne Pan Suiming. « La dernière enquête que j'ai menée a montré que presque 70 % des citadins célibataires de moins de 30 ans ont déjà eu au moins une relation sexuelle, et 25 % d'entre eux ont connu au moins deux partenaires différents. Ces jeunes courent des risques immenses, notamment par rapport au sida ! Il faut absolument que le gouvernement change les choses et leur donne accès aux services de planning familial[61]. »

Alors que la Chine offre le système de contrôle le plus étroit qui soit de la reproduction – et donc, indirectement, de la sexualité – des adultes mariés, assurant même la gratuité de tous les moyens de contraception (y compris l'avortement), la sexualité des jeunes non mariés relève encore du secret de polichinelle. Malgré les besoins de plus en plus grands exprimés par cette population, les portes des services de planning familial leur restent irrévocablement fermées. Ce sont pourtant plus de deux cents millions[62] de jeunes Chinois – et chaque année quelque quinze millions d'autres qui entrent dans l'adolescence, avec une maturité sexuelle de plus en plus précoce[63] – qui se retrouvent contraints de glaner les informations sur la sexualité là où ils le peuvent, auprès de leurs amis ou sur des forums de discussion sur Internet... mais rarement auprès d'adultes susceptibles de leur fournir les conseils adéquats. Alors, forcément, la plupart restent relativement ignorants des choses du sexe et de tout ce qui a trait au fonctionnement de leur corps. Sur le forum du site dédié à la santé de la reproduction mis en place par l'hôpital Huaxia de Tianjin, Nana (pseudonyme) s'inquiète : « Il y a quelques jours, j'ai fait l'amour avec mon petit ami. C'était la première fois... mais je n'ai pas pris de contraceptif... Est-il vraiment possible de tomber enceinte la première fois[64] ? » Yang, étudiant en première année à l'université, se lamente « Je n'arrive pas à obtenir des informations sur la sexualité, pourtant, c'est important pour moi d'en avoir, c'est important pour mon avenir[65] ! »

Depuis 1988, la loi impose dans les écoles des cours sur la santé de la reproduction. « Mais la loi n'est pas appliquée comme elle le devrait, en particulier parce que tout ce qui touche à la sexualité reste un sujet dont les gens ont du mal à parler, tant à l'école que dans les familles », accuse Pan Guiyu, de l'Association chinoise de planning familial. Des manuels d'éducation sexuelle existent, mais l'information, trop édulcorée, passe mal ; les enseignants, eux-mêmes mal à l'aise sur ces questions, ne savent pas s'y prendre[66]. Pour preuve, une enquête menée en 2008 qui a révélé que près de 60 % des jeunes Chinois âgés de 15 à 24 ans n'avaient aucune idée de comment utiliser un préservatif[67]. « Les jeunes n'aiment pas l'éducation sexuelle telle qu'elle est proposée dans les écoles », explique Tang Kun, président du Comité pour la jeunesse chinoise. « Ils se plaignent qu'elle est trop axée sur l'anatomie et la dimension biologique de la sexualité, alors que la dimension émotionnelle n'est pas du tout abordée et que pratiquement rien ne leur est dit sur la manière de se protéger d'une grossesse ou des maladies sexuellement transmissibles ! »

Grossesses adolescentes : l'État aveugle

L'activité sexuelle des jeunes, toujours largement réprouvée, est parfois lourde de conséquences : faute d'informations suffisantes, et surtout parce qu'aucune contraception ne leur est proposée, les premières expériences sexuelles se soldent bien souvent par une grossesse. Dans un hôpital de Chongqing, le constat est sans appel : un tiers des avortements pratiqués en 2002 concernaient des adolescentes, soit trois fois plus qu'en 1998[68]. Une jeune femme médecin témoigne : « À la fin de mes études, j'ai fait un stage de trois mois dans un service de gynécologie. Je n'avais alors vu passer que moins d'une trentaine de femmes venues consulter pour une visite de routine. Toutes les autres patientes, plusieurs centaines, venaient pour avorter... La plupart avaient entre 17 et 23 ans et très peu d'entre elles étaient mariées... Pis, beaucoup n'en étaient pas à leur premier avortement ! » Le fait est que l'avortement – gratuit pour les femmes mariées et payant pour les autres, mais à un tarif relativement abordable, autour de 1 000 yuans – est facilement accessible en Chine (des publicités vantant les mérites des avortements sans douleur fleurissent même un peu partout...). Cet acte médical pourtant non sans risques est toujours largement préféré à la maternité honteuse d'une adolescente. « Par peur de la réaction de leurs parents et de la honte qu'elles leur feraient subir, la plupart des jeunes filles qui tombent enceintes se font avorter par des charlatans, qui ne sont intéressés que par l'argent », explique un médecin. « La plupart d'entre elles essaient de s'en sortir comme ça ! Mais, pour d'autres, la situation est encore plus dramatique... Un jour, j'ai reçu en consultation une jeune fille de 13 ans qui avait utilisé une sangle en cuir pour se compresser l'abdomen et ainsi dissimuler sa grossesse... Une autre avait demandé à son petit ami de la frapper violemment dans le ventre, pour essayer de la faire avorter[69] ! » Li Yinhe, sociologue à l'Académie chinoise des sciences sociales, dénonce : « Être capable de prendre en charge ceux qui en ont besoin, c'est un signe de progrès social. Notre société doit aider ces jeunes filles à sortir indemnes de cette situation terrible et à trouver un nouveau souffle. Même si l'on n'approuve pas, il est de notre devoir d'affronter les problèmes tels qu'ils se présentent ! »

Pour parer au plus pressé, des lignes téléphoniques d'urgence destinées aux adolescents voient le jour. Cao Jun, psychologue, reçoit une vingtaine d'appels quotidiens, le plus souvent pour des questions relatives à la sexualité. « Dans une société qui s'ouvre, l'attitude vis-à-vis du sexe évolue », explique cette femme de 49 ans, « ... mais personne ne prend malheureusement la peine de répondre aux questions que se posent les jeunes ! ». Premier du genre, le site Internet interactif www.youandme.net.cn, géré par l'Université du peuple, encourage les jeunes à parler sans tabous des questions qui les taraudent : amour, sexualité, contraception[70]... Des initiatives certes louables, mais qui restent largement en deçà des besoins.

Le centre d'urgence ouvert en 2003 par la municipalité de Chongqing, lui, ne désemplit pas : en quelques mois, il a reçu plus de deux cents adolescentes enceintes, dont la plus jeune avait tout juste 12 ans. Ai Li, 17 ans, est l'une d'elles : elle était enceinte de quatre mois quand elle s'est enfin décidée à franchir la porte de l'établissement. « Jamais mes parents n'auraient essayé de me comprendre ! », explique-t-elle. « Je sais ce qu'ils m'auraient fait… » Ai Li, finalement, a pu résoudre son cas sans trop de mal. « Avant d'être prise en charge par le centre, j'avais même pensé à me suicider, j'avais tellement peur que mes parents me battent ! Mais, au centre, les médecins ont réussi à convaincre mes parents de me pardonner, et ils ont fini par accepter que je me fasse avorter. » « Au centre, la confidentialité est garantie », explique Zhou Xin, un médecin. La loi chinoise continue d'exiger l'accord des parents avant de pratiquer un avortement sur une fille mineure, alors « quand une patiente vient nous voir, on convoque ses parents et on ne les laisse pas repartir tant qu'ils n'ont pas donné leur autorisation. En contrepartie, on leur garantit l'anonymat[71] ». Mais, pour Li Yinhe, « ces centres d'accueil pour jeunes filles enceintes sont juste un moyen de remédier au problème, pas une solution ».

Xiaoying, elle, n'a pas eu la même chance qu'Ai Li. Étudiante à l'université de Shenzhen, elle a eu une aventure avec un homme de Hong Kong. Mais après leur premier rendez-vous, celui-ci n'a plus donné de nouvelles… À tout juste 19 ans, Xiaoying se retrouve seule pour élever sa petite fille. Pour Liu, le dénouement aura été plus cruel encore : à 15 ans à peine, Liu avait été surprise par sa grand-mère au lit avec Zhong, son petit ami. Scandalisée, la grand-mère avait menacé de tout raconter aux parents de Liu. Désespérée, et craignant plus que tout les foudres paternelles, Liu avait alors demandé à Zhong d'éliminer sa grand-mère... ce qu'il fit en lui plantant un couteau de cuisine dans le ventre[72].

Pour les adolescents chinois comme pour tous les adolescents du monde, les premières expériences sexuelles sont un pas décisif vers le monde des adultes. Mais dans le contexte chinois, où la sexualité avant le mariage est toujours réprouvée, cette étape se transforme souvent en expérience douloureuse, parfois traumatisante : aucun réel accompagnement n'est proposé à ces jeunes, ni par leurs parents, ni par l'État... une assistance pourtant indispensable pour que ces « premières fois » soient bien vécues, épanouissantes, et permettent ainsi à l'adolescent de se construire le mieux possible.

L'entrée à l'université : un rite de passage à la chinoise

Autre événement qui, pour les jeunes Chinois, s'avère éminemment marquant : le passage du *gaokao*, l'examen d'entrée à l'université – qui n'est en fait rien d'autre qu'un concours national très sélectif. En 2010, près de dix millions de jeunes gens s'y sont essayés – pour 6,5 millions de places en première année, tous établissements d'enseignement supérieur confondus. Chaque année, le sort de millions d'adolescents se décide ainsi sur la seule base des résultats obtenus à l'issue de ces trois jours d'examens : les meilleurs accéderont à l'université de leur choix – généralement l'une des plus réputées du pays, comme Qinghua ou Beida, voies royales vers les emplois les plus prestigieux – tandis que les derniers du classement devront se rabattre sur des universités privées, moins exigeantes que les établissements publics. Les « collés » pourront, eux, dans le meilleur des cas, retenter leur chance l'année suivante, ou alors devront renoncer définitivement à entamer un jour des études supérieures.

Pour ces millions d'adolescents comme pour leurs parents, l'enjeu est énorme. Et, en cas d'échec, ce sont souvent les espoirs de toute une vie qui s'envolent. Alors, les familles ne reculent devant rien pour offrir à leur enfant toutes les chances de succès : cours préparatoires, précepteurs privés, séances de relaxation… Un père explique : « Moi, j'étais adolescent pendant la Révolution culturelle, alors je n'ai pas pu aller à l'université. C'est pourquoi je veux absolument que ma fille ait cette chance… Je fais tout mon possible pour l'aider. » Tout le monde se prête au jeu. Pendant les trois jours d'examen, les grandes villes du pays sont paralysées : les rues sont bloquées, les sirènes des voitures de police débranchées et les chantiers de construction s'arrêtent pendant la nuit pour que les candidats ne soient pas gênés dans leur sommeil. Mais, pour les jeunes gens, la pression est énorme. Yang Bo, 19 ans, en témoigne : « Il y a toujours beaucoup de tensions à la maison. Mes parents et moi nous disputons tout le temps. Je suis le centre de leur vie et me mets souvent en colère parce que j'ai trop de pression… Je sais que je vais décevoir mon père. Il espère me voir entrer dans une université prestigieuse, et il est prêt à dépenser beaucoup d'argent pour cela. Mais je ne suis pas assez doué. » Et le jeune homme d'ajouter : « Ne me parlez pas de liberté chez les jeunes de mon âge ! Le jour où le gouvernement supprimera ce stupide examen d'entrée à l'université, là, nous pourrons parler de liberté… Ce système de sélection est vraiment trop injuste ! » Pour certains étudiants, la pression est si forte qu'ils n'y résistent pas. Au Jiangsu, en juin 2010, un jeune homme de 21 ans se pend avec le cordon d'alimentation de son ordinateur, quelques heures avant le début des épreuves. À Guangshui, au Hubei, la veille de l'examen, un autre se jette du douzième étage d'un immeuble : recalé l'année précédente, il ne supportait pas l'éventualité d'un nouvel échec[73]…

En Chine, on l'a vu, gravir les étapes de la scolarité n'est pas donné à tout le monde, loin de là. Mais, pour les rares jeunes Chinois qui ont la chance d'être admis au *gaokao*, une page se tourne. Car si tant est qu'ils aient eu la chance d'être admis dans une université quelconque dans le pays, celle-ci est rarement à proximité de chez eux[74] – sauf peut-être dans les plus grandes villes. C'est ainsi que l'entrée à l'université marque souvent la séparation de fait d'avec les parents ; dès lors, les liens avec eux se distendent, une nouvelle vie commence.

Les campus universitaires chinois, à l'image des campus américains, sont des lieux de vie à part entière : on y étudie, on y prend ses repas, on y loge… on y passe même ses week-end. Les retours auprès de la famille se font rares, une ou deux fois par an tout au plus, pour la fête du Printemps ou pendant les congés d'été. Mais la vie à l'université, si elle est une prise d'autonomie incontestable vis-à-vis de ses parents, n'offre qu'une indépendance et une liberté limitées : à nouvelle vie, nouvelles contraintes ! Dans un dortoir – où s'entassent parfois pas moins de quatre voire huit étudiants –, la promiscuité n'est guère propice au travail. Ni d'ailleurs les bibliothèques universitaires qui, avec l'explosion récente du nombre d'étudiants, sont souvent impraticables tant elles sont bondées. Alors, de plus en plus de jeunes étudiants font désormais le choix – quand ils en ont les moyens – de vivre hors les murs du campus. Baiyun, 21 ans, raconte : « Dans mon université, on doit payer au moins 200 yuans par mois pour un lit dans une chambre surpeuplée et en mauvais état ! C'est pour cela que j'ai préféré louer un deux pièces à proximité... J'ai pris une colocataire : il nous en coûte à chacune à peine plus cher qu'à l'université, et, au moins, on est tranquilles. »

Quelle que soit la solution choisie, l'université offre aux jeunes Chinois une émancipation de fait, surtout s'ils sont forcés de s'installer à distance du domicile familial. Mais quid de la fin des études ? Dans les années 2000, l'après-université est devenu, pour de nombreux jeunes diplômés, un vrai parcours du combattant. Au point que l'indépendance acquise au cours des études est, parfois, mise à rude épreuve.

L'emploi des jeunes dans la tourmente

Indiscutablement, le *gaokao* s'apparente à un rite de passage : car une fois le certificat de réussite en poche, le changement de statut social est immédiat. En tout état de cause, ceux qui sortent avec succès de cette épreuve – sans doute l'une des plus difficiles de leur jeune existence – accèdent en principe, à l'issue de leurs études, à un emploi très honorable et, surtout, bien rémunéré. Dès lors, à plus ou moins brève échéance, ils sont promis à une existence nantie.

Mais depuis quelques années, alors que le nombre de diplômés de l'enseignement supérieur s'envole[75], trouver un travail à la hauteur, sinon de ses espérances, du moins de ses compétences, n'est plus si facile. S'ensuit une course généralisée pour l'emploi, telle que la Chine n'en a jamais connue. En cause : l'inadaptation de l'offre de diplômes de l'enseignement supérieur, qui se situe en majorité dans le secteur des services, à l'offre de travail, toujours très forte dans la production industrielle. Autrement dit, la croissance économique chinoise ne crée pas suffisamment d'emplois qualifiés, alors que sa population active, elle, l'est de plus en plus. On touche ici les limites d'un développement qui s'appuie surtout sur une industrie gourmande en main-d'œuvre peu coûteuse, donc peu qualifiée.

Le chômage urbain – le seul faisant l'objet de statistiques – tourne officiellement autour de 4 % à la fin des années 2000... Un taux loin de la réalité, qui friserait plutôt les 10 % – car ces chiffres officiels ne prennent en compte ni le chômage des travailleurs migrants, ni celui des jeunes sans emploi qui n'ont jamais cotisé à l'assurance chômage, ni enfin celui des *xiagang*, ces employés licenciés des entreprises d'État[76]. Désormais, sur dix jeunes diplômés, moins de sept trouveraient un emploi dès leur sortie de l'université, une situation tout à fait nouvelle[77]. Au premier semestre de 2009, ils étaient plus de six millions, diplôme en poche, à entrer sur le marché du travail... venus s'ajouter au million de ceux de la promotion 2008 toujours à la recherche d'un emploi[78].

Ce durcissement du marché du travail est manifestement la cause de l'engouement récent pour des postes autrefois dénigrés : les entreprises de pompes funèbres de

Shanghai, par exemple, ont vu leurs offres prises d'assaut lors du premier salon organisé par la profession[79]. Wang Hongjie, du bureau des Affaires funéraires s'étonne : « Travailler dans ce secteur, c'est plutôt morbide et cela n'est pas à la portée de n'importe qui... Dans ce métier, on ne peut même plus rendre visite à notre famille pendant la fête du Printemps, car les gens pensent qu'on va leur porter malheur ! » Mais un jeune diplômé originaire du Yunnan ne tarde pas à rétorquer : « Après tout, c'est un travail stable ! Je suis sûr que ma famille respectera mon choix, à partir du moment où il me donne satisfaction...[80] » L'armée chinoise, elle aussi, connaît un regain d'intérêt : en 2009, elle a recruté cent trente mille diplômés du supérieur, un chiffre record[81]. Il faut dire que la contrepartie est des plus alléchantes : un pactole de 24 000 yuans versé à la nouvelle recrue pour la dédommager des frais engagés pour ses études. Un moyen pour l'armée d'élever le niveau de qualification de ses soldats[82]... mais aussi de résorber un peu le chômage des jeunes. Car, depuis 2009, l'État chinois tente en effet par tous les moyens d'employer ses jeunes diplômés (sollicitation des entreprises publiques et privées, prêts pour aider à la création d'entreprises[83])... L'une des mesures phares : l'envoi de « jeunes instruits », version moderne dans les campagnes, pour y pourvoir des postes de cadres aux plus petits échelons de l'administration, de même – comme déjà abordé plus haut – que des postes d'enseignants. Si Wang Zhizhi, 22 ans, titulaire d'un diplôme d'une université pékinoise, a finalement décidé de postuler à l'une des mille six cents offres proposées dans les environs de la capitale pour devenir cadre rural (*cunguan*), c'est d'abord pour mettre un terme à six mois de recherches d'emploi infructueuses. Mais c'est aussi parce que les conditions sont plutôt intéressantes : un contrat de trois ans, payé 2 000 yuans par mois la première année, avec 500 yuans d'augmentation chacune des deux années suivantes. Wang Zhizhi s'est pourtant vu proposer quelques mois plus tôt la même somme pour un poste de commercial dans une société d'export, mais « le programme *"cunguan"* [lui] procure un emploi stable... » Originaire de la campagne, le jeune homme vient du Henan et s'avère être « intéressé par le développement rural[84] ».

Trop de demandes d'emploi, pas assez d'offres : les jeunes diplômés, faute d'opportunités à la hauteur de leurs attentes, sont de plus en plus malmenés. À 23 ans, Tan Mengxuan, lui, ne s'en sort finalement pas trop mal : un an après avoir été recruté par une entreprise de l'industrie textile, il a enfin été promu responsable de gestion. Fraîchement diplômé d'une université de la capitale, c'est moyennant un faible salaire (1 500 yuans) compte tenu de ses qualifications et, surtout, une période d'essai d'un an, qu'il a pu en arriver là. « Je préférais gagner moins et avoir un travail... De toute façon, aujourd'hui, même quand on sort de l'université, on ne peut plus faire les difficiles », explique-t-il. Tan Mengxuan n'est pas un cas à part. De plus en plus, les jeunes très qualifiés sont contraints d'accepter des emplois assortis de salaires on ne peut moins attractifs qui, souvent, suffisent à peine à subvenir à leurs besoins les plus élémentaires[85]. Et la situation est plus compliquée encore pour les jeunes sortant d'universités de second rang, à la réputation moins prestigieuse, comme l'illustre le parcours de cet ancien étudiant :

diplômé en publicité de l'université d'économie et de finances de l'Anhui, il parvient à dénicher un emploi sur place mais payé seulement 1 400 yuans par mois. Pensant pouvoir trouver mieux ailleurs, il part pour Canton, dans le Sud. Là, il n'a pu obtenir qu'un emploi plus mal payé encore : 600 yuans ; à Shenzhen, où il s'est rendu ensuite, on ne lui proposa qu'une rémunération en fonction de ses résultats, sans salaire fixe. Il a fini par rejoindre ses parents, employés dans une usine de chaussures… pour 800 yuans par mois.

L'hebdomadaire *Nanfang zhoumo* explique que, désormais, ces jeunes chômeurs diplômés en sont réduits à vivre dans des « hôtels à 10 yuans » (*shi yuan dian*), où ils passent leurs journées à envoyer des curriculum vitæ dans l'espoir de décrocher des entretiens d'embauche. Sans emploi honorable, ils craignent de perdre la face s'ils retournent dans le giron familial, à qui ils doivent ces études abominablement coûteuses. Ils préfèrent encore survivre vaille que vaille, loin de chez eux, dans l'attente d'un travail digne du sacrifice financier jadis réalisé par leurs parents[86].

Les jeunes diplômés subissent aujourd'hui une double peine : d'un côté ils affrontent un chômage qui, jusque-là, les avait épargnés ; de l'autre, sur un marché du travail où la compétition devient la règle, ils se trouvent être les victimes d'une paupérisation rampante. Selon une enquête réalisée en 2005, un jeune diplômé sur cinq (20,3 %) gagnerait moins de 1 000 yuans par mois, et près des deux tiers (65,4 %) entre 1 000 et 2 000 yuans. Une situation qui, selon Jean-Louis Rocca, s'avère décidément bien « peu compatible avec un projet de "classe-moyennisation" de la société chinoise[87] » – objectif pourtant intangible de l'État chinois. Ces dernières décennies, l'économie chinoise s'est nourrie d'une main-d'œuvre bon marché et corvéable à merci, qu'elle croyait inépuisable. Mais les temps changent : dans l'ensemble, les jeunes citadins entrent sur le marché du travail avec de meilleures qualifications, et sont donc globalement plus exigeants en terme d'emploi et de salaire que ne l'ont jamais été leurs parents. Mais l'économie, sous sa forme actuelle, celle qui fait aujourd'hui la force de la Chine, n'a pour l'instant pas grand-chose à leur proposer.

Ces jeunes diplômés ne sont toutefois pas les seuls touchés. Car aux quelques millions d'anciens étudiants qui sont en recherche d'emploi s'ajoutent plusieurs autres millions de jeunes travailleurs d'origine rurale qui, eux, sans guère de qualifications, ont tout autant de mal à trouver du travail – surtout s'ils se refusent à migrer vers les régions industrielles les plus consommatrices en main-d'œuvre[88].

Le village X, non loin de la ville portuaire de Xiamen, au Fujian, est à l'image de beaucoup d'autres. La plupart des jeunes qui y sont nés dans les années 1980 et 1990, faute d'argent, ne sont pas restés bien longtemps à l'école. Mais, aujourd'hui, il n'y a pas l'ombre d'un emploi pour eux. Ils passent leurs journées à traîner dans la rue ou chez eux, désœuvrés, à grignoter les petites économies durement amassées par leurs parents. Dans ce village, pas moins de 40 % des jeunes hommes de 16 à 30 ans seraient tombés dans cette impasse. Les filles, elles, parce qu'elles rechigneraient moins à accepter des emplois mal payés sur les chaînes de production – les seuls proposés dans la région – s'en sortiraient un peu mieux. Dans tous les villages alentour, les usines ont fleuri, mais les salaires offerts ne sont guère attractifs pour la main-d'œuvre locale : autour de 1 000 yuans par mois pour douze heures de travail par jour. Par contre, pour les migrants venus des quatre coins du pays, ces emplois sont une aubaine. Lü Peng, père d'un jeune homme de 18 ans, se lamente : « Mon fils traîne à la maison depuis plus d'un an… Jamais il n'acceptera de travailler pour 1 000 yuans par mois ! Pour l'instant, je fais de mon mieux pour le nourrir et l'habiller… Mais quand il sera marié, il sera bien obligé de travailler… » Lü Peng lui-même est vigile dans une usine des environs, où il ne touche… que 1 000 yuans par mois ! Mais s'il se contente de ce salaire, son fils, lui, le juge inacceptable compte tenu du coût de la vie. Et puis, dans le village, une nouvelle manne rend l'argent facile : les réquisitions par l'État des terres cultivables, parfois même des maisons, pour y construire des usines. Car l'État dédommage grassement les expropriés : plus de 130 yuans le mètre carré, soit plus de 86 000 yuans le *mu*… d'autant que l'agriculture, autrefois florissante est désormais jugée peu rentable et n'attire plus les jeunes du village[89].

Si l'intégration sur le marché de l'emploi de plusieurs millions de nouveaux diplômés devient un défi chaque année plus grand pour le pouvoir chinois, la jeunesse déshéritée des campagnes, compte tenu des effectifs concernés, constitue un problème plus grave encore : manque de qualification, déconnexion du monde du travail, refus d'accepter des emplois jugés dégradants… Alors que la jeunesse rurale se détourne de plus en plus des activités agricoles, ses handicaps sont nombreux sur le marché de l'emploi. L'une des seules issues reste, bien souvent, la migration vers des régions plus développées où ce marché est plus dynamique et davantage rémunérateur[90].

Dans ces conditions – sans travail, donc sans ressources –, acquérir son autonomie pour se lancer dans la vie et, enfin, s'ancrer dans le monde des adultes, prend forcément plus de temps qu'autrefois. Aujourd'hui, avec la montée du chômage et l'allongement de la durée des études, l'entrée dans le monde du travail est de plus en plus tardive[91]. C'est pourquoi les autres grands moments du passage à l'âge adulte – acquisition d'un logement indépendant, mise en ménage, naissance des enfants... – s'en trouvent forcément retardés.

« Quitter le nid »

Dans les sociétés occidentales, « quitter le nid », c'est-à-dire s'installer dans un logement à plus ou moins grande distance du domicile parental, est pour les jeunes un signe concret d'indépendance, sinon financière, du moins physique. Parfois, ce déménagement va de pair avec une première mise en ménage, après un mariage ou dans le cadre d'une union informelle, figurant donc parmi les critères pouvant qualifier le passage à l'âge adulte. En tout état de cause, il va de soi que les jeunes, dès lors qu'ils obtiennent un premier emploi, commencent en général à voler de leurs propres ailes. Mais pas toujours.

Pour Li Ziwei, cadre au bureau d'état civil de Pékin « les jeunes qui sont nés à partir des années 1980 sont pour la plupart des enfants uniques, très égocentriques... Seul leur propre bien-être leur importe, ils n'ont aucun sens des responsabilités ». Pour certains, en effet, l'enfance s'éternise : Zhu Keke et Zhang Dafeng, bien que mariés depuis un an, sont incapables de se débrouiller seuls. Chaque matin, la mère de Keke leur téléphone pour savoir s'ils ont besoin de quelque chose et, chaque week-end, elle vient faire le ménage chez eux. Tous les mois, Keke et son mari reçoivent 3 000 yuans de leurs parents, car leurs salaires, semble-t-il, ne suffisent pas à satisfaire tous leurs besoins[92].

En Chine, « quitter le nid » reste parfois une notion floue : en effet, il ne suffit pas toujours d'avoir un travail, ni de se marier, ni même parfois d'avoir un enfant pour quitter le domicile de ses parents. Chez les moins de 25 ans qui, dans leur grande majorité[93], ont déjà un emploi, moins d'un sur trente (2,7 % en 2000) vit seul[94]. Ce qui signifie que les autres – c'est-à-dire presque tous – sont soit déjà en couple, soit toujours chez leurs parents[95]... ou les deux à la fois. Si la taille moyenne des ménages chinois réduit sensiblement au fil des années (ils comptaient en moyenne 4,4 personnes au début des années 1980, mais une de moins aujourd'hui : 3,4), la tradition de cohabitation entre plusieurs générations résiste étonnamment bien au changement social : en 2000, pas moins d'un ménage sur cinq[96] comptait au moins trois générations – à savoir les parents, un ou deux grands-parents, et un ou deux enfants –, tout autant qu'avant les réformes, à la fin des années 1970.

Mais est-ce seulement la tradition qui entretient cette cohabitation intergénérationnelle ? Certes non. Les jeunes – des villes en particulier – retardent à l'envi le moment où ils s'installeront (seuls, en couple, et parfois même avec un enfant) dans leur propre logement, et ce n'est pas uniquement par choix, ni même par facilité. C'est aussi, et peut-être même surtout, parce qu'il leur est difficile de faire autrement. Liu Yanli fait partie de ces rares Chinois de moins de 30 ans qui vivent seuls. À 27 ans elle a un poste de secrétaire et loue depuis trois ans un petit appartement dans le quartier de Zhongguancun, à Pékin. Mais payer son loyer – l'équivalent de la moitié de son salaire – l'astreint à de lourds sacrifices[97].

Jusque dans les années 1980, se loger dans une ville chinoise n'était pas un problème en soi. Certes les logements étaient rarement confortables, souvent exigus et couramment partagés par des familles entières, mais chacun, dès lors qu'il dépendait d'une unité de travail, s'en voyait attribuer un à un coût dérisoire. À partir de la fin de la décennie, en revanche, avec le désengagement de l'État et la privatisation progressive du marché de l'immobilier, la part du revenu des ménages consacrée au logement s'est envolée : depuis quelques années, le montant des loyers, tout autant que les prix à l'achat, explosent. Longtemps monopole de l'unité de travail, l'obtention d'une habitation n'est désormais plus qu'une question d'argent.

Si acquérir son logement est désormais le rêve de chacun, il est loin d'être à la portée de tous. À Pékin, en 2008, le revenu annuel moyen par habitant était de près de 45 000 yuans[98]... mais un mètre carré d'appartement en coûtait déjà plus de 15 000 ! Autrement dit, pour acheter un quatre-vingts mètres carrés, il fallait débourser 1,2 million de yuans, soit l'équivalent de treize années de salaire pour un couple, sans compter les intérêts. « C'est incroyablement cher ! » s'insurge Yu Bo, employé de bureau de 25 ans qui vit encore chez ses parents, à Pékin. « Un seul mètre carré coûte l'équivalent de presque six mois de mon salaire ! » Autre obstacle de taille pour les moins nantis : en Chine, l'achat d'un bien immobilier nécessite un apport personnel versé comptant à la signature de la vente, et d'au moins 25 % du prix total. Incapables pour la plupart de s'acquitter eux-mêmes de telles sommes, les jeunes citadins, quand ils le peuvent, se tournent vers leur famille. Fang Yingfei, originaire du Sichuan, est dans ce cas : en juin 2010, ses parents lui ont donné 800 000 yuans pour lui permettre d'acheter un appartement de soixante mètres carrés dans un quartier central de Pékin. « Jamais je n'aurais pu acheter sans leur aide », explique-t-elle. « Actuellement, j'arrive tout juste à payer mon loyer... mais être propriétaire, c'est tellement mieux ! »

Un appartement, sinon rien !

Mais inutile de préciser que bien peu de parents chinois ont la possibilité d'aider leur enfant à hauteur d'une telle somme. Alors, les jeunes Chinois sont contraints, au moins pour un temps, de renoncer à leur projet... au prix parfois d'immenses frustrations dont la série télévisée *Wo ju* (*Dwelling Narrowness*), diffusée en 2009 sur les écrans chinois, se fait l'écho[99]. C'est l'histoire de deux sœurs qui se battent pour trouver un logement à un prix raisonnable dans une grande ville qui n'est pas nommée, mais qui pourrait être Shanghai, – où les prix de l'immobilier sont les plus élevés du pays. « Cette série a connu un énorme succès car elle reflète bien les angoisses des jeunes citadins face à leur avenir... », explique Zhang Yiwu, professeur à l'université de Pékin. « Mais il faut reconnaître que les jeunes d'aujourd'hui sont trop impatients... Ils veulent tout, tout de suite ! Or, ils doivent comprendre qu'avant de devenir propriétaire à peu près n'importe où dans le monde il faut économiser pendant de longues années ! Commencer par vivre dans un logement de location, c'est le lot de la plupart des gens, mais ils refusent de l'admettre... et cela leur cause beaucoup de stress. Les prix sont aujourd'hui si élevés que beaucoup de jeunes gens ne peuvent pas devenir propriétaires. Alors, en attendant, ils restent chez leurs parents. »

Cai Lin, elle, a trouvé la solution. Originaire du Hunan, elle travaille désormais dans un supermarché de la capitale. Avec un salaire de 2 900 yuans par mois, elle ne se montre pas si impatiente de devenir propriétaire. Pour l'instant, elle se contente d'un deux pièces qu'elle loue avec trois autres jeunes femmes : « Je ne m'attends pas à devenir propriétaire de mon logement avant une bonne dizaine d'années ! D'abord, je dois mettre de l'argent de côté. » En Chine comme dans beaucoup d'autres grandes villes du monde, la colocation est en effet en train de devenir une alternative acceptable pour de nombreux jeunes gens désireux de quitter le domicile parental, mais pas suffisamment bien payés pour prendre seuls un appartement. « Homme intègre, titulaire d'un diplôme universitaire, j'occupe un bel appartement entièrement meublé dans le quartier de Chaoyang. Je souhaiterais le partager avec une jeune femme soignée et sociable, diplômée comme moi de l'université. » N'importe qui pourrait penser à une annonce matrimoniale, mais il n'en est rien. Pour réduire ses frais de logement, mais aussi se sentir moins seul, ce jeune Pékinois cherche bel et bien une colocataire du sexe opposé... un choix qui n'est pas du goût de tous, même dans les grandes villes où, pourtant, les esprits sont plus ouverts. Meili, 24 ans, est en colocation avec un jeune homme de son âge. « Pourquoi j'ai choisi un colocataire homme ? Parce que je suis une personne sociable et simple... Les commérages des filles m'ennuient. Zhili est vraiment plus sympathique ! La plupart des gens, et même une de mes amies de l'université, ne comprennent pas mon choix. Mais moi, je suis heureuse ainsi. Et je me sens plus en sécurité avec un homme. » Zhili, le colocataire de Meili, est bien d'accord avec elle : « Toute la journée je ne travaille qu'avec des hommes, alors, quand je rentre à la maison le soir, je suis bien content de trouver la compagnie d'une femme ! »

La compagnie quotidienne d'une femme : d'autres la souhaiteraient bien... mais en vain ! Les yeux rivés à une pancarte « Appartement à vendre » sur la façade d'un immeuble neuf, Jin Jian, entraîneur dans un club de sport d'Harbin, baisse la tête en soupirant : « Un appartement comme celui-là, c'est vraiment trop cher pour moi ! » Ce jeune homme de 28 ans n'est pas encore marié. Quelques années plus tôt, il avait pourtant connu une femme avec laquelle il aurait souhaité convoler... mais cela ne s'est pas fait. La cause ? Elle n'a pas voulu épouser quelqu'un qui n'était pas propriétaire de son logement. « Dans ces conditions, je ne suis pas près de me marier ! » se plaint-il. Avec la moitié de son salaire mensuel de 4 000 yuans dépensée pour son loyer et ses dépenses courantes, Jin devrait économiser pendant au moins vingt avant de pouvoir devenir propriétaire d'un appartement de soixante mètres carrés dans cette capitale provinciale du nord de la Chine – qui n'est pourtant pas une région très prisée[100]. Mais, manifestement, ce jeune homme n'est pas un cas isolé. Jin Danlei, 25 ans, est originaire du Jiangsu. Elle vit depuis quelques années à Pékin où elle s'était installée pour ses études universitaires. : « Ma mère m'a dit l'autre jour que mon petit ami, s'il voulait se marier avec moi, devrait d'abord acheter un appartement, même à crédit[101] ! »

Le mariage : une affaire d'argent

Les jeunes célibataires chinois commencent à comprendre que, s'ils veulent se marier, ils finiront un jour ou l'autre – s'ils en ont les moyens ! – par devenir eux aussi des *fang nu* (littéralement, « esclaves de leur logement ») ou des *ken lao zu* (ceux qui comptent sur leurs parents). Liu Xin, employé de bureau à Shenyang, explique : « Un mariage ne devrait pas se construire sur la propriété d'un logement, mais, pourtant, cela se passe de la sorte aujourd'hui ! Ma petite amie a un bon travail et est mieux payée que moi... Mais je le vois bien, ses parents pensent que je ne la mérite pas ! Pour eux, être capable d'acheter un logement, c'est le signe qu'on est compétent dans son travail, et être locataire est honteux. À leurs yeux, je suis un minable... Donc, pour me marier avec leur fille, je vais d'abord être obligé de demander à mes parents de m'aider[102]. »

Grâce à la libéralisation sociale qui a accompagné les réformes économiques, les jeunes citadins jouissent aujourd'hui d'une liberté presque totale dans le choix de leur futur conjoint. Désormais, se vantent-ils, l'avis de leurs parents importe peu ; les conventions, encore moins. Pour la grande majorité d'entre eux, comme pour Wang Ni et Liu Hao, seul le sentiment amoureux prime : à tout juste 23 ans, les deux tourtereaux se sont mariés un mois à peine après leur sortie de l'Université. « Hao et moi, on s'est mariés par amour », relate Wang Ni. « On est tombés amoureux lorsqu'on était adolescents, et on espère que notre passion durera toujours ! » À la campagne où les traditions sont plus pérennes, les jeunes gens font plus grand cas de l'avis de leurs parents en matière de mariage, même s'il est devenu, pour la plupart d'entre eux, plus consultatif que coercitif[103]. Mais, en Chine, d'autres lois que l'amour ou l'approbation des parents gouvernent en matière de mariage : aujourd'hui comme par le passé, l'argent reste une composante décisive du choix du conjoint. En matière d'union, les jeunes citadins se disent affranchis des conventions : ils ne font désormais plus que ce qui leur chante... ce qui revient souvent, d'abord et surtout, à rechercher la garantie d'un niveau de vie confortable – désormais seule source de reconnaissance sociale. Le sentiment amoureux, lui, ne serait que la cerise sur le gâteau.

Partout dans le pays, la cérémonie du mariage, dont les coûts sont assumés principalement par les parents du futur époux, est devenue un témoignage ostentatoire de l'aisance matérielle des familles. Et cela n'est pas tout : outre les frais souvent considérables engagés pour la cérémonie, le futur époux doit fournir l'essentiel du trousseau du jeune ménage : mobilier, électroménager, voiture... et, si possible, de l'argent. Voire un appartement ! Incontestablement, la pratique traditionnelle de la « compensation matrimoniale[104] », quelque peu revisitée dans les villes mais plus formelle dans les campagnes, n'a rien perdu de sa force. En milieu rural, elle équivalait déjà, à la fin des années 1970, au revenu annuel de la famille. Or, dans la plupart des régions, son montant a triplé, voire décuplé depuis, augmentant souvent bien plus vite que le revenu moyen…

Ce faisant, les hommes les plus pauvres – qui sont aussi, en général, les moins éduqués – sont de plus en plus souvent exclus du mariage. Les statistiques sont sans appel : dans les campagnes, chez les hommes de moins de 40 ans qui ne sont jamais allés à l'école ou n'y sont restés que très peu de temps – c'est-à-dire principalement les paysans, dont les conditions d'existence et le niveau de vie ne sont que peu attractifs pour les femmes –, c'est environ un sur quatre qui, à 40 ans, est toujours célibataire, alors que ceux qui ont fréquenté au moins le collège (qui ont en général un emploi jugé plus respectable) sont, à cet âge, presque tous mariés.

Le mariage en Chine serait-il en train de devenir l'apanage des mieux nantis ? Certes, non. Dans tous les milieux sociaux, cette institution reste largement prisée et rares sont les jeunes gens qui, volontairement, s'en détournent. Mais il est fréquent que de jeunes hommes, par la force des choses, soient désormais contraints d'y renoncer – et pas seulement par manque d'argent. Depuis quelques années en effet – et cela ne fera que s'accentuer pendant au moins deux ou trois décennies –, la conjoncture démographique est de moins en moins propice à leur mariage. Pour diverses raisons[105] en effet, les femmes sont, en comparaison des hommes, de moins en moins nombreuses sur le marché matrimonial. Dès lors, dans les régions les plus touchées par ce déséquilibre, la compétition devient rude : les femmes privilégient en général les hommes susceptibles de leur apporter des conditions de vie meilleures. Et les autres n'ont plus que leurs yeux pour pleurer !

Pour tous les enfants chinois, à chaque étape de leur vie, l'argent est plus que jamais le nerf de la guerre. Avec, ils peuvent tout : fréquenter les meilleures écoles, se faire soigner grâce aux techniques médicales les plus performantes, aller à l'université, trouver un logement, se marier la tête haute… Sans ce sésame, par contre, le champ des possibles se réduit considérablement : ils ne peuvent ni aller à l'école, ni se faire soigner, ni trouver un toit, voire espérer fonder un jour une famille. Impitoyable avec ses enfants, la société chinoise des réformes l'est, de toute évidence. La santé, la possibilité de s'instruire, le droit à la parole, le respect de ses droits, le logement, le mariage… tout s'achète, tout se consomme ; rien ne coule de source, rien ne revient de droit.

Après trois décennies d'errements, la Chine se met toutefois en devoir d'offrir à sa population des conditions de vie décentes : une manière pour elle de garder la face au sein de la communauté internationale, et de montrer que sa frénésie de développement ne se cantonne plus à l'économie. La Chine comprend aussi que sa croissance, pour être saine et pérenne, nécessite davantage d'équité. Mais, sur ce plan, tout reste à faire ou presque : en moyenne, la population chinoise est plus riche, mieux nourrie, en meilleure santé et plus instruite qu'elle ne l'a jamais été, mais les inégalités sociales et économiques ont atteint un niveau inégalé par le passé.

Après le grand virage libéral de la fin du XXᵉ siècle, le début de ce nouveau millénaire pourrait bien connaître un autre changement de cap, avec pour nouvelle destination une société plus « harmonieuse », construite sur davantage de justice sociale et moins de pauvreté... Mais, nul n'en doute, la tâche est ardue et la route sera longue.

LIVRE 5

L'enfance marginalisée

En Chine, aujourd'hui, tout est dans la démesure. Alors que des millions d'enfants souffrent d'un excès de tout – trop d'attentions parentales, de pression scolaire, trop de nourriture… –, des millions d'autres manquent, eux, de beaucoup de choses. Dans les campagnes, surtout, tout est plus difficile qu'ailleurs : se nourrir, aller à l'école… et les enfants, bien souvent, y encourent toutes sortes de risques menaçant leur santé, voire leur survie ; des risques auxquels les petits citadins ne sont plus guère exposés. C'est un fait : les enfants qui grandissent dans les villes ont des conditions de vie largement meilleures que les jeunes des campagnes. Restent cependant quelques-uns qui, en milieu urbain, demeurent marginalisés et souvent en situation de grande précarité : les enfants de migrants.

Enfants de migrants : l'exclusion à la chinoise

Quand migration rime avec marginalisation

Entre autres particularités, la Chine a cela d'unique : environ 15 % de la population chinoise est « migrante » – deux cents millions[1] de personnes au bas mot. La plupart sont des migrants illégaux, des « sans-papiers ». Pourtant, tous sont bel et bien chinois. Mais s'ils sont, pour beaucoup d'entre eux, considérés comme « illégaux », c'est parce que leur migration des campagnes vers les villes s'est faite sans autorisation administrative.

Avec les réformes, l'économie chinoise est devenue très gourmande en main-d'œuvre bon marché : le bâtiment, l'industrie manufacturière, les services... Si des secteurs sont aussi prospères, c'est parce qu'ils se nourrissent d'une main-d'œuvre à bas prix, corvéable à souhait. Dès lors, les paysans, dont les revenus restent très faibles, ont commencé à affluer en masse dans les villes en quête d'un emploi, souvent précaire, mais toujours mieux rémunéré que ce qu'ils auraient pu trouver près de chez eux. Or le système d'enregistrement de la population (*hukou*) qui, depuis les années 1950, assigne chaque Chinois à résidence sur son lieu de naissance, n'a pas été aboli pour autant. Créé pour empêcher une urbanisation sauvage, ce système rigide garde intacte la dichotomie du statut résidentiel : d'un côté, les résidents urbains qui bénéficient de plein droit de tous les services offerts par la ville et, de l'autre, ceux originaires des campagnes qui, pour la plupart, même s'ils sont installés là depuis plusieurs années, n'y sont pas des citoyens à part entière : leurs enfants ne sont pas admis dans les écoles, ils sont exclus des systèmes de protection sociale et n'ont, bien souvent, même pas droit à un logement digne de ce nom.

Quelques restrictions levées au bon gré des gouvernements locaux permettent désormais aux migrants privilégiés – les plus aisés et les mieux éduqués – d'obtenir un droit de résidence. Mais hors du cadre des migrations planifiées, il est quasiment impossible pour des travailleurs migrants à faibles revenus – qui constituent l'immense majorité de cette population « flottante » – de s'installer légalement dans une ville[2]. Pour autant, la Chine n'a pas endigué la croissance de ses villes : officiellement, près d'un Chinois sur deux (47 % en 2010) est citadin, contre seulement 19 % trente ans auparavant, au tout début des réformes. Une urbanisation galopante, avec tous les effets pervers que l'on connaît : développement anarchique des zones périurbaines, habitat précaire, ségrégation sociale des plus démunis... Clé de voûte de la croissance économique chinoise, les migrants originaires des campagnes en sont aussi les laissés-pour-compte. Leur main-d'œuvre est précieuse, mais rien n'est fait pour favoriser leur intégration sociale. L'immense majorité d'entre eux sont relégués dans des enclaves en périphérie des villes et, qu'ils aient migré seuls ou en famille, leurs conditions de vie restent éminemment précaires.

En Chine comme ailleurs, un projet migratoire s'inscrit bien souvent dans une stratégie économique destinée à améliorer le sort de la famille : migrer, cela permet d'augmenter ses revenus et donc, en principe, d'offrir des conditions de vie meilleures à ses proches. Mais la réalité chinoise rend l'équation migratoire souvent bien plus complexe, en particulier pour les enfants : qu'ils aient suivi leurs parents ou qu'ils soient restés au village sous la garde d'un proche, ils tirent en général bien peu de bénéfices de l'exode de leurs parents.

Dans les villes chinoises, il y aurait aujourd'hui pas moins de vingt millions d'enfants de migrants[3] – soit plus d'un sur quinze – concentrés pour l'essentiel dans les métropoles de l'est et du sud du pays. La majorité d'entre eux, tout comme leurs parents, y sont en situation illégale, donc précaire. Résidents de fait, souvent depuis plusieurs années – un tiers des enfants de migrants serait né sur place, un autre tiers y vivrait depuis plus de cinq ans –, ils y restent malgré tout des « étrangers » : leurs droits à la santé et à l'éducation y sont rarement reconnus, leur intégration sociale reste limitée et ils sont donc, à tout point de vue, très vulnérables. Confinés dans de véritables ghettos périurbains, où le ratio entre migrants et résidents locaux peut atteindre vingt pour un, ces enfants ne partagent rien avec les petits citadins d'origine : ni les préoccupations quotidiennes, ni les aires de jeux, ni les activités extrascolaires, ni même les écoles. Victimes de stéréotypes associés à leur origine rurale, les enfants de migrants ne sont guère appréciés de leurs congénères : ceux-ci les jugent grossiers, irrespectueux, mal habillés, avec un fort accent rural, et donc peu fréquentables. Objets de moqueries, régulièrement dévalorisés par leurs camarades citadins, les enfants de migrants restent résolument en marge de la société urbaine.

Xiaomei, élève en primaire à Pékin, raconte : « Il y a un garçon dans notre classe qui vient de la campagne. Ses vêtements sont sales et son visage est tout noir, comme s'il ne s'était pas lavé depuis des jours. Il n'aime pas parler et n'a pas d'amis. Il n'a que des mauvaises notes, mais je ne sais même pas si ça lui fait quelque chose[4] ! » Zhao, enfant de migrants de 12 ans, se lamente : « J'avais 8 ans quand je suis arrivé à Hangzhou. Avec mes parents, on s'est installés dans une petite pièce, dans des combles. Même encore aujourd'hui, je me sens inférieur aux autres. En ville, les gens sont très fiers, ils nous regardent de haut, j'ai peur d'avoir des contacts avec eux[5]. » Xiaoxin, 9 ans, explique : « Les enfants d'ici ont beaucoup plus d'argent que nous, les migrants. Ils mangent mieux, ont leur propre appartement, vont dans des écoles qui leur sont réservées. Nous, on mange mal, on vit dans de minuscules logements et on va dans des écoles pour migrants. Les enfants d'ici, à Shanghai, nous snobent, ils ne veulent pas avoir affaire à nous[6]... »

Méprisés par les jeunes citadins qu'ils jugent arrogants et trop gâtés, les enfants de migrants se tiennent à l'écart. Car, de fait, tout les sépare : alors que les premiers, hors du temps passé à l'école, sont submergés par des activités variées et stimulantes – sorties culturelles, leçons de musique, d'informatique, cours de langue, cinéma... –, les seconds sont quant à eux livrés à eux-mêmes et doivent souvent tenir la maison pendant que leurs parents travaillent. D'un côté, donc, de jeunes citadins qui cultivent l'excellence ; de l'autre, des enfants de migrants qui survivent tant bien que mal auprès de parents qui, après d'interminables journées de travail, n'ont que peu de temps à leur consacrer. Quanbao, 14 ans, est arrivé à Hangzhou quand il en avait 10. Il explique : « Je viens de la campagne. Maintenant, je vis en ville mais je n'ai pas une vie de citadin. Ce que je suis ? Moitié citadin, moitié paysan ! Mes parents travaillent beaucoup et n'ont pas le temps de s'occuper de moi. Je me sens très seul. La plupart du temps, ils restent dormir au dortoir de l'usine. Quand ils rentrent, c'est très tard le soir, et ils repartent aux aurores le lendemain. Bien souvent, je ne les vois que deux ou trois fois par mois. Et quand nous sommes ensemble, ils me disputent pour mes mauvais résultats scolaires. Quand je me sens trop seul, je sors dans la rue retrouver des copains, ou alors je vais dans un cybercafé. Les enfants d'ici, eux, ont de la chance. Ils mangent bien, ils portent des vêtements de marque. Mais ils nous regardent de haut. Ils ne veulent pas devenir amis avec nous[7]. »

Pour les jeunes migrants, les frustrations sont nombreuses, et le sentiment d'injustice est profond. Car si leurs parents perçoivent sans difficulté les avantages que leur procure leur nouvelle vie en ville, toujours moins difficile que celle « d'avant », au village, les enfants n'ont comme élément de comparaison que les standards de vie des familles urbaines. Là, le fossé qui sépare leur quotidien de celui des jeunes citadins leur semble alors infranchissable. À juste titre, ils se sentent lésés, exclus, différents, et en souffrent : solitude, sentiments d'infériorité, problèmes scolaires, anxiété, troubles psychosomatiques, dépression... autant de symptômes régulièrement manifestés par les enfants de migrants[8]. La ville exploite le travail de ces exilés socialement indésirables, mais n'a aucune ambition pour leurs enfants. Elle se contente de les marginaliser, les stigmatisant à l'envi, sans leur donner les moyens de devenir des membres de la cité à part entière.

Un nouveau défi sanitaire

Ces fils et filles d'ouvriers originaires des campagnes ayant suivi leurs parents dans leur migration figurent parmi les nombreux laissés-pour-compte de la Chine en transition. Marginalisés et, même parfois maltraités, ces enfants ne sont plus tout à fait des paysans… et sont à la fois loin de faire figure de vrais citadins. Rarement considérés comme tels par les autres enfants de leur âge, ils ne le sont pas non plus par les autorités des villes où ils sont installés. Là, ils restent des « étrangers » et n'ont de ce fait pas les mêmes droits que les citadins natifs.

Ainsi, l'une des discriminations les plus flagrantes dont sont victimes les enfants de migrants est l'accès à la santé. Souvent issus de familles pauvres, exclus *de facto* des systèmes de protection sociale progressivement mis en place dans les grandes villes, la plupart d'entre eux ne peuvent pas se faire soigner. Une femme migrante, qui a amené son fils à l'hôpital de Changsha, raconte : « Mon fils avait de la fièvre depuis plusieurs jours. Alors, je l'ai amené à l'hôpital. J'ai d'abord dû payer 6 yuans de frais d'enregistrement. Puis je suis allée au quatrième étage voir le médecin. Il m'a dit que mon fils avait une angine. Il lui a fait une prise de sang et d'autres analyses… Il lui a prescrit douze jours de traitement oral et quatre piqûres. Cela m'a coûté 287 yuans[9] ! » En théorie, les structures de santé maternelle et infantile sont ouvertes aux migrants ; mais en pratique, ils n'y ont pas accès car les soins y sont beaucoup trop chers. À Pékin, en 2006, seule une femme migrante sur trois avait subi un examen médical au cours de sa grossesse – pratique plus que généralisée chez les Pékinoises de naissance. À Yiwu, au Zhejiang, les travailleurs migrants gagnent entre 500 et 800 yuans par mois… mais un contrôle prénatal de routine ne coûte pas moins de 100 yuans. Idem pour un accouchement, pour lequel il faut débourser entre 600 et 800 yuans dans un dispensaire de quartier, et au moins le double dans un hôpital. Pour un accouchement à risque, la facture peut atteindre 4 000 yuans : un coût définitivement inabordable pour la majorité des migrantes qui, bien souvent, accouchent chez elles ; à Dongguan, en 2004, un tiers des enfants de migrants était né au domicile de leurs parents, une pratique quasiment inexistante chez les résidents locaux[10].

Partout dans le pays, une grossesse s'accompagne de risques toujours plus importants pour les femmes migrantes – parfois au péril de leur vie. À Pékin, entre 1998 et 2002, leur mortalité maternelle était trois fois plus élevée (52 décès de mères pour 100 000 naissances) que chez les Pékinoises de naissance[11]. Dans un district du delta de la rivière des Perles, qui compte pas moins de huit cent cinquante mille résidents permanents et près d'un million de travailleurs migrants, presque 90 % des décès en couches survenus entre 1995 et 2005 étaient le fait de migrantes[12]. Au printemps 2008, la chaîne de télévision nationale CCTV relate le drame d'un nouveau-né prématuré dont l'état de santé se détériore de jour en jour car ses parents n'ont pas d'argent pour le faire soigner. La mère, Xiaomin, n'a que 15 ans. Originaire du Sichuan, elle avait migré pour trouver un travail à Canton puis à Pékin, deux ans auparavant. Quelques semaines plus tôt, elle avait donné naissance à son enfant dans une chambre louée, avec la seule aide de sa mère[13]. Souvent très pauvres, les enfants de migrants sont aussi en plus mauvaise santé que les autres : ils ont un poids de naissance plus faible et sont fréquemment atteints de maladies congénitales. À Wuxi par exemple, sur le millier d'enfants de migrants ayant fait l'objet d'une enquête en 2007, un sur quatre a été classé comme physiquement faible – contre seulement 10 % des autres enfants – aucun d'eux ne bénéficiait d'un quelconque suivi sur le plan médical[14].

Alors, inévitablement, les enfants de migrants sont plus souvent que les autres victimes d'affections fatales. Au Guangdong, la proportion de ceux mourant de maladies infectieuses ou parasitaires était, au milieu des années 2000, quinze fois plus élevée que chez les petits natifs (avec respectivement 31 et 2 décès pour 100 000) ; celle d'enfants mourant des suites de malformations congénitales était plus de cinq fois supérieure. Les conditions d'accouchement, plus souvent précaires pour les femmes migrantes, rendent aussi la survie de leur enfant plus incertaine : sur cent mille enfants de migrants au Guangdong, quatre cent onze meurent d'asphyxie néonatale, six fois plus que chez les natifs (73)[15].

Les autorités chinoises, bien sûr, ne restent pas indifférentes face à ce phénomène d'ampleur : depuis 2006, les enfants de migrants bénéficient officiellement du même protocole vaccinal que les autres[16], et plusieurs provinces organisent pour eux des visites médicales gratuites. Mais ces initiatives rencontrent un succès mitigé : les parents, souvent en situation illégale, se méfient ; ils craignent que la police ne profite de leur passage dans un centre médical pour les arrêter et les renvoyer dans leur village. Autrement, ils amènent leur enfant pour une première injection de vaccin mais ne reviennent pas pour les rappels, ce qui, finalement, ne sert pas à grand-chose.

« Sous le même ciel bleu... »

Il n'y a pas qu'en matière de santé que les enfants de migrants sont discriminés de manière aussi manifeste. Le système scolaire exclut lui aussi des millions d'entre eux, sous le seul prétexte qu'ils sont des « étrangers ».

Dans son livre *Où est mon bureau ?*[17] l'auteur Huang Chuanhui raconte l'histoire de Chen Dan, une enfant de migrants, comme des millions d'autres jeunes Chinois. Originaire du Hebei, elle vit à Pékin – où sa mère travaille dans des toilettes publiques – dans un abri de fortune fait de morceaux de briques et de vieilles couvertures. Ses parents parviennent à gagner autour de 400 yuans par mois... autant dire une vétille pour vivre dans la capitale où le revenu mensuel moyen des ménages est presque dix fois plus élevé. Chaque jour, Chen Dan doit marcher une heure pour rejoindre son école, réservée aux migrants et non reconnue par les autorités locales. Quand elle n'est pas à l'école, la fillette ramasse des bouteilles vides pour les vendre et participer ainsi à ses frais de scolarité. Mais Chen Dan s'estime privilégiée, car de nombreux enfants de migrants n'ont pas du tout accès à l'école : de fait, dans les grandes villes du pays, comme Shenzhen, au début des années 2000, des estimations portaient à moins de la moitié la proportion d'enfants de migrants correctement scolarisés.

L'exclusion scolaire de ces enfants en marge de la société est l'un des défis majeurs du système éducatif chinois. Car, sans permis de résidence – ce qui est le lot du plus grand nombre –, les enfants de migrants, parce qu'ils doivent « louer » un service public d'un gouvernement « étranger » (autrement dit celui de leur localité d'accueil), doivent payer plus cher encore que les natifs pour accéder à l'école publique. En outre, le plus souvent, même si leur famille trouve l'argent pour payer, les portes de l'école publique leur restent définitivement fermées : accepter des enfants de migrants, dont la réputation en ville est mauvaise, revient à prendre le risque de faire fuir les parents de natifs, qui sont aussi les mieux à même de s'acquitter des frais de scolarité élevés. Ainsi, sous couvert d'élitisme, les établissements publics refusent les enfants de migrants, dès lors relégués, dans le meilleur des cas, dans des écoles privées qui deviennent de véritables ghettos[18] : bâtiments souvent vétustes – parfois des usines désaffectées – sans personnel qualifié, avec jusqu'à six ou sept instituteurs différents dans la classe au cours d'une seule année. Dans ces écoles d'un autre genre, les conditions d'enseignement, généralement mauvaises, s'en ressentent sur les résultats scolaires des enfants. Un enseignant explique : « À partir du moment où vous payez, à n'importe quel moment de l'année, l'école inscrit votre enfant. Mais, à leur sortie, les élèves n'ont pas un bon niveau ! Et cela, les parents ne le savent pas ! »

En 2003, le Premier ministre chinois Wen Jiabao visite une école pour migrants à Pékin. Sur le tableau noir, il écrit : « *Tong zai lan tian xia, gongtong chengchang jinbu* » (« Sous le même ciel bleu, grandissons et progressons ensemble[19] »). Son message : mettre fin à la ségrégation sociale des migrants et leur donner, au même titre qu'aux petits citadins natifs, un accès généralisé à l'école. Dès 1998, pourtant, les autorités chinoises avaient légalisé certaines écoles pour migrants et sommé les gouvernements des grandes villes d'ouvrir les leurs aux jeunes migrants installés là depuis plus de six mois, ceux-ci bénéficiant alors du statut d'« élèves temporaires » (*linshi xue ji*[20]). Peu à peu, certaines municipalités ont aboli les frais de scolarité de ces derniers et ont augmenté leurs subventions aux établissements, de sorte qu'ils puissent assurer la scolarisation des enfants de migrants[21]. Mais ces mesures, qui pèsent lourd sur les finances locales, n'ont été que partiellement appliquées. Ainsi, pour Han Jialing, chercheur à l'Académie des sciences sociales, sur les quelque quatre cent mille enfants de migrants qui vivaient à Pékin en 2005, seuls un peu plus de la moitié (214 000) étaient effectivement scolarisés dans des écoles publiques[22].

C'est pourquoi, en 2003, une note du Conseil d'État a mis fin à l'un des principaux obstacles à la scolarisation des migrants : le statut résidentiel. Désormais, la responsabilité de l'éducation des jeunes migrants en âge de scolarité obligatoire n'incombe plus à leur localité d'origine, comme c'était le cas jusqu'alors, mais à leur localité d'accueil, qui n'a donc plus guère d'excuse pour les exclure des écoles. Des progrès ont également été réalisés dans la réglementation des frais de scolarité dans les établissements publics[23] et dans l'allocation de subventions aux écoles privées afin d'améliorer les conditions d'accueil de ces enfants.

Les parias du système scolaire

Aujourd'hui, si les efforts consentis par le gouvernement chinois pour généraliser l'instruction de base sont réels, ils demeurent toutefois très en deçà des besoins. Dans les villes, qui accueillent toujours plus de migrants[24], la situation reste critique : les écoles sont toujours réticentes à inscrire les jeunes d'origine rurale, les nouveaux barèmes de frais de scolarité établis par le gouvernement ne suffisant pas à couvrir les dépenses réelles des établissements. La mairie de Nanjing, par exemple, a fixé un plafond de 480 yuans pour les frais de scolarité des « élèves temporaires », alors que le coût réel pour une année en primaire serait de 1 500 yuans. En définitive, pour les écoles de cette ville, accepter un enfant de migrants entraînerait une perte nette de plus de 1 000 yuans par an. Alors, pour compenser, les établissements facturent d'autres frais pour la cantine, l'achat de fournitures et de manuels scolaires[25], ou encore en exigeant des familles de migrants des « dons » s'élevant, selon les cas, de 1 000 à 10 000 yuans[26]. Ainsi, à Shenzhen par exemple, il en coûtait encore en 2008 trois fois plus aux enfants de migrants qu'aux natifs pour fréquenter l'école publique[27]. La même année, à Canton, deux enfants de migrants sur trois étaient encore scolarisés dans des écoles privées[28].

En outre, les nouvelles réglementations imposées par le gouvernement pèsent lourd sur les conditions d'accueil des enfants. À Zhengzhou, au Henan, l'abolition des frais de scolarité pour les « élèves temporaires » à partir de 2006 a fait monter les effectifs en flèche : dans l'un de ses districts, les classes comptaient en moyenne soixante-douze élèves, dépassant parfois même la centaine[29]. Alors, peu enclines aux sacrifices que leur demande l'État, les écoles publiques tentent par tous les moyens de décourager les enfants de migrants : ainsi, à Pékin, elles exigent des familles concernées plus de certificats et de documents officiels qu'il est possible d'en fournir pour la plupart d'entre elles (contrat de travail, bail locatif, *hukou* de résidence temporaire, certificats de vaccination…), trouvant ainsi d'authentiques prétextes administratifs pour refuser leurs enfants[30]. Zhang, originaire du Hunan, s'est installé au Guangdong au milieu des années 1990. Gagnant correctement sa vie et soucieux de donner une éducation de qualité à son fils, il a décidé de l'inscrire dans une école publique. Mais lors d'un rendez-vous avec le directeur de l'école primaire de son quartier, Zhang s'est entendu dire : « Il y a peu d'enfants de migrants dans notre école, et les frais d'inscription sont élevés… Mais si vous tenez vraiment à inscrire votre fils, il faut que vous nous fournissiez un titre de propriété ou un contrat de location certifié par la mairie. Il nous faut aussi un certificat attestant que votre fils peut être scolarisé temporairement ici… » Voyant l'air inquiet de Zhang, qui estimait bien compliqué de se procurer ces documents, le directeur n'a rien trouvé d'autre que de lui suggérer de renvoyer son fils dans son village. Zhang ne s'est pas découragé pour autant, et s'est rendu dans une autre école, près de son lieu de travail. Là, sur la porte d'entrée, une affiche expliquait : « Pour toute inscription, merci de fournir les documents suivants : certificat d'élève temporaire, carte d'identité, livret de résidence et permis de travail des parents. Les élèves locaux doivent payer 350 yuans d'avance, et les enfants de migrants 470 yuans. La décision finale d'inscrire ou non l'enfant sera fondée sur son mérite[31]. »

Au milieu des années 2000, le gouvernement se vantait d'avoir réussi, par le biais de ses réformes, à scolariser plus de 70 % des enfants de migrants dans des écoles publiques[32]. À Pékin et Shanghai, ce taux aurait atteint les 90 % en 2006[33]. Au Henan, où le gouvernement a investi 18 millions de yuans pour moderniser une partie de ses établissements scolaires, 80 % des enfants de migrants auraient pu, en 2008, être scolarisés dans des écoles publiques[34]. Si le ciel s'éclaircit un peu pour les enfants de migrants, ils restent malgré tout bien loin de la scolarisation universelle.

ORPHELINS, MENDIANTS, « NOIRS »...
DES ENFANCES, UNE DÉTRESSE

Lorsqu'ils migrent avec leurs parents, les enfants sont souvent dans une situation compliquée. Déracinés dans leur propre pays, ils sont à cheval entre deux mondes – la ville et la campagne que tout sépare, ou presque –, mais sans appartenir vraiment ni à l'un ni à l'autre. Bien souvent, leur intégration sociale est difficile et leur scolarité compromise, sans qu'ils puissent en contrepartie bénéficier d'une vie de famille satisfaisante. Mais la situation des enfants restés au village alors que l'un de leurs parents, voire les deux, sont partis en migration – ce qui est le cas en grande majorité – est rarement meilleure.

« Restés en garnison alors que le gros de l'armée est parti pour le combat »

Dans les grandes villes, la vie est aujourd'hui si chère que les migrants, même s'ils y gagnent un salaire bien plus élevé que celui qu'ils touchaient au village, peinent à faire face aux dépenses quotidiennes. C'est pourquoi seule une fraction de la population migrante s'y exile avec ses enfants[35]. Le plus souvent, ceux-ci restent au village, confiés à la garde d'un proche ou d'un membre de la famille.

Les *nongcun liushou*[36] *haizi* – expression qui désigne ces enfants dont les parents ont migré[37] – sont devenus à plus d'un titre un véritable problème de société en Chine. D'abord, par la masse qu'ils représentent : entre vingt millions et soixante-dix millions, selon les estimations, c'est-à-dire pas moins de 5 à 15 % de la population enfantine totale[38]. Ensuite, parce qu'ils sont pour la plupart dans une situation sociale et familiale tout aussi précaire que celle des enfants qui, eux, ont suivi leurs parents. Enfin, parce qu'ils sont un autre revers inattendu – et surtout peu glorieux – du miracle économique : les petits *liushou* sont, eux-aussi, les laissés-pour-compte de la modernisation. Souvent livrés à eux-mêmes, ou dans le meilleur des cas pris en charge par des grands-parents qui font leur possible pour satisfaire leurs besoins essentiels[39], ces enfants entretiennent des relations ténues avec leurs parents. Bien souvent, ils ne les voient que deux ou trois fois par an et, le reste du temps, n'ont avec eux que de rares et brefs contacts téléphoniques. Une enquête menée en 2004 a montré que le tiers des enfants *liushou* avaient leurs parents au téléphone moins d'une fois par mois et que, dans deux cas sur trois, la conversation durait... moins de cinq minutes[40]. D'après la Fédération des femmes, six femmes migrantes sur dix auraient laissé un ou plusieurs enfants dans leur village : l'immense majorité d'entre elles (87 %) ne les voient qu'une ou deux fois l'an, les autres (13 %) qu'une seule fois, voire tous les deux ans[41]. Autant dire que ces enfants sont, dans la majorité des cas, quasiment coupés de leurs parents, et donc en situation de grande fragilité affective.

Le film *Les Moissons pourpres*[42], sorti en 2007 sur les écrans chinois, rend un vibrant hommage aux millions de travailleurs migrants et à leurs enfants, sur fond d'exode rural et d'espoirs déçus. Dans le nord-ouest de la Chine, c'est l'époque de la moisson. Après cinq ans d'absence, un homme rentre au village, les bras chargés de cadeaux. Toutes ces années, il n'avait donné aucune nouvelle et n'était même pas revenu à la mort de sa femme. Il tentera tant bien que mal de rétablir un semblant de relation avec son fils qui, à son tour, finira par quitter le village. Au fil des mois, au fil des années, inévitablement, les liens avec les parents s'étiolent. Liang Xin, 11 ans, et son petit frère, Liang Bo, 10 ans, vivent dans un village du Henan. Leurs parents travaillant à plusieurs centaines de kilomètres de là, au Guangdong, ils ont été laissés à la garde de leur grand-mère âgée de 72 ans, qui fait de son mieux pour s'occuper d'eux. « Papa et maman sont partis depuis si longtemps, depuis plus d'un an, ils me manquent tellement ! », pleure Liang Xin[43]. Si Xue, 11 ans, vit à Fuqiao, au Sichuan. Elle ne voit que très rarement ses parents depuis qu'ils sont partis travailler dans le sud du pays. Chaque mois, ils envoient 500 yuans pour permettre à ses grands-parents de l'élever ; c'est beaucoup d'argent pour un enfant de la campagne, mais Si Xue pleure chaque jour leur absence.

Dans certaines régions où l'émigration est désormais, pour les parents, le seul moyen de gagner assez d'argent pour subvenir aux besoins de leur famille, le phénomène des enfants *liushou* devient massif. À Houpo, un bourg du Henan, l'essentiel de l'économie repose sur l'argent des *dagong*, ces travailleurs qui ont migré en ville. Houpo compte officiellement 80 000 habitants, mais 15 000 d'entre eux sont des *dagong* ayant laissé derrière eux... près de 5 000 *liushou*, soit plus de 40 % des enfants qui y sont domiciliés. À Siwan, non loin de là, la moitié des 5 200 élèves de primaire et de collège sont aussi des *liushou*. Ji Shuan, un enseignant, confirme : « En tout, dans la classe dans laquelle j'enseigne, j'ai 45 élèves ; 28 ne vivent plus avec leurs parents, qui ont émigré depuis longtemps[44]. » Au Henan, au Jiangsu, au Guangdong, au Hubei, au Shandong, au Sichuan... dans toute la Chine, les enfants *liushou* sont toujours plus nombreux.

Mais auprès de grands-parents ou de proches parfois peu concernés par leur bien-être, leur vie n'est guère facile. Tan Meihua, enseignante dans un collège de Lunan, au Shandong, a demandé à ses élèves de composer une rédaction sur le thème « Une lettre à mon père et ma mère ». Mais, en corrigeant les copies, elle s'est rendu compte à quel point le sujet était sensible : sur les 43 élèves de sa classe, 23 ne vivaient plus avec leurs parents, partis en ville pour travailler. « Dans leur rédaction, la plupart ont exprimé leur chagrin, leur solitude, leurs difficultés quotidiennes, le sentiment d'abandon, le manque d'amour », confie-t-elle. Yang Saike a 7 ans. Ses deux parents sont partis en migration, et il ne les voit qu'une fois par an, au moment de la fête du Printemps. « Mes grands-parents n'ont pas d'argent, jamais ils n'achètent de bonnes choses à manger. En plus, ils me battent souvent ! Je n'ai envie que d'une chose : qu'ils m'achètent de nouvelles chaussures et qu'il arrêtent de me frapper. » Grand-mère Liu, elle, a plus de 70 ans. Son fils et sa belle-fille sont partis travailler en ville depuis bien longtemps ; alors, avec son mari, elle s'occupe de ses trois petits-enfants. « Je suis fatiguée, c'est trop dur pour moi de m'occuper d'eux ! Chaque matin, je dois me lever à 5 h 30 pour avoir le temps d'allumer le poêle avant de préparer leur petit déjeuner. Et en hiver, quand l'eau gèle dans les tuyauteries, je dois aller en chercher au puits. J'ai prévenu mon fils : quand je serai trop fatiguée pour m'occuper des enfants, il faudra qu'il revienne... »

Privés de l'affection de leurs parents et sans réel cadre éducatif, les enfants *liushou* peinent à trouver leurs repères. Ils manquent souvent l'école, ne sont pas aidés dans leurs devoirs, ont la santé fragile et souvent une alimentation couvrant à peine leurs besoins. L'exemple des sœurs Lin en dit long. Lin Wenrong, 10 ans, vit seule avec ses deux sœurs, âgées de 8 et 12 ans, dans un village isolé du Guangdong, depuis que leurs parents sont partis s'installer à Shenzhen. Quelques années plus tôt, elle a été défigurée lors d'un incendie de sa maison, alors qu'à tout juste six ans elle faisait la cuisine pour elle et ses sœurs. Depuis, dans le village, on l'appelle « le fantôme[45] ». D'autres ont un destin plus tragique encore. En novembre 2001, dans un collège du bourg de Xishui, au Hubei, une jeune fille de 13 ans se pend dans un dortoir. Depuis plusieurs années, sa mère et sa sœur aînée étant parties en migration, elle vivait seule avec son père. Introvertie et asociale, elle a fini par mettre fin à ses jours. En juin 2004, dans le district de Huangmei, toujours au Hubei, une fillette, dont les parents étaient partis travailler dans une autre province, est retrouvée morte, étranglée par sa grand-mère au tempérament violent[46]. Début 2008, Meili, 13 ans, est violée par un inconnu. C'est une enfant *liushou* qui, avec son frère et sa sœur, avait été laissée dans son village du Guangdong, sous la garde d'un oncle, après le départ de leur père en migration[47].

Si le gouvernement chinois appelle à toujours plus de vigilance dans la protection de cette population enfantine particulièrement vulnérable, les moyens de contrôle sont limités[48].

Ça et là, toutefois, des efforts sont faits pour leur offrir un environnement un peu plus stable et faire en sorte qu'ils puissent avoir une vie aussi normale que possible, en dépit de l'absence de leurs parents. Dans le district de Qingshen, au Sichuan, où 40 % des enfants de moins de 16 ans sont des *liushou*, les autorités tentent de faire face au problème. « Au début de chaque trimestre, on demande aux enseignants de faire le point sur la situation familiale des élèves, et si on repère des *liushou*, on leur accorde une attention toute particulière », explique Cai Gang, le chef du district[49]. Dans des écoles de Boluo, au Guangdong, un recensement a même été mis en place, en lien avec les comités de village, pour améliorer la prise en charge des *liushou* : des visites sont régulièrement rendues aux grands-parents pour les informer du comportement des enfants à l'école et, si besoin, leur prodiguer des conseils[50].

La Chine se modernise, certes. Mais le prix à payer par ses enfants est considérable et, finalement, seule une part d'entre eux, les jeunes citadins issus des classes sociales moyennes et hautes, tire son épingle du jeu. Dans le sillage des réformes, les autres, issus de familles pauvres ou dont les parents sont partis en migration en particulier, se retrouvent dans des situations familiales et sociales d'une grande précarité. Mais les plus vulnérables d'entre tous, ce sont de toute évidence les enfants des rues, livrés à eux-mêmes dans une indifférence quasi générale.

Enfants des rues

Quand on pense « enfants des rues », des images des favelas brésiliennes, des ghettos de Manille, Dhaka ou Jakarta viennent aussitôt à l'esprit. Mais l'imaginaire occidental est moins enclin à concevoir qu'en Chine aussi, pays qui se prétend pourtant encore d'obédience socialiste, des centaines de milliers d'enfants vivent dans la rue. Laissés-pour-compte parmi les laissés-pour-compte, ils sont le symptôme le plus flagrant de politiques qui, depuis trente ans, ne recherchent que la performance, sans se soucier des conséquences.

Combien d'enfants vivent aujourd'hui dans les rues des grandes villes chinoises ? Impossible de le dire avec précision. De source officielle, il y aurait un million[51] d'enfants « de moins de 18 ans, ayant quitté leur famille ou la personne qui en a la garde depuis plus de vingt-quatre heures et errant dans la rue sans aucune protection fiable[52] ». D'autres sources avancent, elles, le chiffre d'un million et demi en 2008[53]... Mais, selon l'Unicef, déjà à la fin des années 1990 il y avait pas moins de trois cent mille enfants dans les seules rues de Shanghai et de Pékin et donc, au bas mot, plusieurs millions à l'échelle du pays entier. Échappés de chez eux pour fuir des parents violents, chassés – ou parfois même vendus – pour réduire le nombre de bouches à nourrir, orphelins sans famille pour s'occuper d'eux, les enfants des rues sont en situation de profonde rupture familiale ; dès lors, la plupart tombent entre les griffes de réseaux mafieux qui les exploitent. Mais ce n'est pas le cas de tous : des centaines de milliers d'autres sont toujours avec leur famille, ce sont alors les parents qui en usent et en abusent, les laissant des journées ou des nuits entières traîner dans la rue à cirer des chaussures, vendre des fleurs, laver des voitures, faire les chiffonniers ou mendier... Une source de revenus non négligeable pour le foyer.

La mendicité, une affaire de famille

Yuexi, au Guangdong, est devenu un « village d'enfants mendiants ». Zhang Yanfen, journaliste, raconte : « Il est 21 heures. Un taxi s'arrête en face du grand hôtel Tianyu. Une femme d'une trentaine d'années s'approche pour aider le client à ouvrir la portière. Elle porte un enfant sur le dos. Elle réclame de l'argent en jetant des coups d'œil à la dérobée. Quelques mètres derrière elle, sur le trottoir, une fillette d'environ 6 ans se prosterne en frappant la terre de son front ; devant elle, un gobelet en carton avec, à l'intérieur, quelques pièces de monnaie. 21 h 45 : la petite fille se lève, s'approche de la femme et vide son gobelet dans sa poche. Deux étrangers passent par là : *"Hello ! Money !"* répète-t-elle inlassablement. L'un des deux s'approche. Il dépose 30 yuans dans le gobelet. 22 h 35 : une autre femme arrive. Elle a dans les 35 ans, elle aussi porte un enfant. Elle s'assoit sur une borne et commence à allaiter son bébé. L'une des deux femmes s'appelle Li Jing, la petite fille agenouillée, Liu Mei. L'autre femme se prénomme Shi Qing, sa fille Liu Su. 23 h 10 : Li Jing et Shi Qing prennent chacune leur bébé et se dirigent lentement vers la rue piétonne. Les deux fillettes les suivent de loin, tout en continuant à mendier auprès des passants. Li Jing et sa famille vivent au quatrième étage d'un immeuble dans le village de Yuexi. Le logement fait à peine plus de cinq mètres carrés. La moitié de la pièce est occupée par un lit. Devant, il y a un peu de vaisselle et des casseroles. Au-dessus sont accrochés des vêtements d'enfants ; en dessous se trouvent une boîte à chaussures et un matelas. À 1 h 45, lorsque Li Jing est rentrée avec sa fille de 6 ans et son fils de 8 mois, son mari, Liu Chun, avait préparé le repas et les attendait, avec leur autre fils, âgé de 3 ans. »

Liu Chun n'a que 29 ans, mais il fait beaucoup plus vieux que son âge. Avec sa femme et leurs trois enfants, ils ont quitté le Hunan pour s'installer au Guangdong pour mendier, parce qu'ils étaient trop pauvres. Beaucoup de gens de leur village ont fait comme eux. Liu Chun explique : « Chaque jour, je quitte la maison à 8 heures, j'emmène mon fils aîné qui cire les chaussures dans la rue.

Li Jing reste avec les deux autres qui dorment encore. Ils se lèvent vers midi, prennent leur repas et sortent vers 16 heures pour "travailler" et ne rentrent en général que tard dans la nuit. Hier par exemple, ils sont rentrés à 2 heures du matin. C'est tard le soir qu'ils récoltent le plus d'argent. Le loyer nous coûte 150 yuans par mois. Avec l'argent gagné en revendant les bouteilles en plastique que l'on ramasse, on arrive en général à se nourrir. » Liu Chun ajoute : « Quand les enfants devront aller à l'école, on les renverra dans notre village. Pour l'instant, la vie à Canton est très dure, mais on vit quand même un peu mieux que lorsqu'on était chez nous... Chaque jour, je ne gagne environ que 5 yuans. Mais Li Jing arrive à en gagner autour de 20 avec les enfants. »

L'immeuble dans lequel vivent Liu Chun et sa famille est entièrement occupé par des migrants. Zhou Yi, une voisine, explique : « Je ne suis arrivée ici que l'été dernier. Les locataires du troisième étage sont arrivés il y a environ trois mois, ceux du deuxième étage il y a un peu plus d'un an. Ils sont tous là pour vivre de la mendicité. Dans la famille qui habite l'appartement d'à côté, il y a trois enfants. Un seul va à l'école, les deux autres passent leurs journées à mendier. » Liu Ping, 12 ans, est le grand frère de Liu Su. Originaire du Guizhou, il vit au Guangdong avec sa famille depuis deux ans et habite le même immeuble que Li Jing et sa famille. Liu Ping est scolarisé en troisième année de primaire – il a donc trois ans de retard. Pendant qu'il est à l'école, sa sœur, Liu Su, et leur petit frère mendient. Le soir, le week-end et pendant les vacances, il mendie lui aussi. « En une seule après-midi, avec mon frère qui a 2 ans, j'ai réussi à récolter 11 yuans ! »

raconte-t-il. « Ma sœur n'a que 6 ans, mais, en général, elle ramène beaucoup plus[54] ! »

Des cibles de choix pour les réseaux organisés

En 2003, un journaliste de Nanning a enquêté auprès d'enfants mendiants : « L'autre jour, j'ai pris la passerelle pour traverser la rue Chaoyang. Là, en plein soleil, je suis tombé sur une fillette de 5 ou 6 ans, les cheveux en bataille, vêtue de haillons, en train de mendier. Ses mains étaient très sales… Elle tenait un bol en plastique dans lequel les passants jetaient quelques pièces ou des billets. Non loin d'elle, il y avait trois autres petits mendiants. À un moment, elle s'est approchée d'eux et a commencé à se vanter de sa récolte : une pomme, une bouteille d'eau… Mais, tout à coup, elle a tourné la tête brusquement et s'est précipitée pour reprendre sa place… J'ai alors aperçu deux hommes, postés à proximité. D'un signe de tête menaçant, ils avaient enjoint la fillette de se remettre à mendier sans délai. Puis ils se sont approchés d'elle et ont vidé son bol en plastique, n'y laissant que quelques pièces… Ces enfants ne sont rien d'autre que des marionnettes qui doivent obéir au doigt et à l'œil ! Ils mendient souvent plus de douze heures par jour, ne peuvent ni se laver, ni avoir de vêtements de rechange et de domicile fixe ! Chaque jour, un enfant qui mendie gagne plusieurs dizaines, parfois une centaine de yuans, mais il n'empoche pas cet argent. En discutant avec eux, j'ai compris que leur famille ne les aidait pas du tout. La plupart ont même été envoyés là par leurs propres parents… Car, en un seul mois, un enfant qui fait la manche peut gagner l'équivalent de six mois de revenus d'une famille de paysans[55] ! »

Li Jihai et sa femme vivent dans un quartier pauvre de Pékin. Ils gagnent leur vie en exploitant des enfants. L'un d'entre eux est un bébé, il ne bouge pas. « Il est malade », affirme-t-il. « On l'a trouvé au bord de la route. » Un autre est un adolescent. Li explique qu'il l'a acheté pour quelques centaines de yuans. Chaque jour, il l'envoie mendier. Li attrape les jambes de l'enfant et les secoue pour montrer qu'il est paralysé de toute la partie inférieure de son corps. « Je sais que c'est illégal, avoue Li, mais la mendicité a une longue histoire en Chine. Moi, je n'ai rien à cacher, et il faut bien que je gagne ma vie ! » Au cœur des trafics d'enfants : les *laoban*, ces « patrons » qui passent dans les villages où, contre quelques centaines de yuans, ils convainquent des parents acculés par la pauvreté de leur confier leur progéniture. Le *Wenzhou dushibao*, quotidien du Zhejiang, dénonce : dans la seule ville de Wenzhou, il y aurait au moins trois *laoban* exploitant des enfants. « Maintenant, les *laoban* ont trouvé une astuce pour que les enfants ramènent plus d'argent : ils les font mendier nus ! » poursuit Zhang, un témoin. « Ainsi, les passants ont davantage pitié d'eux. Souvent, des gens leur donnent des vêtements. Mais si les petits mendiants ont le malheur de se rhabiller avec, le soir ils sont battus par leur *laoban*. En plus, [ils les] forcent à couper les ponts avec leur famille et les empêchent de donner des nouvelles. Une fois, j'en ai vu un *laoban* battre un petit mendiant avec un morceau de bois épais comme mon bras. Une autre fois, j'en ai un vu un carrément fouetter un enfant ! » Zhang raconte aussi que, deux ans plus tôt, il est retourné dans son village natal, dans le district de Ouhai. Là, un certain Huang venait de se faire construire une maison et d'acheter une voiture, avec de l'argent gagné en exploitant des enfants. « Là bas, les gens l'appellent "Huang le millionnaire". Comme il est très occupé par ses "affaires", il a même embauché des gens pour l'aider. J'ai entendu dire que chaque mois il gagnait plusieurs milliers de yuans... Mais c'est de l'argent sale[56] ! »

À Baoji, carrefour ferroviaire à trois heures de route de Xi'an, au Shaanxi, un centre d'accueil pour enfants des rues a été créé en 2001. Là, on cherche surtout à leur donner les moyens de se débrouiller seuls. « Dans de nombreux cas, renvoyer les enfants dans leur famille ne servirait à rien, explique l'une des éducatrices, Lu Xiaohua. La plupart d'entre eux viennent de foyers très pauvres, qui ne veulent plus entendre parler d'eux. » C'est ce qui est arrivé à Mingming, 14 ans. Fils illégitime d'un homme marié et d'une jeune fille de 16 ans, il a été vendu à la famille Wang dans un autre canton en 1992. En 2002, les Wang en ont eu assez de s'occuper de lui et ont décidé de le renvoyer chez son père biologique. Mais le jeune garçon s'est enfui quelques jours plus tard après s'être disputé avec lui. Mingming a alors vécu quelque temps dans la rue avant d'être accueilli au centre. Humilié depuis sa plus tendre enfance, ce dernier souffre aujourd'hui de multiples névroses. « Rejeté par deux familles, que pouvait-il devenir ? s'indigne Lu. Même si Mingming n'avait pas été rejeté par son père biologique, et si celui-ci s'était débrouillé pour lui procurer un *hukou*, aurait-il été capable de rester dans cette famille qui ne l'aime pas ? »

« J'ai erré dans les rues pendant deux ans, explique Feifei, 15 ans originaire du Xinjiang, je ne me sentais pas en sécurité et je ne rêvais que d'une chose : retrouver ma famille. » Il a parcouru la moitié du pays depuis qu'il a perdu contact avec son père à Urumqi. Pour Juanjuan, 12 ans, le centre est plus qu'un lieu de passage : « Ici, j'ai appris à ne compter que sur moi-même », dit-elle dans un sourire[57]. Aujourd'hui, quelque cent cinquante centres d'accueil pour enfants des rues existent dans le pays... un pansement sur une jambe de bois, pourrait-on dire, mais un premier pas vers une prise en charge plus systématique de ces enfants.

« Moi, je n'ai rien ! »

« Quand je suis arrivée ici la première fois, ils m'ont battue tellement fort que j'ai failli mourir. Ils m'ont battue, et battue encore », explique Ping, handicapée. Trois ans auparavant, un homme qu'elle appelle « oncle » est venu dans son village. Il a parlé d'argent avec son beau-père et lui a remis 1 700 yuans en guise d'acompte : une transaction commerciale rondement menée... Depuis ce jour, du lever au coucher du soleil, Ping vit recroquevillée sur un bout de trottoir près de la place Tian'anmen, au milieu de la foule de touristes et de marchands ambulants. Le dos voûté, les jambes repliées sous elle, elle ne peut pas marcher et se déplace sur une petite planche à roulettes. La plupart des gens ne la voient même plus, les autres déposent quelques pièces dans la petite boîte métallique qu'elle tend aux passants. Les bons jours, Ping parvient à récolter jusqu'à 300 yuans, qu'elle remet chaque soir à l'« oncle ». « L'homme qui m'a amenée ici a beaucoup de pouvoir. Au village, tout le monde a peur de lui. Tout ce qu'il veut, il le fait. Il peut même vous couper un bras ou une jambe. Ses hommes de main se trouvent dans toute la Chine. Il m'a dit que si je m'enfuis, où que j'aille il me retrouvera ! » Le beau-père de Ping, lui, ne regrette qu'une chose : ne pas l'avoir vendue plus cher. « Elle était un fardeau pour nous. De toute façon, elle voulait partir. Beaucoup de parents d'un enfant handicapé s'en débarrassent comme cela ! »

Et cette histoire sordide n'a rien de rarissime. Zhouzhou, atteinte d'une scoliose aiguë, marche avec difficulté. Vendue à des trafiquants de Pékin, elle se lamente : « Le premier jour, en mendiant, j'ai juste réussi à gagner 20 yuans. Alors ils m'ont battue. » Zhouzhou est issue d'une famille de six enfants, dont cinq filles. Elle voulait gagner de l'argent pour aider ses parents. Deux ans auparavant, elle avait été attirée à Pékin par la promesse d'un emploi dans une usine de jouets, qui aurait dû lui permettre de leur envoyer chaque mois quelque 200 yuans. Mais, arrivée dans la capitale, on lui apprit que l'usine en question avait fait faillite, on la força alors à mendier. « Eux, ils jouent au mahjong toute la journée. Mais quand ils perdent de l'argent, ils sont très en colère. Ces jours-là, ils ne me donnent rien à manger. En plus, ils me donnent des coups de pied et me fouettent avec une ceinture. Ils ont de beaux vêtements et de belles voitures. Moi, je n'ai rien ! »

Naître hors quota, ou comment devenir un enfant « noir »

Pauvreté, rupture familiale, échecs scolaires répétés : tels sont les déterminants habituels qui, partout dans le monde, poussent les enfants dans la rue. Mais en Chine, un autre facteur joue : la politique de contrôle des naissances. Dans son ouvrage *Enfants des rues en Chine*[58], Daniel Stoecklin explique : « Mon hypothèse était que les enfants nés en dehors des quotas autorisés par la politique d'un enfant par couple, et pour lesquels les parents sont amendables, peuvent connaître la rue comme destin. [...] Cela s'est vérifié en partie : les couches les plus pauvres qui ne peuvent payer l'amende ont tendance à fuir les agents du planning familial. J'ai trouvé plusieurs de ces enfants en train de mendier près de la gare de Shanghai. La Chine présente donc un cas où, en plus des déterminants économiques classiques, ce facteur constitue un élément fort de la marginalisation de nombreux enfants. »

Les enfants « noirs », dont la naissance n'a pas été enregistrée à l'état civil, sont en effet une autre particularité chinoise. Nés au-delà des quotas de naissances autorisées – souvent de parents migrants qui ont échappé au contrôle des cadres du planning familial – ou de relations amoureuses hors du cadre traditionnel du mariage, la société ne leur concède aucune existence légale. Sans état civil donc sans papiers, ils sont *de facto* marginalisés : entrer à l'école, se faire soigner, trouver un travail déclaré, un logement, se marier... sont autant d'obstacles souvent infranchissables quand on n'a pas de *hukou*.

Ji Na, 25 ans, habite Harbin, dans le nord-est de la Chine. Seconde enfant de ses parents, elle est née hors des quotas de naissances autorisées et n'a donc jamais été déclarée à l'état civil. Sans *hukou* ni carte d'identité, tout pour elle est problématique. À un journaliste, elle raconte : « Je suis née le 13 octobre 1983 à Harbin. À l'âge de 3 ans, j'ai été renversée par une voiture. Je m'en suis sortie avec de multiples fractures aux jambes, mais ma famille était trop pauvre pour me faire soigner correctement. Mon père est mort quand j'avais 13 ans, avec ma mère, nous avons déménagé. C'est alors que ma mère a perdu ses papiers, dont son *hukou*. Elle me disait tout le temps que si je n'allais pas à l'école, c'est parce que ma santé était mauvaise, mais, en réalité, c'est parce qu'on n'avait pas de papiers... Je passais mes journées à ne rien faire. Ç'a été comme cela toute mon enfance... Plus tard, quand j'ai commencé à chercher un travail, aucun employeur n'a voulu de moi car je n'avais pas de carte d'identité. Alors, en 2005, j'ai décidé de partir seule à Qingdao. Là, j'ai trouvé un travail au noir dans un cybercafé. Mais j'ai été obligée de partir à cause d'un contrôle du Bureau de la sécurité publique. Plus tard, j'ai rencontré un garçon... on est tombés amoureux. Le mariage était prévu pour le mois d'août, mais comme je n'ai ni *hukou* ni carte d'identité, cela s'est avéré finalement impossible... » En entendant ces propos, Gao Xiuyun, sa mère, éclate en sanglots : « C'est moi qui suis l'unique responsable de tout cela... Comme je ne pouvais pas payer l'amende pour sa naissance, je n'ai pas osé aller la déclarer. Après, j'ai perdu mes papiers... » Pour Ji Na et sa mère, la situation est inextricable. Elles se sont rendues à plusieurs reprises au Bureau de la sécurité publique pour expliquer leur cas mais, comme elles n'ont aucun document prouvant leur identité, personne n'accepte leur demande de régularisation[59].

Plus terrible encore, l'histoire de Lingling, brillante lycéenne originaire du Jiangsu. En janvier 2008, elle se suicide. La cause de son acte : sans *hukou*, elle n'a pu s'inscrire au *gaokao*, l'examen national d'entrée à l'université. Émigrée depuis peu à Pékin avec son père, Lingling avait jusque-là réussi à suivre une scolarité normale. Mais parce que ses parents, séparés depuis longtemps, n'avaient jamais été mariés, le permis de résidence à Pékin lui a été refusé. Pour toute justification à ce refus, son père s'était vu rétorquer par le Bureau de la sécurité publique que sa fille ne pouvait obtenir ce permis qu'à la condition qu'il retrouve sa mère, se marie avec elle, puis divorce[60] !

Par essence, les enfants « noirs » ne peuvent faire l'objet d'aucune statistique officielle. Personne ne sait donc combien ils sont, et il est difficile de savoir au fil des ans ce qu'ils deviennent. Certains finissent par être régularisés, et donc obtenir des papiers en bonne et due forme. C'est le cas notamment de ceux qui, dans les années 1990, ont bénéficié dans certaines régions d'une amnistie des autorités locales. Idem pour Huangming qui, dans un village du canton de Lifang, au Fujian, s'est vu délivrer un *hukou*... au bout de quinze ans[61] ! Pour les autres, il faut attendre la majorité, car à 18 ans, en principe, un *hukou* est délivré automatiquement aux enfants capables de justifier de leur origine. Mais, jusque-là, la route est longue... Li Xue, elle, vient d'avoir 15 ans et n'a toujours pas de papiers. À sa naissance, non autorisée, ses parents auraient dû payer une amende de 5 000 yuans. Trop pauvres pour s'acquitter d'une telle somme, ils n'ont donc jamais pu déclarer leur fille à l'état civil. Jusqu'à maintenant, Li Xue n'a encore jamais mis les pieds à l'école[62].

Mou Yuanlun, Henanais de 51 ans, vit seul avec ses quatre enfants, mais seul l'aîné, Mou Wenkui, qui vient d'avoir 18 ans, a désormais un *hukou*. Aucun d'entre eux ne va à l'école, et ils passent leurs journées à traîner à la maison ou dans la rue. S'ils n'ont pas de *hukou*, c'est parce que leurs parents n'ont jamais été officiellement mariés. Aujourd'hui, Mou Yuanlun n'a plus de travail, et Xie Damei, la mère des enfants, l'a quitté. Depuis qu'il a reçu son *hukou*, Wenkui a été embauché par une usine de Dadukou. Le deuxième fils de Mou, qui n'a que 17 ans, a cherché du travail dans tous les restaurants du quartier. Mais à chaque fois la réponse a été la même : pas de *hukou*, pas de carte d'identité, donc pas d'embauche. Le troisième de la fratrie a 12 ans et rêve de devenir journaliste. Mais, comme il ne va pas à l'école, c'est son père qui, chaque soir, lui enseigne le chinois et les mathématiques. La dernière, 8 ans tout juste, n'a pas idée de ce qu'elle veut faire plus tard mais veut juste essayer d'avoir une situation stable. Pour pouvoir régulariser ses enfants, Mou doit non seulement payer une amende, mais de surcroît prouver qu'il est bien leur père. Pour cela, comme les enfants sont nés à la maison, seul un test de paternité peut faire foi. Or, chaque test coûte dans les 3 000 yuans, somme bien évidemment inabordable pour cette famille[63]…

Le travail des enfants

Fils et filles de migrants laissés au village ou exclus dans la ville, jeunes mendiants victimes de la pauvreté de leurs parents ou exploités par des réseaux mafieux, enfants sans papiers… la marginalisation des enfants chinois revêt de multiples facettes. Un dénominateur commun à toute cette détresse, toutefois : une grande pauvreté, qui transforme leur réalité quotidienne en une quête de tous les instants pour leur survie. Mais pire encore est peut-être leur exclusion de l'école. Car, en Chine comme ailleurs, sans un minimum d'instruction, guère de salut : si l'école est bien sûr un haut lieu de la socialisation des enfants, l'instruction reste la seule défense contre l'exploitation. Quand on sait à peine lire et écrire et que sa principale préoccupation consiste, chaque jour, à trouver de quoi se nourrir, on devient en effet éminemment vulnérable.

Quand mauvaise foi fait loi

Les enfants au travail sont incontestablement des proies faciles : labeurs harassants et à hauts risques pour leur santé, salaires misérables, patrons intraitables... En Chine, le travail des enfants n'est plus un secret pour personne, surtout après les drames largement médiatisés dans le pays ces dernières années : explosions dans des usines de fabrication de pétards comme celle de Fanglin, au Jiangxi, en 2001, ou celle de Xiushan, à Chongqing, en 2007, qui ont côuté la vie à des dizaines d'enfants ; libération par la police de centaines de petits esclaves exploités dans des briqueteries du Henan, du Sichuan ou du Shaanxi ; intoxication au monoxyde de carbone de quatre jeunes filles dans les dortoirs d'une usine de textile en 2004 au Hebei (toutes avaient moins de 16 ans)... Mais alors que la Chine a entamé, en 2007, un vaste plan d'inspection du travail dans les secteurs de l'industrie les plus friands en main-d'œuvre enfantine (mines, briqueteries, industrie légère comme le jouet ou l'électronique...), aucune statistique officielle n'a pu être avancée[64]. Les chiffres les plus récents remontent à la fin des années 1990 et estimaient à quelque six millions le nombre d'enfants de moins de 16 ans à être, dans les campagnes, « économiquement actifs[65] ». Dans certaines entreprises rurales, pas moins d'un ouvrier sur cinq était alors un enfant[66], et la plupart n'avaient guère plus de 13 ou 14 ans[67]. Pour l'Organisation internationale du travail, un enfant chinois[68] sur huit (12 %) travaillait au milieu des années 1990 presque autant qu'au Brésil (16 %) ou en Inde (14 %), en tout cas plus qu'en Égypte (11 %)[69]. Depuis lors, le phénomène n'aurait fait qu'empirer, et ce pour deux raisons : d'un côté, des coûts de scolarité de plus en plus élevés, donc inabordables pour un nombre croissant de familles qui renoncent à envoyer leur enfant à l'école ; de l'autre, des besoins toujours plus grands de l'industrie – clé de voûte de l'économie chinoise – en main-d'œuvre bon marché, alors même que les travailleurs adultes sont de plus en plus exigeants en termes de salaire. Et puis, avantage notable, les enfants qui travaillent, souvent issus de familles très pauvres, sont moins enclins à revendiquer leurs droits, qu'ils ignorent la plupart du temps d'ailleurs[70].

Liu Zhili, ouvrière dans une usine de Liuyang, au Hunan, raconte : « Nous commençons à 9 heures du matin et nous travaillons jusqu'à 9 h 30 du soir, tous les jours. Nous ne nous arrêtons que pour les repas. » Elle n'a que 13 ans et travaille à la fabrication de pétards avec son petit frère Liu Zhilin, 11 ans. Fin août 2000, le quotidien hong-kongais *South China Morning Post* fait éclater le scandale : une usine de Shenzhen, qui fabrique des jeux destinés aux restaurants McDonald's, emploie deux mille ouvriers ; quatre cents d'entre eux n'ont pas 16 ans...

Tous travaillent quotidiennement seize heures en moyenne tous les jours de l'année, pour quelques yuans par jour. Les enfants, qui s'entassent la nuit dans les dortoirs de l'usine, n'ont aucun contrat de travail et bien sûr aucune assurance sociale[71]. Au milieu des années 1990, dans une usine textile de Zhongshan, au Guangdong, une jeune fille de 14 ans, éreintée par d'interminables journées de travail, s'évanouit devant son métier. Mais ses cheveux, pris dans la machine, l'ont entraînée ; elle est morte sur le coup... L'usine employait quatre cents migrants, dont plus d'un tiers d'enfants.

En Chine, pourtant, le travail des moins de 16 ans est interdit ; celui des enfants de 16 à 18 ans est strictement réglementé – l'article 15 de la loi sur le travail de 1994 (*Zhonghua renmin gongheguo laodong fa*) est sans ambiguïté sur la question[72] : toute personne employant un mineur de moins de 16 ans s'expose à des amendes, au retrait de sa licence professionnelle et encourt jusqu'à sept ans de prison. Mais si la législation chinoise reste à cet égard lettre morte, les grands principes internationaux, auxquels la Chine met pourtant un point d'honneur à adhérer, ne sont pas non plus respectés. Le pays fait fi de la Convention des Nations unies relative aux droits des enfants, qui stipule pourtant que « les États parties [dont la Chine, depuis 1992] reconnaissent le droit de l'enfant d'être protégé contre l'exploitation économique et de n'être astreint à aucun travail comportant des risques ou susceptible de compromettre son éducation ou de nuire à sa santé ou à son développement physique, mental, spirituel, moral ou social » (art. 32). Oubliée aussi la Convention internationale sur l'organisation du travail relative à l'âge minimum légal – pourtant signée par la Chine en 1999 – qui précise que « l'âge minimum d'admission à tout type d'emploi ou de travail qui, par sa nature ou les conditions dans lesquelles il s'exerce, est susceptible de compromettre la santé, la sécurité ou la moralité des adolescents, ne devra pas être inférieur à 18 ans » (art. 3). Enfin, la Convention internationale sur l'élimination des pires formes de travail des enfants – aussi ratifiée par la Chine en 2002[73] – qui interdit « les travaux qui, par leur nature ou les conditions dans lesquelles ils s'exercent, sont susceptibles de nuire à la santé, à la sécurité ou à la moralité de l'enfant » (art. 3) ne fait guère partie de la réalité des usines chinoises.

Adhérer aux grands principes internationaux est une chose, les faire appliquer en est une autre. En Chine, des lois existent, mais encore faut-il que, dans la chaîne du travail des enfants, un maillon et un seul voie quelque intérêt à y renoncer. Entre des familles rongées par la pauvreté, des cadres corrompus qui ne voient dans le travail des enfants qu'un moyen facile et peu coûteux de stimuler l'économie locale, des patrons dont le seul souci est de gagner le plus d'argent possible, et une police peu scrupuleuse : tout le monde tire parti du travail des enfants. « La police est souvent très négligeante dans ses enquêtes, et ses conclusions sont parfois totalement irresponsables », dénonce Zheng Xizhe, avocat spécialisé dans ce type d'affaires. « Ceux qui sont chargés de faire appliquer les lois sont trop indulgents avec les coupables, et les affaires se règlent généralement avec une amende d'un montant dérisoire. Certains touchent des pots-de-vin et se contentent de fermer les yeux... »

« *Vendus comme de vulgaires choux…* »

Dans une petite rue du bourg de Zhaojiao, au Sichuan, une centaine d'enfants se regroupent en rang serré. Les uns derrière les autres, ils attendent leur tour… Ils viennent des quatre coins de la province pour s'offrir aux fameux *laoban* sans scrupules. Ce sont leurs parents qui, acculés par la pauvreté, les ont envoyés là, comptant bien, contre un peu d'argent, pouvoir les « confier » à des *gongtou*, des « contremaîtres » d'un genre particulier. M. Shao un habitant du quartier, explique : « Les *laoban* viennent ici choisir des enfants pour en faire des enfants-ouvriers. En ce moment, ce n'est pas encore la pleine saison. Mais quand arrivent novembre et décembre, ce sont chaque jour plusieurs voitures qui partent chargées d'enfants. Les petits sont vendus comme de vulgaires choux ! »

Li Zhiti, journaliste, s'est fait passer pour l'un de ces *laoban*, venant s'approvisionner sur ce véritable marché aux enfants. Un *gongtou* s'approche, prend la main du journaliste et lui fait « tâter » les enfants : « Regarde, ils sont en bonne santé. Ils peuvent travailler beaucoup, cela ne pose pas de problème ! Ils peuvent rapporter 3,5 yuans de l'heure. » Le journaliste hésitant, le *gongtou* ajoute : « Tout est réglé… Ils viennent tous des environs de Liangshan, on a une autorisation de leurs parents, les comités de villageois ont aussi donné leur aval… Vous pouvez faire d'eux tout ce que vous voulez, on est d'accord avec vous ! S'ils tombent malades, c'est nous qui gérons… s'ils ont un accident du travail, on vous indemnise. Vous n'avez pas à vous inquiéter. Nos ouvriers [il les montre de la main] se vendent bien ! Ils sont très demandés. Il n'y a pas une usine à Dongguan qui n'en emploie pas. » « Mais, ces enfants sont jeunes, on va avoir des problèmes avec l'inspection du travail… », se risque le journaliste. « Vraiment, ne soyez pas inquiet ! On fait en sorte qu'ils aient tous 18 ans. » Intrigué, le journaliste tente alors d'en savoir plus auprès des enfants. Asuo, une des jeunes filles du groupe, sort sa carte de travail. Dessus, il est écrit qu'elle a 26 ans. À la réaction étonnée du journaliste, elle ironise : « Nos papiers sont faux… Tout comme nos âges et nos noms ! Moi, je suis née en 1995, je n'ai que 13 ans. » Elle désigne une autre ouvrière : « Elle, sur sa carte de travail, il est écrit qu'elle a 20 ans… mais elle n'en a que 15 ! » Ces enfants sont tous envoyés à Dongguan, dans le delta de la rivière des Perles. De là, ils sont dirigés vers les usines de Shenzhen, Canton, Huizhou ou Jiangmen… Dongguan serait ainsi devenue une plaque tournante de ce sombre commerce[74]… parmi d'autres. Fu Zhenggong, journaliste sur une chaîne de télévision du Henan, raconte : « Au Shaanxi, la plupart des briqueteries manquent de main-d'œuvre, alors elles achètent des enfants à des trafiquants pour les faire travailler. J'ai visité certaines de ces usines. Les cadres locaux sont parfaitement au courant de la situation, mais ils ferment les yeux… Il y a même un inspecteur du travail, du nom de Feng, qui est dans la combine. Il sert d'intermédiaire entre les patrons des usines qui s'échangent les enfants… Ce qui m'a le plus choqué, c'est que ces derniers sont très jeunes, la plupart ont entre 8 et 13 ans. À cet âge-là, ils devraient être à l'école, mais on les force à travailler dans des conditions très difficiles… Ce n'est ni plus ni moins de l'esclavage. D'après mes sources, il y aurait plus d'un millier d'enfants exploités dans des usines de briques clandestines du Shaanxi, et le gouvernement local est complice... »

« Mi-travail, mi-études », tout un programme...

Sur la question du travail des enfants, l'ambiguïté est de mise. D'un côté, l'État chinois légifère, mais de l'autre, il cautionne à sa manière, voire encourage. « La Chine se vante de lutter contre le travail des enfants et brandit sa législation comme une preuve... », s'indigne une avocate de l'organisation *Human Rights Watch*[75], « mais le gouvernement lui-même viole ces interdictions ! » Depuis peu en effet, sous l'égide du ministère de l'Éducation, la Chine a remis au goût du jour les programmes mi-travail, mi-études (*qingong jianxue yundong*). Leur but n'a cependant rien à voir avec celui de la précédente initiative du même nom qui, au tout début du XXe siècle, avait permis d'envoyer quelques milliers de jeunes élites chinoises se former à l'étranger – notamment en France, comme ce fut le cas de personnalités aussi prestigieuses que Zhou Enlai ou Deng Xiaoping[76].

Les programmes mi-travail, mi-études proposés aujourd'hui ont un objectif bien différent : encourager les écoles des régions défavorisées à mettre en place des activités génératrices de revenus pour faire face à leurs dépenses et, ainsi, argue-t-on, en faciliter l'accès aux plus pauvres. De source officielle du ministère de l'Éducation, quelque quatre cent mille collèges et lycées feraient travailler, de manière autonome ou sous contrat avec des entreprises locales, leurs élèves. La majorité des établissements limitent le travail des enfants à des activités agricoles saisonnières, à l'entretien du bâtiment de l'école ou à une production de petit artisanat. Mais la trop vague législation en la matière et, surtout, l'absence de contrôle, conduisent une fois encore à bien des abus[77]. Dans la seule région autonome du Xinjiang, en 2005, pas moins d'un million d'élèves, provenant de deux mille six cents établissements, participaient à la cueillette du coton dans le cadre de ces programmes[78]. En juin 2007, cinq cents collégiens originaires du Sichuan ont été retrouvés dans une usine de Dongguan, au Guangdong, avec laquelle leur établissement avait passé un contrat pour un stage d'été. Mal logés, chichement nourris et sous-payés, ils travaillaient jusqu'à quatorze heures par jour. En décembre 2006, l'agence de presse Xinhua s'est même fait l'écho d'un fait divers sordide : à Wuwei, canton de Minqin, au Gansu, des enfants engagés dans un programme mi-travail, mi-études travaillaient plus de huit heures par jour à la cueillette du coton ; entassés à l'arrière d'un camion qui les menait aux champs, l'un d'eux est tombé et en est mort[79].

Aujourd'hui, les écoles des régions défavorisées, faute de subsides suffisants de la part du gouvernement local, font travailler leurs élèves pour payer leurs enseignants, acheter du matériel scolaire, approvisionner les cantines… En 2006 toutefois, les autorités chinoises ont fini par reconnaître l'existence de sévères dysfonctionnements dans le système mi-travail, mi-études – y compris dans certaines écoles primaires – et ont donc renforcé la législation. Mais, depuis, c'est le silence ; très peu de données officielles sont accessibles à ce sujet. Début 2007, le ministère de l'Éducation a dressé un état des lieux, qui n'a pas été rendu public. Jusqu'ici, la seule réponse de l'État reste la censure. En septembre 2006, la chaîne de télévision nationale CCTV diffuse un documentaire édifiant : des dizaines d'enfants, dont les plus jeunes n'avaient que 8 ans, travaillent des jours durant à la moisson du maïs ; jugé inconvenant, le reportage a du être immédiatement retiré du site Internet de la chaîne[80] !

Les enfants, au cœur de tous les trafics

Dans la Chine des réformes, il n'y a plus de limites à l'exploitation des enfants. Dès lors qu'ils sont susceptibles de coûter le moindre sou et, surtout, d'en rapporter, tous les coups sont permis, les tabous tombent. Entre autres trafics : la prostitution des enfants, à ce point répandue que, ces dernières années, la Chine serait devenue le quatrième pays au monde, après l'Inde, le Brésil et les États-Unis, pour le nombre de ses enfants prostitués[81]. Yin Jianzhong, haut cadre chargé de la lutte contre les trafics au ministère de la Sécurité publique, s'inquiète : « Le travail forcé et l'exploitation sexuelle sont deux causes majeures du trafic d'êtres humains en Chine, et le nombre de cas augmente. Mais dans un pays de cette taille, avec la montée de la pauvreté et des migrations internes toujours plus massives, il est difficile de lutter. Chaque année, ce sont au moins trois mille cas d'enfants ou de femmes victimes de trafics qui sont enregistrés par la police... Sans compter les nombreuses victimes qui, elles, ne sont jamais retrouvées. C'est au Guangdong, au Fujian, au Henan, au Sichuan et dans l'Anhui que la situation est le plus critique[82]... » La presse chinoise jette souvent une lumière crue sur ce phénomène endémique : mi-2007, la police de Shenyang met la main sur un gang de proxénètes qui forçaient des mineures à se prostituer. Cinq jeunes filles, originaires de Wenzhou, au Zhejiang, sont libérées : toutes étaient des *liushou*, quatre d'entre elles avaient tout juste 16 ans... Les proxénètes étaient venus les chercher dans leur village en leur faisant miroiter un emploi lucratif en ville[83]. En 2003, Li Ning, 33 ans, propriétaire d'un bar à Nanjing, est condamné pour avoir proposé les charmes de jeunes garçons à ses clients homosexuels[84]. Début 2009, dans le district de Xishui, au Guizhou, Yuan Li, 37 ans, est jugée pour avoir livré onze jeunes filles à la prostitution ; la plus jeune n'avait que 13 ans[85].

En Chine, les trafics d'enfants sont devenus monnaie courante. Chaque année, plusieurs milliers disparaissent, enlevés puis revendus à des trafiquants qui les destinent à divers usages : prostitution, esclavage, demande de rançon, revente à des parents stériles ou en quête d'une future épouse pour leur fils... les débouchés ne manquent pas. De source étatique, chaque année, environ cinq mille enfants seraient victimes de ces trafics. Mais hors des contingences officielles, les estimations s'emballent : selon certaines sources, il y aurait en réalité par an soixante mille enfants déclarés « disparus[86] »... Une situation qui ne cesse d'empirer, comme en témoigne Chen Shiqu, haut cadre responsable de la lutte contre les trafics d'enfants : « Il n'y a pas de quoi être optimiste... ce type de criminalité est si tenace qu'il est impossible à éradiquer[87]. » Les cas rapportés par la presse chinoise ou étrangère ne se comptent plus : octobre 2008, Wenwen, 7 ans, est enlevé ; ses kidnappeurs réclament une rançon de 800 000 yuans[88]. Décembre 2009, Xiaoyi est kidnappée sur le chemin de l'école ; ses parents versent une rançon de 500 000 yuans, mais il est trop tard : Xiaoyi a été battue à mort par ses ravisseurs, puis jetée dans la baie de Meisha[89]. Dans les seules villes de Xinxiang et Luoyang, au Henan, en six mois 54 bébés, dont 43 filles, ont été retrouvés par la police. La plus âgée n'avait que 8 mois, les plus jeunes avaient encore leur cordon ombilical[90]. En août 2004, trois personnes ont été exécutées pour avoir kidnappé puis vendu onze petits garçons âgés de 2 à 3 ans. La majorité de ces enfants avaient été enlevés dans les villages rattachés au district de Huize, au Yunnan, entre 2001 et 2003. Ils avaient ensuite été vendus 3 500 yuans chacun à un autre trafiquant, qui les avait lui-même revendus à l'autre bout du pays, au Fujian, le triple de ce prix. Le Yunnan, province frontalière et plutôt pauvre, est un haut lieu du trafic d'êtres humains : entre 2000 et 2004, des centaines de suspects y ont été arrêtés pour l'enlèvement de près de cinq mille femmes et enfants[91].

Les enfants de migrants en particulier, parce qu'ils sont souvent livrés à eux-mêmes, sont des cibles de choix pour les ravisseurs : en général, leurs parents sont pauvres, peu instruits et moins enclins à faire appel à la police ; ils sont donc plus vulnérables et constituent des proies faciles. En 2000, la police de Guiyang, au Guizhou, a inculpé vingt-huit personnes pour avoir kidnappé puis revendu dans la province voisine du Guangdong une soixantaine d'enfants. « À Guiyang, plus de deux cents enfants ont été enlevés entre 1997 et 2000... La plupart d'entre eux sont des enfants de migrants », explique Li Jianlin, l'officier en charge de l'affaire. « Les personnes qui les achètent ensuite sont passibles de trois ans de prison… mais cela ne suffit pas pour les en dissuader[92] ! » Bu Xiaogang, lui, a été exécuté pour avoir kidnappé Han Dong, 5 ans : pris de panique à l'idée que son acte soit découvert, il avait enterré l'enfant vivant pour s'en débarrasser… Le petit, bien sûr, n'a pas survécu[93].

À tout âge, filles et garçons trouvent facilement preneur. Mais dans une société chinoise toujours profondément patriarcale, les garçons sont surtout prisés. Au point qu'ils se vendraient vingt à trente fois plus cher que les filles… parfois jusqu'à 10 ou 20 000 yuans par tête[94]. Contrôle des naissances oblige, la majorité des couples chinois n'ont aujourd'hui guère plus d'un ou de deux enfants. Mais lorsque le fils tant désiré ne vient pas, certains parents vont jusqu'à abandonner leur fille pour, à sa place, acheter un fils, comme l'explique le journaliste Wang Zhengming : « Certains parents sont prêts à acheter un enfant volé s'il n'arrivent pas avoir un fils par eux-mêmes. » Les filles, elles, ne sont toutefois pas en reste : souvent destinées à devenir des *tong yang xi*, ces « fiancées enfants » qui, quelques années plus tard, seront mariées au fils de la famille et deviendront une bru fidèle et dévouée… Une manière comme une autre pour les familles pauvres d'économiser les coûts exorbitants du mariage d'un fils. Ainsi, le Bureau de la sécurité publique de Linfen, au Shaanxi, a rapporté le rapt de six fillettes de moins de 7 mois à Chongqing, pour être revendues ensuite à des villageois pour moins de 2 000 yuans chacune[95].

Être un enfant en Chine aujourd'hui ne traduit plus une réalité unique. D'un côté, l'enfant représente un bien désormais rare donc précieux. Sa famille cherche à le protéger à tout prix, tout en lui offrant le meilleur ; une attention extrême est accordée à son bien-être, sa santé, son éducation, sa réussite sociale future. De l'autre, il faut dès que possible tirer de lui le meilleur parti. Sa seule fonction consiste à améliorer le revenu familial et il ne fait l'objet d'aucune forme d'investissement en termes de santé ou d'instruction. Sa seule valeur se mesure à court terme, à ce qu'il est susceptible de rapporter par son travail.

Dans la majorité des familles, enfance rime avec égards, tendresse et protection. Mais, dans beaucoup d'autres, enfance rime encore (et peut-être plus que jamais par le passé) avec exploitation, violence et dénuement. Rarement, en tout cas, enfance se conjugue avec insouciance : quel que soit son milieu social, l'enfant chinois porte sur ses épaules de lourdes charges. Sur lui, se cristallisent tantôt les ambitions de parents dont la seule préoccupation est la réussite sociale, tantôt les effets de privations incommensurables, drainées par une misère endémique. Depuis trente ans, l'État chinois s'est massivement désengagé des questions sociales, livrant ainsi les enfants à une destinée qui ne dépend plus que du bon vouloir – et de la capacité financière ! – de leurs parents. Mais cette politique sociale à courte vue montrera bientôt ses limites... car ce XXIe siècle posera à la Chine des défis peut-être plus lourds encore que ceux qu'elle a pu relever jusqu'ici.

Livre 6

Demain, la Chine…

Depuis la fin des années 1970 la Chine n'a eu qu'un seul objectif : développer son économie coûte que coûte pour se voir enfin hissée au rang des grandes puissances internationales. C'est aujourd'hui chose faite : son produit intérieur brut, en valeur absolue, est parmi les plus élevés du monde, et le volume de ses exportations atteint des niveaux records[1].

L'une des clés de ce succès est bien sûr la réforme en profondeur du système de production, grâce à laquelle la productivité du travail s'est grandement améliorée. Mais cette transition économique a aussi bénéficié d'une conjoncture démographique extrêmement propice, phase particulière appelée « bonus démographique », au cours de laquelle la proportion élevée d'actifs dans la population est réputée favorable au développement économique. Et cette croissance est censée à son tour permettre d'accroître la richesse nationale, dont une partie peut dès lors être redistribuée et assignée à une meilleure prise en charge de la population dite économiquement dépendante, c'est-à-dire les enfants et les personnes âgées : la santé, l'éducation et la protection sociale bénéficient en principe prioritairement de ces nouvelles richesses, entraînant ainsi une amélioration significative des conditions de vie de chacun. Mais, en Chine où tout va (trop ?) vite, l'équation ne sera certainement pas si simple.

La mort de l'industrie chinoise ?

À l'avenir, la Chine devra composer avec une structure démographique de moins en moins favorable à son économie, du moins sous sa forme actuelle. Si elle détient en effet un avantage considérable face à ses principaux rivaux sur la scène mondiale – plus de 70 % des Chinois sont aujourd'hui d'âge actif[2], contre 62 % en Inde et 66 % au Brésil, au Japon, en Europe de l'Ouest ou en Amérique du Nord –, cet avantage comparatif ne fera pas long feu. Dès 2050, cette proportion tombera en Chine à 54 % alors que l'Inde, sa concurrente directe, sera par contre en position de force avec 63 % d'actifs. Or, si la Chine est l'un des pays au monde qui connaît aujourd'hui la plus forte croissance économique, c'est en partie grâce à ce contexte bienvenu… mais transitoire.

Un fait nouveau, en effet, voit le jour : la main-d'œuvre, pléthorique et peu coûteuse, dont l'économie chinoise se nourrit depuis trois décennies, se fera de plus en plus rare. Dès 2020, la population d'âge actif commencera à diminuer… au point qu'à l'horizon 2050 elle comptera cent quatre-vingts millions de personnes de moins : une réduction de plus de 20 % par rapport à 2010 ! L'industrie, qui emploie à l'heure actuelle près de 20 % de la main-d'œuvre totale et génère un peu moins de la moitié du PIB chinois, sera concernée au premier chef. D'ailleurs, dans certains secteurs, se profile déjà un déficit d'ouvriers peu qualifiés, à l'origine de projets de délocalisation vers des villes de l'intérieur du pays ou des pays comme le Vietnam et le Bangladesh, où la main-d'œuvre est moins chère. Rien qu'au Zhejiang et au Guangdong, deux centres névralgiques de l'industrie chinoise, quelques centaines de milliers d'ouvriers manqueraient pour faire fonctionner correctement les usines. Et ce n'est qu'un début.

Car, outre la contraction imminente de la population active, une autre tendance se confirme : le flot de travailleurs migrants, qui jusqu'ici avait massivement répondu aux besoins de main-d'œuvre à bas prix, pourrait bien se tarir. Cantonnés à des tâches épuisantes, guère gratifiantes et mal rémunérées, forcés à l'exil à plusieurs centaines de kilomètres de chez eux, ceux qui font encore une bonne part de la richesse de la Chine pèsent désormais le pour et le contre avant de migrer. Au sein des jeunes générations, surtout, de nouvelles priorités priment : alors que les provinces centrales, comme le Hunan ou le Sichuan, jusqu'ici grosses pourvoyeuses de main-d'œuvre, se développent à leur tour et augmentent ainsi les possibilités d'emploi sur place, les migrants sont de plus en plus nombreux à décider de rester chez eux, quitte à se contenter d'un travail plus mal rémunéré encore[3]. C'est le cas de Wei Dongwei, originaire du Henan. Employé depuis six ans dans une usine du sud du pays, il explique, amer : « Cette année, lorsque je suis rentré pour la fête du Printemps, mon fils de 4 ans ne m'a même pas reconnu. Alors maintenant, ma priorité, c'est de rester près de lui. » Pourtant, l'usine qui l'employait jusque-là lui avait promis une hausse de salaire conséquente, mais cela n'a pas suffi à le convaincre de repartir.

Aujourd'hui, migrer n'est plus forcément synonyme d'une vie meilleure. Pour nombre de jeunes travailleurs, beaucoup moins enclins aux sacrifices que les premières générations de migrants, les usines de l'est et du sud du pays ne sont plus que de grossiers miroirs aux alouettes : les salaires proposés n'y font plus oublier les sacrifices imposés par la migration et les conditions de travail y sont trop mauvaises. Pour Cai Fang, économiste à l'Académie des sciences sociales, l'industrie chinoise est entrée dans un cercle vicieux ; une page est bel et bien en train de se tourner[4]. Car, pour rester compétitif, le secteur industriel n'a pour l'instant d'autre choix que de juguler ses coûts de production. Mais si les salaires n'augmentent pas et les conditions de travail ne s'améliorent pas, la main-d'œuvre disponible, de surcroît irrémédiablement destinée à se raréfier, délaissera les chaînes des usines, compromettant ainsi la survie même de l'industrie chinoise, tout au moins sans sa forme actuelle.

En ce XXIe siècle, la nouvelle donne démographique va donner bien du fil à retordre à la Chine. Il y aura d'abord cette réduction inéluctable de sa main-d'œuvre, conséquence directe de la baisse de la fécondité des dernières décennies. Mais un autre défi de taille, hautement prévisible mais auquel elle ne s'est pas préparée, l'attend aussi : le vieillissement exceptionnellement rapide de sa population.

Chronique d'un vieillissement annoncé

Toute évolution démographique présente une force d'inertie considérable : un enfant qui naît une année donnée entrera sur le marché du travail approximativement vingt ans plus tard. Dans la foulée, bien souvent, il se mariera puis aura des enfants et, après quelques décennies, cessera son activité professionnelle pour prendre sa retraite. À moyenne échéance, sauf « accident » majeur et à quelques détails près, l'évolution démographique d'un pays est donc connue : sa taille, sa structure par âge, sa composition par sexe, sa force de travail, le nombre de ses retraités... sont autant de caractéristiques facilement prévisibles.

Part représentée par la population âgée de 60 ans ou plus (en %)

	Chine	France	Japon
1950	7,5	16,2	7,7
2000	10	20	23,3
2030	23,4	30,4	37,9
2050	31,1	32,6	44,2

Source : Nations unies, 2008, à l'adresse http://esa.un.org/unpp/.

L'on sait ainsi, avec la plus grande certitude, que la population chinoise va connaître un vieillissement accéléré... plus rapide que dans n'importe quel autre pays occidental. D'ici à 2050 en effet, la part des Chinois âgés (60 ans ou plus) aura triplé : elle passera de 10 % en 2000 à 31 % en 2050 – un tel bond a pris plus d'un siècle en France ! En 2050, quatre cent quarante millions de Chinois auront plus de 60 ans –, l'équivalent de la population européenne aujourd'hui[5]. Alors, la population chinoise parviendra à un niveau de vieillissement démographique comparable à celui que connaît aujourd'hui le Japon – pays au monde comptant la plus forte proportion de personnes âgées. En 2000, un Chinois sur quatre avait plus de 45 ans, ils seront un sur deux dans une quarantaine d'années.

Pour autant, le vieillissement démographique n'est pas le seul fait de l'allongement de la durée de la vie. Il s'accentue, certes, lorsque la mortalité recule et que l'on vit de plus en plus longtemps – ce qui est bien sûr le cas en Chine[6]. Mais ce phénomène peut aussi découler d'une baisse de la natalité qui, en réduisant la part d'enfants, fait mécaniquement augmenter celle des seniors, et donc vieillir la population. C'est bien là une particularité chinoise : un vieillissement « par le bas » de la pyramide des âges, créé de toutes pièces par la politique drastique de contrôle des naissances pratiquée depuis les années 1970. Le processus est inéluctable : en 1950, un Chinois sur trois avait moins de 15 ans ; en 2000, ce n'était plus qu'un sur quatre, et, en 2050, ce ne sera plus... qu'un sur sept !

L'extrême rapidité du vieillissement de la population chinoise

	1950	2000	2050
Part des moins de 15 ans (en %)	33,5	19,9	15,3
Part des 15-59 ans (en %)	59	70,1	53,6
Part des 60 ans ou plus (en %)	7,5	10	31,1
Total	100	100	100
Âge médian de la population (en années)	23,9	29,6	45,2
Nombre d'adultes par personne économiquement dépendante*	1,4	2,3	1,1

* C'est-à-dire âgée de moins de 15 ans ou de 60 ans ou plus.
Source : Nations unies, 2008, à l'adresse http://esa.un.org/unpp/.

L'un des seuls moyens d'endiguer ce vieillissement serait de relancer la natalité, ce qui reviendrait à mettre un terme définitif à la politique de contrôle des naissances. Shanghai, où près d'un habitant sur quatre a d'ores et déjà plus de 60 ans, sert d'ailleurs de ville test : « Désormais, nous encourageons les couples dont les deux conjoints sont eux-mêmes des enfants uniques à avoir un deuxième enfant, comme la loi les y autorise », explique Xie Lingli, de la commission de planification des naissances de Shanghai. « C'est non seulement un moyen de ralentir la vitesse du vieillissement, mais aussi, à moyen terme, de réduire le déficit de main-d'œuvre dans cette ville, qui est la plus peuplée du pays... D'ici à 2020, si la fécondité ne remonte pas à Shanghai, la part de personnes âgées de 60 ans ou plus pourrait atteindre plus du tiers. C'est plus que la société ne peut assumer... Nous devons résoudre ce problème. Mais cela ne sonne pas pour autant le glas du contrôle des naissances dans le reste du pays », souligne Xie[7].

Pourtant, il n'y a sans doute pas grand-chose à attendre d'un éventuel relâchement du contrôle des naissances... Ni à Shanghai, ni dans le reste du pays. On l'a vu, la majorité des jeunes couples se limitent d'eux-mêmes à un voire deux enfants, mais guère plus. Aujourd'hui en effet, la société chinoise ne se prête plus aux familles nombreuses : la vie est chère et les jeunes gens sont bien trop soucieux de leur réussite professionnelle et de leur bien-être pour faire plusieurs enfants. Autant dire que les chances que la Chine remédie, au moins partiellement, à son vieillissement par une relance de la natalité sont quasi nulles.

Mais vieillir, est-ce nécessairement un mal pour une population ? Le Japon, malgré le tiers de sa population qui a déjà plus de 60 ans, n'en reste pas moins la troisième puissance économique mondiale. Dans ce pays, le vieillissement assorti d'une contraction de la population active a eu, comme ailleurs, des retombées négatives : ralentissement de la croissance économique, hausse des dépenses sociales (retraites, soins de santé), baisse des recettes fiscales... Mais cet état de fait comporte aussi des avantages : d'une part, il oblige à réorganiser le système de protection sociale pour le rendre plus efficace, et il permet d'autre part le développement d'un marché spécifique du troisième âge, tout en stimulant la création de nouvelles technologies génératrices de valeur ajoutée et de gains de productivité. Au point qu'au Japon le fardeau du vieillissement serait, selon certains analystes, en passe de se transformer en dynamique d'innovation et de consommation[8]. Mais la Chine sera-t-elle capable d'en faire autant[9] ? Parviendra-t-elle à réorganiser sa fiscalité pour financer la prise en charge durable de son troisième âge et lui garantir ainsi des conditions de vie décentes ? Réussira-t-elle à être riche avant d'être (trop) vieille ?

Une population qui vieillit peut présenter certains atouts pour une économie développée et riche. Mais *quid* des économies qui, comme celle de la Chine, ne sont encore ni totalement développées, ni vraiment riches[10] ? Au milieu des années 2000, un rapport de l'Académie chinoise des sciences sociales tirait déjà la sonnette d'alarme en établissant un lien de cause à effet entre vieillissement de la population et ralentissement de la croissance économique. Ce ne pourra donc être qu'au prix d'une nouvelle restructuration de son économie, davantage axée sur les services et la consommation intérieure

– notamment celle des seniors – que la Chine pourra espérer conserver un rythme de croissance soutenu[11]. Néanmoins, pour que ces seniors de plus en plus nombreux deviennent partie prenante de la société de consommation, et donc de l'économie, encore faut-il que la Chine leur procure un niveau de vie suffisant, ce qui, pour la majorité des retraités, est encore loin d'être le cas.

Quatre cents millions de retraités et moi…

Xiao Zhang, 38 ans, se rend à l'évidence : il doit quitter les États-Unis où, depuis huit ans, il enseigne dans une université. La raison n'est ni personnelle ni financière, mais familiale : Xiao Zhang est fils unique et, devoir de piété filiale oblige, il a décidé de retourner en Chine pour s'occuper de ses parents. « Mon père aura 60 ans l'année prochaine… Ma place est auprès de mes parents désormais. Je dois m'occuper d'eux. Mais pour cela, je dois renoncer à ma carrière au États-Unis et trouver un travail en Chine ! » Xiao Zhang, comme des millions d'autres jeunes adultes chinois, se fait le devoir d'accompagner ses parents dans leur vieillesse.

Dans la tradition chinoise, ce sont en effet les fils qui sont tenus de prendre en charge leurs parents âgés. Ce devoir d'assistance est d'ailleurs une obligation légale (stipulée notamment par la loi sur le mariage de 1980 et par la Constitution de 1982), réitérée plus récemment en 1996 par la loi sur la protection des droits et intérêts des personnes âgées : celles-ci « sont prises en charge principalement par leur famille » (art. 10) et « les fils et les filles sont désignés pour subvenir aux besoins de leurs parents et en prendre soin » (art. 11[12]). Or, la conjoncture actuelle rend ces solidarités familiales bien difficiles à mettre en œuvre. Les raisons en sont principalement démographiques : avec le renversement de la pyramide des âges consécutive à l'allongement de la vie et à la forte baisse du nombre d'enfants, la charge portée par chaque actif devient insupportable. Comment un jeune Chinois, *a fortiori* s'il est enfant unique, peut-il avec son épouse assurer la subsistance de deux parents retraités ? À l'échelle de la collectivité, la charge sera tout aussi lourde. En 2000, la Chine enregistrait 2,3 actifs pour 1 personne économiquement dépendante[13] – un ratio plus favorable que presque n'importe où ailleurs dans le monde. Mais, en 2050, il sera passé à 1,1 pour 1. Autrement dit, chaque actif aura alors à sa charge une personne dépendante... un fardeau colossal.

Dans la Chine des réformes, qui vieillit au pas de course, l'État est incapable de faire face. Le système de retraite par répartition, hérité de l'ancienne économie collectiviste, ne bénéficie qu'à moins d'un retraité sur trois – exclusivement des citadins – et n'octroie bien souvent aux bénéficiaires qu'un minimum vital. Péniblement, les pouvoirs publics tentent de mettre en place un système de protection sociale généralisé, dont pourrait bénéficier chaque personne âgée. Mais si quelques municipalités vont d'ores et déjà dans ce sens – certaines ont en effet réussi à instaurer un système privé d'assurance retraite qui fonctionne grâce aux cotisations des entreprises et à celles des salariés[14] –, à l'échelle du pays entier et en particulier dans les campagnes, cela reste une gageure. L'absence d'une fiscalité redistributive digne de ce nom entrave toute velléité de meilleure répartition des richesses ; le régime de protection sociale financé au niveau municipal empêche la solidarité nationale de jouer[15] et contribue ainsi à entretenir les disparités entre régions.

Dans l'ensemble, l'État reste largement absent de la prise en charge des personnes âgées : au milieu des années 2000, seul un retraité sur quatre vivait de sa pension de retraite, un autre quart du revenu de son travail, tandis que la moitié restante subsistait principalement grâce à un membre de sa famille[16] – souvent un enfant. Combien de temps encore la Chine pourra-t-elle exiger de ses nouvelles générations qu'elles assument, à terme, la subsistance de leurs parents[17] ? Plus très longtemps, c'est certain. Car dans la société chinoise d'aujourd'hui, les solidarités familiales sont à rude épreuve. L'opprobre est jeté sur les enfants défaillants, présentés comme exagérément égoïstes et individualistes, jugés ingrats et peu soucieux du sort de leurs vieux parents. Mais ont-ils vraiment les moyens de les prendre en charge ? Dans les villes chinoises, les modes de vie se prêtent de moins en moins à une cohabitation des générations : les logements de plus en plus coûteux restent exigus, le coût de la vie ne fait qu'augmenter, tout comme les exigences de confort et d'intimité.

En outre, le marché du travail, de plus en plus instable, oblige bien souvent les jeunes gens à quitter leur localité de naissance pour trouver un emploi qui les éloigne de leurs parents. Pour la plupart des citadins, la situation est inextricable : quand en moyenne près de 40 % du budget des ménages sont consacrés à l'alimentation, 10 % au logement, 20 % à l'éducation des enfants et à la santé, et que les loisirs prennent une place croissante, il ne reste plus grand-chose pour aider ses parents âgés. Alors, par la force des choses, les solidarités familiales s'étiolent... d'autant plus si plusieurs centaines de kilomètres séparent des parents vieillissants de leurs enfants : « Mon fils travaille à Fuzhou... il ne nous rend visite qu'une seule fois par an ! » se lamente Liu Shifang, retraité de Chongqing, dans l'ouest du pays. « De plus, l'achat de son appartement là-bas lui coûte très cher... Comment pourrait-il nous envoyer de l'argent[18] ? »

Mais, outre ces évidentes difficultés financières, c'est aussi le fossé générationnel qui se creuse. « Nos enfants ont tellement de choses à faire ! Ils n'ont plus le temps de s'occuper de nous », confirme Peiyun, résidente de la maison de retraite de Nanshan, à une soixantaine de kilomètres de Pékin. Là, pour 2 000 yuans par mois, les personnes âgées sont logées, nourries et ont un médecin à leur disposition. Zhao Yonghong, directeur de l'établissement, explique : « Certains des résidents ont les moyens de payer eux-mêmes au moins une partie de leur séjour ici, soit avec leur pension de retraite, soit en louant leur ancien appartement ; mais, pour d'autres, ce sont les enfants qui s'en chargent[19]... »

Un autre problème est qu'en Chine les structures destinées à accueillir les personnes âgées sont largement insuffisantes : à la fin des années 2000, le pays comptait moins de cinquante mille maisons de retraite, totalisant seulement deux millions et demi de lits[20]... pour près de vingt millions de personnes âgées de 80 ans ou plus. Zhao Lijun, directeur d'un établissement pékinois, précise : « Notre taux d'occupation est de 100 %, et on a plus de mille personnes en liste d'attente... Mais, chaque année, il n'y a qu'une cinquantaine de places qui se libèrent. » Au Guangdong, il n'existe que quatre-vingt-dix mille places dans des maisons de retraite…, soit l'équivalent de 1 % de la population âgée de cette province[21].

Dans le district de Chengyang, à Qingdao, le système de retraite mis en place au début des années 2000 couvre la majorité de la population. Mais le montant des pensions, dérisoire (autour de 20 euros par mois !) ne suffit pas pour survivre. Li Xiuqing, 63 ans, vit dans le village de Wangjiacao rattaché à ce district : « J'ai deux fils : le plus jeune travaille à la ferme, et l'aîné est parti travailler en ville. Avec l'argent qu'ils me donnent et la pension que me verse le gouvernement du district, j'arrive à m'en sortir ! » Huang Pifeng, 74 ans, quant à lui, tempère : « Pour nous les paysans, ce n'est pas comme pour les retraités dans les villes. L'âge légal de la retraite, c'est 60 ans pour les hommes et 55 ans pour les femmes. Mais à la campagne, comme on ne touche pas de pension, on est obligés de travailler jusqu'au bout, jusqu'à ce qu'on n'en puisse plus[22]… »

Accroître substantiellement les investissements dans les infrastructures destinées aux personnes âgées et créer un système de retraites viable tant pour l'État que pour les retraités eux-mêmes est une priorité urgente ; le pouvoir chinois en a bien conscience. Il promet d'ailleurs qu'à l'horizon 2020 toute la population rurale bénéficiera d'une pension de retraite, qui sera financée à la fois par les bénéficiaires, l'État et les gouvernements des provinces. Améliorer les conditions de vie des personnes âgées fait aussi partie des objectifs du douzième plan quinquennal (2011-2015). C'est certain : le gouvernement chinois devra sans délai prendre le relais des familles pour garantir la prise en charge des retraités de plus en plus nombreux. Mais ce qui est beaucoup plus incertain, c'est la manière dont il s'y prendra pour y parvenir.

*Trop d'hommes, pas assez de femmes :
vers l'implosion ?*

La population de la Chine vieillit et sa part d'âge actif est amenée à diminuer fortement : ce sont là deux constats sans appel. Mais il est une autre évolution qui, elle aussi, bouleversera les équilibres démographiques et pourrait bien, du coup, venir encore compliquer sa situation économique : le déficit croissant de femmes.

À l'heure actuelle, ce déficit dépasse en Chine les quarante millions. Mais d'ici le milieu du siècle, il pourrait presque doubler. La raison en est une préférence traditionnelle des Chinois pour les fils qui les conduit dans certains cas à éliminer leurs filles soit par des avortements soit, après leur naissance, par des négligences de traitement débouchant souvent sur un décès prématuré. Conséquence : depuis quelques années, la Chine est devenue le pays du monde comptant la plus forte proportion d'hommes dans sa population, c'est-à-dire celui dans lequel, d'un point de vue strictement démographique, la situation des femmes est la plus mauvaise qui soit[23]. De toute évidence, ce déficit aura à terme des conséquences considérables sur la société tout autant que sur la démographie : proportions croissantes d'hommes contraints au célibat, en particulier parmi les plus pauvres et les moins éduqués (qui n'attirent guère les faveurs des femmes, quand elles ont le choix !), manque à gagner sur les naissances futures faute de mères, développement des trafics de femmes à des fins de mariage...

L'économie de ce géant mondial ne sera pas non plus épargnée. Car si elle est actuellement aussi prospère, c'est en grande partie parce que, depuis trente ans, elle bénéficie d'une main-d'œuvre à la fois pléthorique et peu coûteuse. Mais il ne faut pas oublier que dans le secteur secondaire, dont la contribution à la croissance économique est toujours prépondérante, la main-d'œuvre est pour plus d'un tiers féminine. Dans l'industrie manufacturière, pilier de l'économie chinoise en particulier, les femmes comptent pour moitié ; dans les usines qui produisent des jouets, des textiles ou encore du petit matériel électronique, elles sont majoritaires. Dans l'agriculture, de plus en plus délaissée par les hommes, elles compteraient aujourd'hui pour plus des deux tiers de la main-d'œuvre. Les femmes sont aujourd'hui plus que jamais un maillon fort du développement chinois. Mais qu'adviendra-t-il le jour où, finalement, elles seront sensiblement moins nombreuses ?

Selon des prévisions raisonnablement pessimistes – c'est-à-dire dans l'hypothèse où la proportion de chaque sexe à la naissance se maintiendrait au niveau observé en 2000 (largement au-dessus de 110 garçons pour 100 filles, alors que le ratio normal se situe autour de 105) –, la population active de la Chine sera, en 2050, encore plus masculine qu'aujourd'hui. Elle enregistrera alors 54 % d'hommes chez les 15-49 ans, contre 51 % actuellement, soit au bas mot, dans cette tranche d'âge, cent millions de femmes en moins sur le marché du travail par rapport à 2010[24]. Or, qui dit moins de femmes d'âge actif dit sans doute, à terme, pénurie de main-d'œuvre dans les secteurs industriels et agricoles, dans lesquels les femmes sont surreprésentées. Il est pour l'instant difficile de dire précisément dans quelle mesure l'économie chinoise pourra, à l'avenir, souffrir de ce déficit féminin. Ce qui est sûr, c'est qu'il pose un autre défi économique d'importance au pouvoir chinois, et plus généralement du point de vue du respect des droits des femmes et de l'égalité entre les sexes.

Par le prisme de toutes ces problématiques, l'essor futur de l'économie chinoise est clairement en jeu : une contraction significative de sa main-d'œuvre, féminine surtout, des salariés aux exigences croissantes, des retraités de plus en plus nombreux, donc coûteux pour la société... seront autant de défis bien lourds à relever. Pour sortir gagnante de ce nouveau combat contre une démographie récalcitrante, la Chine devra se réinventer : protéger ses femmes, créer un système de protection sociale adapté aux besoins d'une population vieillissante, mettre en place un système de retraites digne de ce nom et, surtout, réformer son économie pour la rendre compatible avec ces nouvelles contraintes démographiques. La Chine souhaite se maintenir au rang des grandes puissances économiques mondiales tout en construisant une « société harmonieuse » : elle n'est pas au bout de ses peines.

Demain, la Chine ?

Après avoir brandi, quatre décennies durant, le spectre de la surpopulation, les autorités chinoises peuvent désormais l'affirmer : sa population ne franchira sûrement jamais le seuil symbolique du milliard et demi d'habitants.

Elle devrait même d'ailleurs commencer à diminuer bien avant le milieu du siècle, cédant alors sa place de première puissance démographique mondiale à l'Inde, qui pourrait compter 200 millions d'habitants de plus que la Chine en 2050. Ainsi, la Chine, qui abritait presque le quart (22 %) de la population mondiale en 1950, n'en comptera plus qu'un sixième (16 %) un siècle plus tard ; dans l'intervalle, par contre, la prépondérance de l'Inde et surtout celle de l'Afrique se seront largement confirmées[25].

Il s'agit là, incontestablement, d'une belle victoire pour la Chine, qui n'était pas gagnée d'avance. Tous ses problèmes actuels : chômage, pauvreté, pollution, pénurie d'eau, autosuffisance alimentaire, accès aux matières premières, urbanisation sauvage, etc., seraient inévitablement décuplés si le pays comptait aujourd'hui deux ou trois cents millions d'habitants supplémentaires. Mais tout n'est pas réglé pour autant. Chômage et pauvreté continuent de faire malgré tout partie du décor. L'urbanisation et l'industrialisation, qui se font au détriment des terres cultivables et d'un développement durable, excercent une pression insoutenable sur l'environnement, ayant à son tour des retombées sur la santé de la population et les ressources naturelles.

À ce sujet, le rapport de l'OCDE rendu en 2007 sur la situation écologique de la Chine est accablant : « [Le pays] engendre plus de pollution et consomme plus de ressources par unité de PIB que les [autres membres] de l'OCDE en moyenne. Les accidents qui ont une incidence significative sur l'environnement sont fréquents et la dégradation des ressources limite le développement économique. Les coûts sanitaires et les dommages écologiques imputables au mode de développement actuel sont importants[26]. » C'est un fait : l'économie chinoise est aujourd'hui l'une des plus polluantes de la planète. Dans les villes, la circulation automobile, bien que faible par rapport au nombre d'habitants, représente déjà la principale source de pollution de l'air (d'ailleurs, sur les vingt agglomérations les plus polluées du monde, seize sont chinoises !) ; environ un tiers des cours d'eau sont gravement pollués par les rejets de l'agriculture, de l'industrie et des ménages ; les quantités de déchets ménagers et industriels sont bien supérieures aux volumes que la Chine est en mesure de traiter.

Face à l'immense défi qui consiste à nourrir sa population, la Chine n'est pas non plus au bout de ses peines : elle a certes acquis au milieu des années 1990 le statut de pays autosuffisant en matière de production alimentaire, nourrissant 20 % de la population mondiale avec seulement 7 % de ses terres arables[27]. Mais les régimes alimentaires de la moyenne des Chinois, de plus en plus riches et variés, imposent d'importants défis à l'agriculture. En outre, rien ne dit que la multiplication des surfaces plantées d'OGM (qui ont triplé entre 2000 et 2009) et la délocalisation de sa production agricole en Asie centrale ou en Afrique[28] suffiront à l'avenir à compenser la réduction régulière de ses surfaces cultivées[29] – alors même que les jeunes Chinois sont de moins en moins attirés par les travaux de la terre, jugés pénibles et trop peu rémunérateurs.

À quoi pourra bien ressembler la Chine de demain ? Nul, bien sûr, ne peut le dire avec certitude. Mais, dans bien des domaines, les dés sont d'ores et déjà jetés. À moins d'une reprise – fortement improbable – de la fécondité, la population chinoise commencera à diminuer vers 2035, parce que le nombre des décès dépassera celui des naissances, et que cette décroissance démographique s'accompagnera, selon toute vraisemblance, d'une réduction plus rapide encore du nombre de femmes. On sait aussi, avec certes quelque marge d'erreur, que la population chinoise sera alors essentiellement citadine (à près des deux tiers[30]) et qu'elle sera logiquement concentrée dans les grands pôles urbains de la moitié orientale – l'ouest du pays restant largement impropre à l'habitation et à la culture.

On sait encore qu'une part de la population active chinoise – les écoliers nantis d'aujourd'hui – sera très qualifiée et donc économiquement performante ; si tant est que l'économie ait été d'ici là partiellement restructurée, et puisse ainsi répondre à cette nouvelle offre de main-d'œuvre. Enfin, on peut aussi deviner qu'une part de sa population restera dans le plus grand dénuement. À quel autre avenir pourraient en effet s'attendre ces millions d'enfants aujourd'hui délaissés par la société, et parfois même par leur propre famille ? À coup sûr, ces derniers resteront dans le wagon de queue du développement, contraints à une existence éreintante et nourrie de frustrations, dotés de ce fait d'une espérance de vie sans doute beaucoup plus courte que les autres...

L'avenir de la Chine n'est pas tracé, celui de ses enfants non plus. Les combats qu'ils auront à mener, les fardeaux qu'ils auront à porter, les défis qu'ils auront à relever... eux, par contre, se dessinent déjà : un bien lourd héritage ! La Chine n'est pas inéluctablement promise à des jours radieux. Pour pouvoir, dans les prochaines décennies, continuer à caracoler dans le peloton de tête des puissances économiques mondiales, elle aura à surmonter de nombreux obstacles. L'un d'eux sera de mettre son économie au défi des bouleversements démographiques, pour qu'elle devienne moins consommatrice de main-d'œuvre et satisfasse une offre de travail de plus en plus qualifié. Mais le défi le plus colossal consistera à garantir aux générations futures des conditions de vie décentes, tout en leur permettant d'acquérir un capital culturel et social suffisant et, surtout, adapté aux besoins des différents acteurs de la société et de l'économie de demain. Alors, seulement, la Chine pourra se voir durablement hissée au rang des rares pays de ce monde qui offrent au plus grand nombre une existence respectable, dans une société devenue, enfin, plus « harmonieuse ».

Notes

Avant-propos

1. Le coefficient de Gini se situe entre les valeurs de 0 et 1, avec 0 correspondant à l'égalité parfaite et 1 donnant le niveau d'inégalité maximal.
2. Le coefficient de Gini pour la Chine est passé de 0,27 au milieu des années 1980 à 0,39 en 2001, puis à 0,47 en 2008, le seuil de 0,4 étant considéré comme « alarmant » par la Banque mondiale.
3. *Renmin Ribao*, 23 août 2001 [en chinois].
4. En 2008, ces deux pays connaissent un coefficient de Gini respectivement de 0,37 et 0,33. Source : PNUD, 2009, consultable sur http://hdrstats.undp.org/indicators/147.html.
5. En 2008, les coefficients de Gini dans ces trois pays sont compris entre 0,57 et 0,59. Source : *Ibid.*
6. J.-F. Huchet, « Une réponse politique aux défis économiques de la Chine », *Le Monde*, 28 janvier 2003.

Livre 1
Au pays de l'enfant unique

1. Mouvement nationaliste guidé par de jeunes intellectuels progressistes et dirigé contre la domination japonaise.
2. Il s'agit principalement de la Loi sur la protection des mineurs (*Zhonghua renmin gongheguo wei chengnian ren baohu fa*), entrée en vigueur en 1992. Le texte de cette loi est disponible sur le site de la Fédération des femmes chinoises à l'adresse suivante : http://www.womenofchina/Policies_Laws/Laws_Regulations/1479.jsp.

3. Extrait de la quatrième de couverture de la traduction française parue en 2008 aux éditions Actes Sud, sous le titre *Brothers*.

4. En 2005-2010, l'espérance de vie pour les deux sexes réunis était de 73 ans en Chine et de 75,1 ans pour l'ensemble du continent européen.

5. À l'heure actuelle, seul un peu plus du tiers (36 %) de la population est soumis à la règle stricte de l'enfant unique, sachant que les couples de citadins formés d'enfants uniques ont toujours été autorisés à en avoir deux. Dans 19 provinces, les couples peuvent avoir un deuxième enfant si le premier est une fille (53 % de la population). Les 11 % restants, principalement des minorités ethniques, peuvent avoir deux enfants ou plus (source : « Shanghai encourages qualified couples to have second child », *China Daily*, 24 juillet 2009). Pour en savoir plus sur les objectifs et les moyens d'application de la politique de contrôle des naissances, voir notamment, du même auteur, l'ouvrage *Une Chine sans femmes ?* paru en 2005 aux éditions Perrin.

6. Han Yi, « Zhongguo de xiao huangdi », *Zhongguo Dalu*, septembre 1988.

7. Cité par T. Clark, « Plight of the Little Emperors », *Psychology Today Magazine*, juillet-août 2008.

8. Enquête sur le développement de l'enfant (*Zhongguo ertong fazhan diaocha*) menée en 1990 auprès d'élèves du primaire et de leurs parents.

9. Littéralement : « Double revenu, pas d'enfant ».

10. 100 yuans équivalent à environ 10 €.

11. « How do you raise a child in today's China? », *China Daily*, 1er décembre 2004.

12. Communiqué de l'agence Xinhua, 6 décembre 2007, consultable à l'adresse suivante : http://edu.0898.net/2007/12/06/16931.html.

13. « Impatient et despotique », témoignage du père de Hanhan, à l'adresse http://wennw.com/article/507.htm.

14. Le titre original est *Zhongguo de xiaohuangdi*.

15. Témoignage de la mère de Taotao recueilli à l'adresse suivante : http://parent.3xy.com.cn/textcase-4626.html.

16. Témoignage du père de Xuanxuan recueilli à l'adresse suivante : http://www.zjol.com.cn/05edu/system/2006/10/13/007924649.shtml [en chinois].

17. Communiqué de l'agence Xinhua, 26 février 2009 : http://cq.xinhuanet.com/news/2009-02/26/content_15801031.htm.

18. « L'excès d'indulgence des parents chinois » : http://www.zk168.com/News/EducationNews/2006-12/21/2109050425.html [en chinois].

19. « L'éducation des "petits empereurs" » : http://article.hongxiu.com/a/2008-10-11/2884019.shtml [en chinois].

20. Littéralement : « Manger amer ».

21. « He bi qu nongcun "chi ku" ? Huyi "chi ku xialingying" yin zheng yi », communiqué de l'agence Xinhua, 13 août 2007 : http://news.xinhuanet.com/edu/2007-08/13/content_6524016.htm.

22. L'examen national d'entrée à l'université est apparu avec les premières universités chinoises, entre la fin du XIXe et le début du XXe siècle. Suspendu pendant la Révolution culturelle au moment de l'envoi des jeunes instruits dans les campagnes, le *gaokao* n'a été rétabli qu'en 1977.

23. *Chongqing Shibao*, 19 juin 2009 : http://ecqsb.hsw.cn/html/2009-06/19/content_88303.htm [en chinois].

24. « Student foot-washers get sole-to-sole with parents », *China Daily*, 10 octobre 2003.

25. « Poor little rich kids », *China Daily*, 24 décembre 2008.

26. *Ibid.*

27. La révision de 2006 de la Loi sur la protection des mineurs intègre en effet un point relatif au droit des enfants à la vie privée, et stipule que personne ne peut ouvrir une lettre, un journal intime ou un courriel destiné à un mineur. Voir « New law protects children's rights », *China Daily*, 1er juin 2007.

28. « Educating China's *little emperors* », *China Daily*, 5 novembre 2003.

29. *China Radio International*, 9 septembre 2005.

30. Le site est accessible à l'adresse http://www.2049baby.com [en chinois].

31. Voir notamment un article du *Wenhui Bao* sur le site de l'agence Xinhua : http://edu.xhby.net/system/2008/10/27/010363812.shtml, ou un article tiré de *Dongbei Jiayu Wang* : http://www.chinaedunet.com/yejy/news/2007/11/content_122836.shtml [en chinois].

32. Site officiel du gouvernement du Hunan : http://edu.rednet.cn/c/2009/04/12/1742556.htm.

33. *Xi'an Wanbao*, 18 avril 2000 [en chinois].

34. *Dazhong Ribao*, 8 novembre 2007 : http://news.163.com/07/1108/17/3SPTONAM000120GU.html [en chinois].

35. *Xiandai Baojian Bao*, 3 août 2000 [en chinois].

36. *Zhonghua Jiajiao*, juin 1997 ; *Zhongguo Qingnian Bao*, 6 août 2000 [en chinois].

37. *Zhongguo ertong zisha baogao* (*Rapport sur le suicide des enfants en Chine*) : http://www.pckids.com.cn/edu/edu/0810/329917.html [en chinois].

Livre 2
L'enfant, entre symboles et réalités

1. H. Evans, « Past, perfect or imperfect : Changing images of the ideal wife », *in* Brownell S., Wasserstrom J., *Chinese feminities, Chinese masculinities*, Berkeley, University of California Press, 2002.
2. J.-J. Matignon, *La Chine hermétique. Superstitions, crime et misère*, Paris, Librairie orientaliste Paul Geuthner, 1936 [Première édition, sous le titre *Superstitions, crime et misère*, 1898].
3. A. B. Kinney, *Representations of childhood and youth in early China*, Stanford, Stanford University Press 2004.
4. À ce sujet, voir notamment l'étude de G. Chicharro, « Le "fardeau" des "petits empereurs" : former et façonner une génération d'enfants uniques dans un contexte de modernité en Chine », thèse de doctorat, université Paris-X, 2006.
5. Extrait de G. Chicharro, « Le "fardeau" des "petits Empereurs" », *op. cit.*
6. Traduction du titre du film *Zuguo de Huaduo*, sorti en 1955, faisant l'apologie de la Révolution chinoise de 1949 à travers ses enfants.
7. Liu Xiang, porteur de la pensée confucéenne, a vécu à l'époque des Hans antérieurs, dynastie au pouvoir entre l'an 80 et l'an 7 av. J.-C.
8. Mencius est un penseur chinois ayant vécu aux alentours de 380-289 av. J.-C. Il aurait étudié auprès d'un disciple de Zi Si, le petit-fils de Confucius. Mencius s'est posé en défenseur des stricts enseignements du maître Confucius.
9. Anne B. Kinney, *Representations...*, *op. cit.*, p. 23.
10. *Ibid.* p. 21.
11. J.-J. Matignon, *La Chine hermétique, op. cit.*
12. Dans la philosophie chinoise, le *yin* et le *yang* sont deux principes à la fois opposés et complémentaires, que l'on peut retrouver dans tous les aspects de la vie et de l'univers.
13. Site du Luoyang Xiehe Hospital : http://www.lyxhyy.com/chanke_yunqizhuyi/200941317545224.htm [en chinois].
14. R. Van Gulik, *La Vie sexuelle dans la Chine ancienne*, Paris, Gallimard, 1971.
15. *Tianjin Shengzhi Jiankang* : http://www.tjjk16.com [en chinois].
16. Cette expression, qui se traduit par « confinement », signifie littéralement « asseoir le mois » ou, plus concrètement, « assise pendant un mois ».
17. Voir Poh Bee Koon, Wong Yuen Peng et Norimah A. Karim, « Postpartum Dietary Intakes and Food Taboos Among Chinese Women Attending Maternal and Child Health Clinics and Maternity Hospital, Kuala Lumpur », *Malaysian Journal of Nutrition*, 11 (1), 2005, p. 1-21.

18. Voir le site *Muyin Jiankang Wang* : http://www.hrees.com/2004/12-14/10190689774.html [en chinois].
19. G. Chicharro, « Le "fardeau" des "petits Empereurs" », *op. cit.*, p. 125-126.
20. M. Granet, *Études sociologiques sur la Chine*, Paris, Puf, 1990.
21. Cette pratique est apparue sous la dynastie des Tang (618-907) et est devenue populaire sous les Song (960-1279).
22. J.-J. Matignon, *La Chine hermétique, op. cit.*
23. Un autre rite, celui du *bairi*, traditionnellement célébré aux cent jours de l'enfant et au cours duquel il recevait un nom, n'est semble-t-il, au contraire des trois autres, plus guère pratiqué.
24. Littéralement : « saisir à la ronde ».
25. J.-J. Matignon, *La Chine hermétique, op. cit.*
26. À ce sujet, voir notamment l'ouvrage de David E. Mungello, 2008, *Drowning girls in China. Female infanticide since 1650*, New York, Rowman & Littlefield Publishers Inc., 2008.
27. La dynastie Qin a régné sur la Chine de 221 à 206 av. J.-C.
28. Anne B. Kinney, *Representations...*, *op. cit.*, p 99.
29. David E. Mungello, *Drowning Girls in China, op. cit.*, p 6.
30. Charles Meyer, *La Femme chinoise*, Paris, Lattès, 1986.
31. Le légisme est un courant de pensée qui a prévalu en Chine durant la période des Royaumes combattants (IVe-IIIe siècles av. J.-C.). La loi est le concept central de la pensée des légistes.
32. Li Shuzhuo, Zhu Chuzhu, *Zhongguo er'tong shengcun xingbie chayi de yanjiu he shixian* (*Research and community practice on gender difference in chid survival in China*), Pékin, Zhongguo renkou chubanshe, 2001 [en chinois].
33. *Ibid.*
34. Littéralement : « acide, un garçon ; pimenté, une fille »
35. J.-J. Matignon, *La Chine hermétique, op. cit.*
36. Peng Xizhe, Huang Juan, « Chinese traditional medicine and abnormal sex ratio at birth in China », *Journal of Biosocial Science*, 31(4), 1999, p. 487-503.
37. J.-J. Matignon, *La Chine hermétique, op. cit.*
38. Pour un historique des prénoms masculins en Chine, voir « Nanxing yong ming de chang yong zi » : http://www.hxyxw.com/Article/yxsq/xmxy/xmdq/200607/Article_387.html [en chinois].
39. Né en 1924, Jin Yong est l'auteur de romans de cape et d'épée à grand succès, dont plusieurs ont été adaptés en films ou en séries télévisées.
40. Née au Sichuan en 1938, Qiong Yao et ses parents émigrèrent à Taïwan en 1949. Romancière populaire, plusieurs de ses romans ont été adaptés au cinéma et à la télévision en Chine.

41. Le *Livre des Odes* (*Shijing*) est un recueil d'environ trois cents chansons chinoises antiques dont la date de composition pourrait s'étaler des Zhou occidentaux (1046-771 av. J.-C.) au milieu des Printemps et des Automnes (722-481 av. J.-C.). Il contient les plus anciens exemples de poésie chinoise.

42. Les *Élégies de Chu* sont une anthologie de poèmes composée au IIe siècle ap. J.-C. sous la dynastie Han, mais dont la moitié remonte à l'Antiquité (IIIe siècle av. J.-C.) et contient des œuvres originaires du royaume de Chu.

43. *Renmin Wang* (*Le Quotidien du peuple en ligne*), 6 août 2007 : http://french.people.com.cn/Horizon/6232902.html.

44. *Renmin Wang* (*Le Quotidien du peuple en ligne*), 26 juillet 2007 : http://french.peopledaily.com.cn/Horizon/6232902.html.

Livre 3
De nouvelles menaces sur la santé des enfants

1. « Goujian shehui zhuyi hexie shehui », communiqué de l'agence Xinhua, 23 mars 2005 : http://news.xinhuanet.com/ziliao/2005-03/23/content_2732356.htm.

2. Extrait du préambule de 1946 à la Constitution de l'OMS.

3. Il s'agit de la mortalité néonatale, survenant dans les vingt-huit jours suivant la naissance. Ces décès très précoces comptent en principe pour environ les deux tiers des décès infanto-juvéniles, c'est-à-dire survenant avant le cinquième anniversaire.

4. Organisation mondiale de la santé : http://whqlibdoc.who.int/publications/2007/9789241596145_eng.pdf.

5. Il s'agit des « nouvelles méthodes d'accouchement » (*xin fa jiesheng*), généralisées à partir des années 1960. Ces méthodes sont axées sur deux points centraux : le savoir-faire d'infirmières et de sages-femmes et l'utilisation d'instruments stérilisés, notamment afin de réduire l'incidence du tétanos – première cause de mortalité néonatale au début des années 1950. Leur promotion a été suivie, à partir de 1978, par l'ajout de nouvelles exigences au protocole de l'accouchement.

6. Voir notamment l'article de Xu Hui et de Jiang Yutu, « The eradication of smallpox in Shanghai, China, October 1950-July 1951 », *Bulletin of the World Health Organization*, 59 (6), 1981, p. 913-917.

7. Il s'agit de la tuberculose, des hépatites A et B, de la coqueluche, de la diphtérie, du tétanos, de la poliomyélite, de la rougeole, de la rubéole, des oreillons, de la méningite cérébro-spinale et de l'encéphalite. Source : communiqué de l'agence Xinhua, 24 avril 2009 : http://news.xinhuanet.com/health/2009-04/24/content_11248960_1.htm.

8. Source : OMS, http://www.wpro.who.int/china/sites/epi/overview.htm.
9. Enquête indienne NFHS3 portant sur la période 2005-2006 : http://www.nfhsindia.org/pdf/India.pdf.
10. Voir à ce sujet Cui Fuqiang *et al.*, « Epidemiological Analysis on Reported Hepatitis B Under 15 Years in China », *Zhongguo Jihua Mianyi*, 12(3), 2006 [en chinois].
11. Zhou Yihua, Wu Chao, Zhuang Hui, « Vaccination against hepatitis B: the Chinese experience », *Chinese Medical Journal*, 122(1), 2009.
12. Communiqué de l'agence Xinhua, « "Bare-foot docs" bring gift of life to child vaccination », 20 novembre 2009 : http://www.chinadaily.com.cn/china/2009-11/20/content_9012426_2.htm.
13. Cette convention n'est entrée en vigueur en Chine que trois ans après sa signature, en 1992.
14. Avec 188 autres pays, la Chine a participé en septembre 2000 au « Sommet du millénaire », à l'issue duquel un accord international, visant à réduire la pauvreté mondiale d'ici à 2015, a été signé. Cet accord comporte huit « Objectifs du millénaire pour le développement » (OMD), au rang desquels figure la réduction de moitié de la mortalité infantile et d'un tiers de la mortalité maternelle. Il requiert à cette fin une implication forte des gouvernements.
15. En 1990, 45 % des naissances dans les campagnes et 74 % des naissances dans les villes survenaient en milieu hospitalier. En 2006, ces proportions sont passées à 84 % et 94 % respectivement.
16. « Joint Review of the Maternal and Child Survival Strategy in China », Rapport de l'Unicef : http://www.wpro.who.int/NR/rdonlyres/E6C29183-BC8E-4DEF-9A50-3606032E8CB4/0/MaternalandChildSurvivalStrategyinChinaENG.pdf.
17. Communiqué du ministère de la Santé sur la réforme et le développement du système de santé en Chine en 2008, 17 février 2009 : http://www.zhengqi.org.cn/shizhengxinwen/shehuijianshe/20090217/7865.html.
18. « Joint Review of the Maternal and Child Survival Strategy in China », *op. cit.*
19. Taux calculés sur l'ensemble des naissances survenues entre 1990 et 2000. Source : enquête chinoise sur le planning familial, 2001.
20. « Cause-specific mortality and morbidity », données de l'OMS : http://www.who.int/whosis/whostat/2009/en/index.html.
21. Le taux de mortalité par dysenterie est de 0,5 % chez les moins de 5 ans dans les régions rurales les plus défavorisées.
22. « Joint Review of the Maternal and Child Survival Strategy in China », *op. cit.*
23. *Annuaire statistique de la santé*, Chine, 2007.

24. « Joint Review of the Maternal and Child Survival Strategy in China », *op. cit.*

25. « Les conditions de santé des paysans ne sont pas encourageantes », *Renmin Ribao*, 6 décembre 2004 [en chinois].

26. Voir notamment l'ouvrage de Kate Zhou, *How the Farmers changed China*, Baulder (CO), Westview Press, 1996 ou l'article de Charlotte Cailliez, « Le système de santé rural : de l'utopie à l'effondrement », *in* I. Attané (dir.), *La Chine en transition. Questions de population, questions de société*, Paris, Ined-Puf, 2002.

27. L'article 13 des Réglementations sur l'assurance des travailleurs (*Laodong Baoxian Tiaoli*), adoptées en 1950, stipule que : « Les frais médicaux de tous les travailleurs incombent à leur unité de travail, qui prend également en charge la moitié des frais médicaux de leurs enfants. »

28. Congressional Executive Commission on China, *Annual Report*, *2007* : http://www.cecc.gov.

29. Xu Hongwei, 2007, « Reexamine the Distribution of Health Insurance in China » : http://www.allacademic.com//meta/p_mla_apa_research_citation/1/8/3/9/4/pages183945/p183945-1.php, consultée le 12 août 2010.

30. « *Ertong dabing yiliao baozhang xu jinkuai quanguo tongyi* », communiqué de l'agence Xinhua, 5 mars 2007 : http://news.xinhuanet.com/comments/2007-03/05/content_5800253.htm.

31. Congressional Executive Commission on China, *Annual Report*, *op. cit.*

32. En 2005, la Chine a consacré 4,7 % de son PIB aux dépenses de santé, contre 3,0 % en 1978, soit une augmentation de 57 %, contre 36 % pour la croissance démographique.

33. *World Health Statistics 2009*, OMS, http://www.who.int/whosis/whostat/2009/en/index.html.

34. Yip W., Hsiao W., « The Chinese Health System at a Crossroads », *Health Affairs*, 27 (2), 2008, p. 460-468.

35. « New rural medical co-operatives under scrutiny », *Chinese Government's Official Web Portal* : http://www.gov.cn/english/2005-11/02/content_89187.htm.

36. Congressional Executive Commission of China, *Annual Report*, *op. cit.*

37. *Ibid.*

38. Xu Hongwei « Reexamine the Distribution of Health Insurance in China », art. cité.

39. Il s'agit de 592 districts « pauvres » classés comme tels en 1992 par le Bureau chinois d'aide à la pauvreté, dans lesquels le revenu moyen par habitant est deux fois inférieur à la moyenne nationale. Ces 592 districts regroupent pas moins de 229 millions d'habitants (20 % de la population

du pays) dont 16 millions vivent en dessous du seuil de pauvreté fixé à 668 yuans en 2004.
40. « New rural medical co-operatives under scrutiny », art. cité.
41. *Yangcheng Wanbao*, 20 février 2008 [en chinois].
42. Congressional Executive Commission on China, *Annual Report, op. cit.*
43. *Xinjing Bao*, 26 décembre 2006 [en chinois].
44. « Farmers selling blood to make ends meet », *China Daily*, 5 novembre 2009.
45. Cette loi stipule que chaque prélèvement ne peut excéder 600 cc, et que les donneurs ne peuvent être prélevés plus d'une fois toutes les deux semaines.
46. À ce sujet, voit l'ouvrage de Pierre Haski, *Le Sang de la Chine*, Paris, Grasset, 2005.
47. « New rural medical co-operatives under scrutiny », art. cité.
48. Congressional Executive Commission on China, *Annual Report, op. cit.*
49. « Birth defects in China's Shanxi show human price of coal », agence Reuters, 23 juin 2009.
50. « Birth defects soar due to pollution », *China Daily*, 31 janvier 2009.
51. « Baby born with birth defects every 30 seconds », http://www.china.org.cn/china/national/2007-10/30/content_1230080.htm ; « Birth defects in China's Shanxi show human price of coal », communiqué de l'agence Reuters, 23 juin 2009.
52. *Renmin Ribao*, 13 septembre 2007 [en chinois].
53. J. Watts, « Lead poisoning cases spark riots in China », *The Lancet*, 374(9693), 12 septembre 2009.
54. J. Banister, « Shortage of girls in China today », *Journal of Population Research* 21(1), 2004, p. 19-45.
55. Il s'agit d'une enquête menée en 1997 par les démographes Li Shuzhuo et Zhu Chuzhu de l'université Jiaotong, Xi'an, Chine, dans un district du Shaanxi. Voir notamment : Li et Zhu, *op. cit.*
56. Sachant que dans 85 % des décès enquêtés la naissance avait fait l'objet d'un diagnostic prénatal à l'occasion duquel on peut supposer que le sexe de l'enfant avait été révélé, il apparaît donc que les couples sont moins enclins à dépenser de l'argent pour faire naître une fille dans les meilleures conditions possibles, à savoir en milieu hospitalier.
57. Sur ces questions, Isabelle Attané, *En espérant un fils... La masculinisation de la population chinoise*, Paris, Ined-Puf, 2010.
58. Il s'agit de l'article 37 de la loi sur la santé des mères et des enfants (*Muying Baojian Fa*).
59. Des extraits de ces textes de loi sont présentés sur le site Internet de la Fédération des femmes : http://www.women.org.cn.

60. Il s'agit du « Règlement sur l'interdiction de la détermination prénatale du sexe et de l'avortement sélectif à des fins non médicales » (« *Guanyu jinzhi fei yixue xuyao de tai'er xingbie jianding he xuanze xingbie de rengong zhongzhi renshen de guiding* »), établi en 2003.

61. Il s'agit de l'article 5 du document « *2005 nian weisheng gongzuo yaodian* », émis par le ministère de la Santé : http://www.moh.gov.cn [en chinois].

62. Chen Wei, « Sex-selective abortions: evidence from rural east China », 25e Conférence mondiale sur la population de UIESP, Tours, juillet 2005 : http://iussp2005.princeton.edu/download.aspx?submissionId= 50261.

63. Littéralement : « têtes de sang ».

64. Selon la technique de la plasmaphérèse, mais en négligeant les précautions les plus élémentaires de stérilisation et en reliant plusieurs donneurs à la même centrifugeuse, avant de réinjecter, après recueil du plasma, le mélange résiduel.

65. Extrait d'une étude de l'Unicef, octobre 2005 : http://www.unicef.org/french/aids/china_21607.html.

66. Rapport de la FAO, avril 1999 : http://www.fao.org/ag/agn/nutrition/cpr-f.stm.

67. « Joint Review of the Maternal and Child Survival Strategy in China », Rapport de l'Unicef, *op. cit.*

68. Dang S. *et al.*, « Poor nutritional status of younger Tibetan children living at high altitudes », *European Journal of Clinical Nutrition*, 2004, 58(6).

69. « Helping fight malnutrition in rural schools », *China Daily*, 23 novembre 2009.

70. « Un district de l'ouest de la Chine améliore la santé des enfants avec deux œufs gratuits », communiqué de l'agence Xinhua, 7 décembre 2008 [en chinois].

71. « Child Obesity a Bigger Problem », *China Daily*, 10 juillet 2006.

72. Communiqué de l'agence Xinhua : http://news.xinhuanet.com/world/2008-05/23/content_8232596.htm [en chinois].

73. Un surpoids se définit par un indice de masse corporelle (IMC) compris entre 25 et 29, l'obésité par un IMC supérieur ou égal à 30.

74. « Obesity: Shanghai Pupils Are the Worst », *China Daily*, 30 janvier 2007.

75. Cangxi County Education Bureau : http://www.cxxedu.gov.cn/contentView.asp?nodeCode=bjsy&rootCode=nodeOther&id=820 [en chinois].

76. « Children Fatter and Shorter », *Shanghai Daily News*, 4 novembre 2004.

77. « Chine: Un adolescent urbain sur cinq souffre de surpoids », communiqué de l'agence Xinhua : http://www.french.xinhuanet.com/french/2008-11/15/content_762140.htm [en chinois].

78. L'*International Life Sciences Institute* est une ONG internationale qui œuvre dans le domaine de la santé publique. L'adresse web de sa branche chinoise est la suivante : http://www.ilsichina.org.
79. « Child Obesity A Bigger Problem », *China Daily*, 10 juillet 2006.
80. Il s'agit d'une danse folklorique de l'ethnie han répandue dans les régions rurales de Chine. Son origine est attribuée à l'imitation des gestes de travail des paysans dans les champs.
81. *Zhongguo Wang* : http://www.china.org.cn/english/education/212770.htm.
82. « China's "little emperors" take up dancing », *NBC News*, 13 juin 2007.
83. *Zhongguo Wang*, à l'adresse http://www.china.org.cn/english/education/209047.htm.
84. Le texte est disponible à l'adresse http://englishpeopledaily.com.cn/constitution/constitution.php.

Livre 4
Apprendre et grandir

1. Les statistiques du ministère de l'Éducation sont disponibles à l'adresse http://www.moe.gov.cn [en chinois].
2. Au recensement de 2000, est considérée comme illettrée une personne incapable de déchiffrer un minimum de 2 000 caractères en milieu urbain, et de 1 500 caractères dans les campagnes.
3. Avec toutefois de profondes disparités entre pays au sein du continent africain et entre les différents États indiens. Des statistiques détaillées de l'Unicef sont disponibles aux adresses http://www.unicef.org/infobycountry/index.html et http://www.childinfo.org/education_primary.php.
4. Estimations fournies à partir de calculs effectués sur les enfants âgés de 16 ans en 2000, c'est-à-dire arrivant au terme des neuf années d'instruction obligatoire.
5. Il s'agit de la loi sur l'instruction obligatoire (*Zhonghua renmin gongheguo yiwu jiaoyu fa*). Elle stipule notamment que « Chaque enfant atteignant l'âge de 6 ans doit entrer à l'école primaire. Toutefois, dans les régions ne présentant pas les conditions requises, le début de la scolarité peut être reporté à 7 ans » (art. 5). Le texte complet est disponible à l'adresse http://www.gov.cn/flfg/2006-06/30/content_323302.htm [en chinois].
6. Six années sont nécessaires pour achever le cycle primaire, neuf pour le collège, douze pour le lycée.
7. *China Education and Research Network* : http://www.edu.cn/compulsory_1424/20060310/t20060310_166433.shtml, consultée le 7 septembre 2010 [en chinois].

8. D'après un rapport du *China Youth Daily*, organe de presse gouvernemental. « Woguo liudong ertong shixuelü gaoda 9.3 % », *Zhongguo Qingnian Bao*, 14 mai 2004, disponible à l'adresse http://news.sina.com.cn/c/2004-05-14/16023231841.shtml [en chinois].

9. À ce sujet, voir l'ouvrage de P. Haski, *Le Journal de Ma Yan*, Paris, Ramsay, 2002.

10. « China Education and Research Network », 23 mars 2006, à l'adresse http://www.edu.cn/education_1384/20060323/t20060323_4387.shtml [en chinois].

11. *Zhongguo Qingnian Bao*, 25 décembre 2000 [en chinois].

12. La définition est donnée page 250, note 3.

13. « L'éducation obligatoire de neuf ans sera popularisée en Chine en 2008 », *Renmin Ribao*, 26 août 2003 [en chinois].

14. « China Education and Research Network », art. cité.

15. *Guangming Ribao*, 24 juillet 2000 [en chinois].

16. « 12-year compulsory education "unlikely" », *China Daily*, 10 mars 2009.

17. « China Education and Research Network », art. cité.

18. « China pledges elimination of rural compulsory education charges in two years », Chinese Governement Official Web Portal, à l'adresse http://www.gov.cn/english/2006-03/05/content_218919.htm.

19. « China Youth Employment Report », Organisation internationale du travail, mai 2005, à l'adresse http://www.ilo.org/public/english/region/asro/beijing/download/training/schul2work.pdf.

20. Selon l'« Enquête sur les désirs d'épargne des résidents urbains » (*chengshi jumin chuxu yiyuan diaocha*) réalisée par le Bureau national de la statistique et le Centre de surveillance de l'économie en 1999.

21. « China pledges elimination... », art. cité.

22. *Ouzhou Ribao*, 9 avril 2004 [en chinois].

23. *Zhongguo ertong zisha baogao* (*Rapport sur le suicide des enfants en Chine*) : http://www.pckids.com.cn/edu/edu/0810/329917.html [en chinois].

24. Dans cette enquête, le revenu annuel moyen des personnes interrogées était compris entre 12 000 et 60 000 yuans. Extrait d'un rapport publié par Xu Anqi, chercheuse à l'Académie des sciences sociales de Shanghai : http://learning.sohu.com/20050323/n224819109.shtml [en chinois].

25. « Farmers selling blood to make ends meet », *China Daily*, 5 novembre 2009.

26. Extrait de *Yazhou Zhoukan*, 27 mars 2005 : http://www.yzzk.com/cfm/Content_Archive.cfm?Channel=ae&Path=372527111/13ae2a.cfm [en chinois].

27. Pour des statistiques détaillées sur l'éducation en Chine, voir *China National Knowledge Infrastructure* : http://number.cnki.net [en chinois]

28. D'après une enquête menée en 2008 par l'université de Pékin. Communiqué de l'agence Xinhua, 5 mars 2009 : http://www.chinadaily.com.cn/china/2009-03/05/content_7542368.htm.
29. Communiqué de l'agence Xinhua, 9 janvier 2010 : http://news.xinhuanet.com/english/2010-01/09/content_12780741.htm.
30. Communiqué de l'agence Xinhua, *Xinhua Wang*, 9 mars 2005 : http://211.89.225.4:82/gate/big5/www.cnr.cn/home/column/2005lh/mtgc/200503050219.html.
31. Communiqué de l'agence Xinhua, 5 mars 2009 : http://news.xinhuanet.com/english/2009-03/05/content_10951127.htm.
32. Xu Lin *et al.*, « China's Floating Citizens », 27 décembre 2005 : http://www.china.org.cn/english/2005/Dec/153273.htm.
33. « Students prove a large market force », *China Daily*, 4 janvier 2005.
34. « Pity the Poor Little Emperors », *China Today* : http://www.chinatoday.com.cn/English/e2005/e200508/n56.htm
35. D'après la première enquête sur l'emploi des jeunes menée par le minsitère du Travail en 2005, le taux de chômage des 15-29 ans était de 9 %, dont 72 % étaient des chômeurs de longue durée. Voir *Zhongguo Jingji Zhoukan*, 19 juin 2006 [en chinois].
36. *Renmin Ribao*, 21 décembre 2007 [en chinois].
37. La définition est donnée p. 180-181.
38. Selon une réglementation datant de 2008. Voir « Les enfants de travailleurs migrants et l'université », *Jiaoyu Shibao*, 11 mars 2008 : http://jysb.shuren100.com [en chinois].
39. *Ibid.*
40. « La déscolarisation des enfants relèvera bientôt de l'histoire ancienne », communiqué de l'agence Xinhua, 13 mars 2008 : http://news.xinhuanet.com/misc/2008-03/13/content_7779398.htm [en chinois]
41. Cf. note 14 p. 251.
42. « Report on the Work of the Government (2007) », Chinese Governement's Official Web Portal : http://www.gov.cn/english/official/2007-03/16/content_552995.htm.
43. « China Strives for Free Compulsory Education for All », 19 septembre 2006 : http://www.fmprc.gov.cn/ce/cede/det/lxdg/t272624.htm.
44. « China's compulsory education policy covers 160 mln students so far », agence Xinhua, 11 septembre 2009 : http://news.xinhuanet.com/english/2009-09/11/content_12036276.htm ; « China adopts amendment to compulsory education law » : http://english.gov.cn/2006-06/30/content_323219.htm.
45. L'intitulé en chinois est « *Guojia zhong chang qi jiaoyu gaige he fazhan guihua gangyao* ». Le contenu de ce programme est disponible sur le site du ministère de l'Éducation : http://www.moe.edu.cn/edoas/website18/zhuanti/2010zqyj/zqyjg.htm [en chinois].

46. L'intitulé en chinois est « *Zhongguo ertong fazhan gangyao* ».
47. « Government to increase spending on education », *China Daily*, 1er mars 2010.
48. *World development indicators 2010*, the World Bank.
49. Cf. note 14 p. 251.
50. Pan Suiming, « A Sex Revolution in current China », *Journal of Psychology and Human Sexuality*, 6, p. 1-14, 1993.
51. À l'âge de 30 ans, 86 % des hommes et 96 % des femmes sont mariés, avec peu de différences entre villes et campagnes (données tirées de l'enquête démographique de 2005).
52. Diverses études ont en effet mis en évidence la précocité de plus en plus grande de la puberté dans les pays développés, aussi bien pour les garçons que pour les filles. Cette évolution serait due à une alimentation plus riche en graisses (qui facilitent la production d'œstrogènes et d'insuline, deux hormones qui influencent le développement sexuel) de même qu'à un manque d'exercice physique. En Chine, l'âge moyen à la puberté serait ainsi passé de 16,5 ans chez les jeunes filles nées entre 1935 et 1960 à 14,9 chez celles nées entre 1960 et 1980, et serait tombé autour de 13 ans chez les plus jeunes, nées dans les années 1990. Chez les garçons, il serait passé de 18,2 ans à 16,7 ans respectivement. Données tirées de *China Health and Family Life Survey* menée en 1999-2000, citée par Parish W., Laumann E. et Mojola S., « Sexual behavior in China : Trends and comparisons », *Population and Development Review*, 33(4), p. 729-756, 2007.
53. Il s'agit ici de l'âge médian du premier rapport sexuel, c'est-à-dire l'âge auquel la moitié de la population a d'ores et déjà connu une première relation sexuelle, tandis que l'autre moitié de la population ne l'a pas encore vécue. Chiffres tirés de Parish *et al.*, « Sexual behaviour in China... », art. cité. D'après une autre enquête menée en 2007 auprès de près de 3 000 enfants uniques nés entre 1976 et 1986, l'âge moyen de la première relation amoureuse était de 20,5 ans et l'âge du premier rapport sexuel était de 22,8 ans [voir *Dongbei Wang* : http://society.dbw.cn/system/2009/04/27/051883090.shtml, consultée le 17 septembre 2010].
54. Aux Philippines, l'âge médian de la première relation sexuelle était de 22 ans pour les femmes et de 21 ans pour les hommes en 2003 (chez les 25-29 ans). En Inde, il était de 18 ans pour les femmes et de 23 ans pour les hommes en 2005-2006. En Indonésie, il était de 20 ans pour les femmes et de 23 ans pour les hommes en 2007 [sources : Demographic and Health Surveys, à l'adresse http://www.measuredhs.com]. En France, l'âge médian du premier rapport sexuel se situait autour de 17 ans pour les deux sexes au milieu des années 2000 [voir N. Bajos et M. Bozon (2008), *Enquête sur la sexualité en France*, Paris, La Découverte].

55. Il s'agit ici des jeunes qui ont atteint l'âge de 20 ans entre 1990 et 2000. Les données citées dans ce paragraphe sont tirées de Parish *et al.*, « Sexual behaviour in China… », art. cité.
56. *Ibid.*
57. J. Farrer, *Opening Up: Youth Sex Culture and Market Reform in Shanghai*, Chicago, University of Chicago Press, 2002.
58. « College girls go nude before camera for eternal beauty », *China Daily*, 18 novembre 2004.
59. *Henan Wang*, 24 décembre 2009 : http://henan.people.com.cn/news/2009/12/24/444857.html [en chinois].
60. « Pregnant teens need help and knowledge », *China Daily HK Edition*, 3 septembre 2003.
61. « Unmarried youths need better services for sexual and reproductive health », *China Daily*, 21 octobre 2009.
62. Dans la tranche d'âge 16-24 ans.
63. « Pregnant teens in China getting help », *China Daily*, 10 août 2003 ; « Pregnant teens need help and knowledge », art. cité.
64. À l'adresse http://www.huaxiahp.com, consultée le 18 janvier 2010.
65. « Website overturns taboo for teenagers », *China Daily*, 11 juillet 2003.
66. *Renmin Ribao*, 3 septembre 2003 [en chinois].
67. « Sex education urged for all youths in China », *China Daily*, 21 octobre 2009.
68. « Pregnant teens need help and knowledge », *China Daily HK Edition*, 3 septembre 2003.
69. « Pregnant teens need help and knowledge », art. cité.
70. « Website overturns taboo for teenagers », *China Daily*, 11 juillet 2003.
71. « Pregnant teens need help and knowledge », art. cité.
72. « Exposed teenaged lovers kill grandma », *China Daily*, 13 août 2003.
73. « Three suicides before China university entry exams », communiqué de l'AFP, 8 juin 2010.
74. Après obtention du *gaokao*, les admissions dans telle ou telle université du pays sont fonction du numéro d'ordre au classement national, lui-même déterminé par les notes obtenues aux différents examens. Les barèmes sont toutefois susceptibles de varier selon la province d'origine du candidat.
75. Cette évolution est due en grande partie à la politique de recrutement élargi pratiquée ces dernières années dans les universités chinoises.
76. J.-L. Rocca, « Quand la Chine redécouvre la question sociale », *Le Monde diplomatique*, mai 2007.
77. *China Education and Research Network*, 22 juillet 2010 : http://www.edu.cn/gao_jiao_news_367/20100722/t20100722_498825.shtml [en chinois].

78. « Official: job market still "*grave*" for graduates », communiqué de l'agence Xinhua, 2 avril 2009.
79. *Shandong Wang*, 4 avril 2009 : http://www.sdnews.com.cn/news/2009/4/4/748367.html [en chinois].
80. « Funeral jobs hot among Shanghai graduates », *China Daily*, 9 avril 2009.
81. « China's 6.3 mln college graduates to challenge job market », 21 novembre 2009, communiqué de l'agence Xinhua : http://news.xinhuanet.com/english/2009-11/21/content_12513048.htm.
82. *Hefeng Wang*, 10 novembre 2009 : http://www.hfweb.cn/jjgj/ShowArticle.asp?ArticleID=3849 [en chinois].
83. Communiqué de l'agence Xinhua, 2 avril 2009, à l'adresse http://news.xinhuanet.com/newscenter/2009-04/02/content_11121503.htm [en chinois].
84. « Rural jobs hot among graduates amid downturn », *China Daily*, 1er mai 2009.
85. Yu Nanping, « Les jeunes diplômés chinois en butte au chômage », *Perspectives chinoises*, n° 80, 2003.
86. Tiré du *Nanfang Zhoumo*, 26 avril 2006, cité dans *Le Monde diplomatique*, mai 2007.
87. Extrait de J.-L. Rocca, « Quand la Chine redécouvre la question sociale », *Le Monde diplomatique*, mai 2007.
88. Dans les régions rurales, l'excédent de main-d'œuvre était évalué à 90 millions en 2009. Voir *Renmin Wang*, 22 juillet 2010 ; China Education and Research Network : http://www.edu.cn/gao_jiao_news_367/20100722/t20100722_498825.shtml [en chinois].
89. « Spare a thought for the rural youth too », *China Daily*, 23 mai 2009.
90. Communiqué de l'agence Xinhua, 11 janvier 2007 : http://arabic.china.org.cn/english/China/195685.htm.
91. En Chine, l'entrée dans la vie active est relativement précoce : à l'âge de 20 ans, près de trois jeunes sur quatre, filles comme garçons, ont un emploi. Elle est néanmoins de plus en plus tardive : en 1990, c'étaient 87 % des jeunes qui travaillaient à l'âge de 20 ans. En 2000, cette proportion est tombée à 73 % (dont 55 % dans les villes et les bourgs et 88 % dans les campagnes).
92. « Fresh graduates are rushing into marriage », *China Daily*, 23 juillet 2007.
93. En 2000, d'après le recensement, 32 % des jeunes de 20-24 ans étaient mariés et 81 % avaient un emploi.
94. Voir Wang Yuesheng, in *Renkou Shihui Kexue*, 2006, n°1 : http://www.sociology.cass.cn/shxw/jtyxbyj/P020060615298201097203.pdf, [en chinois].

95. Nous pouvons estimer ces proportions à un maximum de 32 % pour les premiers et un minimum de 68 % pour les seconds. La taille du sous-ensemble (constitué des jeunes de 20-24 ans en couple *et* cohabitant avec les parents d'un des deux conjoints) n'est guère connue pour les années récentes. Ajoutons toutefois qu'en 1990 près de 30 % des 20-24 ans vivaient dans des ménages de trois générations, dont toujours avec les parents, alors que 20 % d'entre eux étaient d'ores et déjà mariés.

96. Cette proportion est, en 2000, de 14 % en milieu urbain et de 22 % en milieu rural.

97. « Rich buy themselves more space to live in », *China Daily*, 9 juillet 2009.

98. Contre environ 25 000 yuans en moyenne pour les employés de l'ensemble des villes du pays à cette date.

99. Une présentation de cette série télévisée est disponible à l'adresse http://data.ent.163.com/tv/product/0000FacH.html.

100. « Soaring house prices, headache for single Chinese », communiqué de l'agence Xinhua, 12 janvier 2010 : http://www.chinadaily.com.cn/biz-china/2010-01/12/content_9308831.htm.

101. « Home out of reach for many young Chinese », *China Daily*, 25 novembre 2009.

102. « Boxed in by mariage », *China Daily*, 27 octobre 2009.

103. Communiqué de la Ligue des jeunesses communistes de Chine, 2 mars 2009 : http://shanxi.gqt.org.cn/yshx/youth/200903/t20090302_164001.htm [en chinois]

104. Ensemble des biens transférés de la famille de l'époux vers celle de l'épouse lors du mariage.

105. Il y a trois principales causes à cette évolution. D'abord, lorsque le nombre de naissances diminue fortement au fil des années, comme cela a été le cas en Chine à partir des années 1970, les cohortes de garçons sont plus nombreuses que celles de filles avec lesquelles, une fois arrivés sur le marché matrimonial, ils sont susceptibles d'entrer en union, compte tenu de l'écart d'âge entre époux au moment du mariage. Ainsi, les hommes qui arrivent sur le marché matrimonial se trouvent en surnombre par rapport aux femmes de quelques années leurs cadettes, et ont donc du mal à se marier. Ensuite, ce phénomène est aggravé par l'élimination massive de filles depuis les années 1980 créant un déficit féminin croissant dans les jeunes générations. Enfin, dans certaines régions, le déficit de femmes sur le marché matrimonial est encore accentué par une émigration féminine vers d'autres régions plus développées du pays. À ce sujet, voir notamment Li S., Zhang Q., Yang X. et I. Attané, « Célibat, pauvreté et sexualité : une enquête explorative sur la sexualité des hommes célibataires en Chine rurale », *Population-f*, 65(4), 2010.

Livre 5
L'enfance marginalisée

1. « Une vice-présidente de l'APN appelle à améliorer le bien-être social pour les enfants des ouvriers migrants », 13 février 2007, *Renmin Wang*, à l'adresse http://french.peopledaily.com.cn/VieSociale/5394402.html. Le nombre de travailleurs migrants aurait atteint 230 millions en 2009 [voir « Un taux d'emploi de 72 % pour les jeunes diplômés chinois », *Renmin Wang*, 22 juillet 2010].
2. Kam Wing Chan, Will Buckingham, « Is China abolishing the *Hukou* system ? », *The China Quarterly*, n° 195, 2008.
3. « Une vice-présidente de l'APN... », art. cité.
4. Shen X., Zhou G., *Une étude sur l'équité de l'éducation pour les enfants de migrants*, Beijing, Qunzhong chubanshe, 2006 [en chinois].
5. *Qianjiang Wanbao*, 19 avril 2007 [en chinois].
6. *Liaowang Xinwen Zhoukan*, 17 octobre 2006 [en chinois].
7. *Qianjiang Wanbao*, 19 avril 2007 [en chinois].
8. Voir notamment Wang Wenzhong *et al.*, « La santé psychologique des enfants migrants et facteurs associés », *Zhongguo xingwei yixue kexue*, 16(7), p. 265-267, 2007 [en chinois] ; Lin Zhi, Weng Yanyan (2004), « Enquête sur la santé psychologique d'élèves de collège dans des écoles pour migrants », *Zhongguo Ertong Baojian Zazhi*, 18(2) p. 11 [en chinois].
9. « Consulter un médecin à Changsha, c'est tellement cher ! », 16 juin 2008, témoignage recueilli à l'adresse http://qq.iyaya.com/96/8942-0.html [en chinois].
10. *Nanfang Huli Xuebao*, 12 (7) p. 59-60 [en chinois].
11. *Zhongguo Renkou Xinxi Wang*, 28 mars 2008, à l'adresse http://www.cpirc.org.cn/news/rkxw_gn_detail.asp?id=9279 [en chinois].
12. *Enshi Xinwen Wang*, à l'adresse http://www.enshi.cn/20050128/ca10975.htm [en chinois].
13. Reportage disponible à l'adresse http://v.youku.com/v_playlist/f23930 58o1p48.html [en chinois].
14. *Zhongguo Ertong Baojian Zazhi*, 8 (1), p. 63-64 ; *Zhongguo Fuyou Baojian*, 21, p. 1178-1179 [en chinois].
15. Li Ronghan *et al.*, « Preventable deaths of children below five years old in Guangdong's migrant population », *International Medicine & Health Leader*, 12(03), p. 111-113, 2006.
16. *Zhongyang Zhengfu Wang* (PRC Central Government Website), http://www.gov.cn, 26 avril 2006, 27 juillet 2008 ; *Nanfang Ribao*, 28 avril 2008 [en chinois].

17. Le titre complet est : *Où est mon bureau ? Enquête sur l'éducation des enfants de migrants* (*Wo de kezhuo zai nali : nong mingong zinü jiaoyu diaocha*), paru en 2006 aux éditions Renmin wenxue chubanshe [en chinois].
18. Communiqué sur le plan de développement de l'éducation, *Longhu Wang*, 4 janvier 2005, http://www.hazx.net/shownews.asp?newsid=824 [en chinois].
19. *Shanxi qingnian guanli ganbu xueyuan xue*, 19 (2) [en chinois].
20. Voir notamment à ce sujet le communiqué de l'agence Xinhua, 8 avril 2010 : http://www.gov.cn/jrzg/2010-04/08/content_1576492.htm.
21. Communiqué de l'agence Xinhua, 30 novembre 2005 : http://big5.gov.cn/gate/big5/www.gov.cn/gzdt/2005-11/30/content_113008.htm [en chinois].
22. « China's Floating Citizens », 27 décembre 2005, à l'adresse http://www.china.org.cn/english/2005/Dec/153273.htm.
23. Note du Bureau du Conseil d'État, 23 juin 2003, disponible à l'adresse http://www.51labour.com/lawcenter/lawshow-65571.html [en chinois].
24. Communiqué de l'agence Xinhua, 26 novembre 2006, http://www.gov.cn/jrzg/2006-11/26/content_454092.htm
25. J. Kowk, « The integration of migrant children in Beijing schools », in G. Postiglione (ed), *Education and Social Change in China*, Armonk, New York; London, England, M.E. Sharpe, 2006, p. 170.
26. Ren Zhongxi, « School closures highlight migrant education issue », 8 mars 2010 : http://www.china.org.cn/china/2010-03/08/content_19553282.htm.
27. *Shenzhen Xinwen Wang*, 10 avril 2008 : http://news.sohu.com/20080410/n256199984.shtml [en chinois].
28. *Guangzhou Ribao*, 20 décembre 2006 [en chinois].
29. *Henan Shangbao*, 22 février 2008 [en chinois].
30. « China's Floating Citizens », 27 décembre 2005, à l'adresse http://www.china.org.cn/english/2005/Dec/153273.htm ; Ren Zhongxi, « School closures highlight migrant education issue », 8 mars 2010, à l'adresse http://www.china.org.cn/china/2010-03/08/content_19553282.htm ; « High time for the nation to enforce the law », *China Daily*, 11 mars 2010.
31. Shen X., Zhou G., *Une étude sur l'équité dans l'éducation des enfants de migrants*, Beijing, Qunzhong chubanshe, 2006 [en chinois].
32. *Zhongyang Zhengfu Menhu Wangzhan* (PRC Central Government Website), 24 octobre 2006 : http://www.gov.cn/jrzg/2006-10/24/content_422052.htm ; *Renmin Wang*, 24 octobre 2006 : http://nc.people.com.cn/BIG5/61154/4950155.html.
33. *Renmin Wang*, 8 novembre 2006 : http://socicty.people.com.cn/BIG5/8217/73577/73579/5021460.html.

34. *Nongmin Ribao*, 23 janvier 2008 [en chinois].
35. Selon le ministère de l'Agriculture, 90 % des enfants de migrants seraient restés au village ; pour les deux tiers d'entre eux, les deux parents seraient partis.
36. *Liushou* signifie littéralement « Rester en garnison lorsque le gros de l'armée est parti pour le combat ».
37. À ce sujet, voir l'ouvrage de Ye Jinzhong, J. Murray et Wang Yihuan, *Guanyu nongcun liushou er'tong*, Pékin, Social Sciences Academic Press, 2005 [en chinois].
38. « Zhongguo nongcun liushou ertong yi da liang qian wan ren », à l'adresse http://view.news.qq.com/a/20061020/000011.htm ; *Zhongguo Qingnian Bao*, octobre 2004 ; « Rural migrants leave 70m children behind », agence *Xinhua*, 26 octobre 2004.
39. « Nongcun "liushou haizi" wenti zhide guanzhu », *Gansu Sheng Fupin Xinxi Wang*, 30 octobre 2008, à l'adresse http://www.fupin.gansu.gov.cn/zxzx/1225330470d14891.html.
40. Il s'agit d'une enquête menée auprès de 161 enfants *liushou* dans neuf villages du Shaanxi, du Ningxia et du Hebei. Voir Ye Jinzhong *et al.*, *Guanyu nongcun...*, *op. cit.*
41. « Zhongguo nongcun liushou ertong yi da liang qian wan ren » : http://view.news.qq.com/a/20061020/000011.htm [en chinois].
42. Du réalisateur Cai Shangjun. Le titre original est : *Hongse Kangbaiyin*.
43. Gao Fan, « Dui 'nongcun liushou haizi jiaoyu wenti de caifang diaocha », *Xichuan Wang*, 19 octobre 2005 : http://xichuan.nynews.gov.cn/Article/kjww/2005-10-19/1031.html.
44. *Xichuan Wang*, 19 octobre 2005, *op. cit.*.
45. « Special effort launched to help "left-behind" children », *China Daily*, 29 mai 2007.
46. Ye Jinzhong *et al.*, *Guanyu nongcun...*, *op. cit.*
47. « Ertong xing qinfan anjian pinfa ; liushou nütong cheng gao wei renqun », à l'adresse http://www.cnr.cn/09zt/ertongjie/guanzhutamen/200905/t20090530_505349729.html.
48. Communiqué de l'agence Xinhua, « China to better protect unattended rural children », 28 mai 2007 ; « Zhongguo nongcun liushou ertong yi da liang qian wan ren », sur le site Internet http://view.news.qq.com/a/20061020/000011.htm.
49. Wang Ying, « Special effort launched to help "left-behind" children », *China Daily*, art. cité.
50. « Too young to be independent », *Beijing Review*, 24 juin 2004.
51. « Rules to protect China's street kids », *China Daily*, 9 avril 2009.
52. Il s'agit de la définition officielle utilisée en Chine pour qualifier un enfant en situation de rue.

53. *Yunnan Ribao*, 14 octobre 2008 : http://www.yndaily.com/html/20081014/news_100_159339.html [en chinois].

54. « Guangzhou chuxian "ertong qigai cun" », *Nanfang Dushibao*, 1 juin 2007 : http://news.sohu.com/20070601/n250339840.shtml ; « La double vie des enfants mendiants », communiqué de l'agence Xinhua : http://news.xinhuanet.com/society/2007-06/06/content_6205906.htm.

55. *Nanfang Wang*, 17 octobre 2003 : http://www.southcn.com/news/community/shzt/beggar/portrait/200401120665.htm.

56. *Wenzhou Dushibao*, 22 mars 2005, sur le site Internet www.anhuinews.com [en chinois].

57. « Street kids finding love at shelter », *China Daily*, 19 mars 2005.

58. Paru en 2000 aux éditions Karthala.

59. *Dongbei Wang*, 12 septembre 2008 : http://news.hlj.net/100317/66385.html [en chinois].

60. *Fazhi Wanbao*, 7 janvier 2008 [en chinois].

61. « Xiangcun shao le ge "hei haizi" » : http://www.gzxcb.gov.cn/News_Show.asp?NewsID=338.

62. « Chaosheng nühai mei you hukou nan ruxue. Paotui 15 nian reng shi "hei haizi" », *Zhongguo qingnian bao*, 3 décembre 2008 : http://www.chinanews.com.cn/kong/news/2008/12-03/1471775.shtml [en chinois].

63. « Fuqin banche la 4 ge wu hukou haizi liulang shu wan gongli », communiqué de l'agence Xinhua, 19 décembre 2007 : http://www.xiangcheng.gov.cn/xwzy/2007/1219/article_905.html.

64. Communiqué de l'AFP, 21 juin 2007 : http://www.aujourdhuilachine.com/actualites-chine-la-chine-lance-une-enquete-nationale-sur-l-exploitation-des-enfants-et-des-ouvriers-3457.asp?1=1.

65. Le chiffre de 6 millions est une estimation du Bureau chinois de la statistique, citée par A. West « Floating children in China », Conference on Child-focused anthropology, University of Brunel, Londres, juin 2001. Voir aussi « Statistics on child workers in China », *Child Labour Bulletin*, n° 25, avril 1996.

66. *Gongren Ribao*, 27 août 1993 [en chinois].

67. *Fazhi Ribao*, 2 mai 1995 [en chinois].

68. Chez les 10-14 ans.

69. « Le travail des enfants aujourd'hui : faits et chiffres », Organisation internationale du travail : http://www.ilo.org/public/french/bureau/inf/pkits/child1.htm, consultée le 25 mai 2010.

70. « Child labor laws must be enforced », *China Daily*, 6 juillet 2007.

71. *South China Morning Post*, 25 août 2000.

72. À quelques rares exceptions près, toutefois, notamment pour les sportifs de haut niveau ou certains jeunes artistes, pour lesquels l'employeur est

tenu de demander une autorisation préalable et auxquels il doit garantir la poursuite de la scolarité de base, pendant un minimum de neuf ans.

73. Toutes les lois relatives aux droits des enfants en Chine sont disponibles à l'adresse http://www.chinachildlaw.com/laws/.

74. « Sichuan zhongxiao xuesheng bei pian tonggong. Ru baicai ban dongguan fanmai » : http://news.ifeng.com/society/5/200804/0428_2579_510911.shtml [en chinois].

75. Fondée en 1978, *Human Rights Watch* est une organisation non gouvernementale indépendante qui se consacre à la protection et à la défense des droits humains.

76. De plus amples informations sur le mouvement travail-études sont disponibles à l'adresse http://www.bm-lyon.fr/lyonetlachine/vf/mouvtravailetudes.html.

77. « China: End Child Labor in State Schools », *Human Rights Watch Report*, 3 décembre 2007.

78. *China Education News*, 9 septembre 2006 [en chinois]

79. « Gansu Minqin xian jiaoyu ju ju chang weigui kaizhan qingong jianxue pei mianzhi », *Xinhua Wang*, 3 décembre 2006 : http://www.minqin.net/html/whjy/200612/05-1160.html.

80. « China : End Child Labor in State Schools », *Human Rights Watch Report*, 3 décembre 2007.

81. « Child prostitution: a global problem », *Reuters Health*, 19 avril 2002.

82. « More forced into prostitution, labor », *China Daily*, 27 juillet 2007.

83. *Dajiang Wang*, 18 juillet 2007 : http://news.jxnews.com.cn/system/2007/07/18/002523489.shtml [en chinois].

84. *Renmin Ribao*, 20 février 2004 [en chinois].

85. « Child prostitution boss faces death », *China Daily*, 18 mai 2009. Notons que la loi chinoise prévoit des sanctions précises pour ces crimes. Pousser une jeune fille de moins de 14 ans à la prostitution ou avoir une relation sexuelle avec une fille de moins de 14 ans est puni d'un minimum de cinq ans de prison et d'une amende. Voir les textes de loi correspondants à l'adresse http://www.loc.gov/law/help/child-rights/china.php.

86. Voir notamment le reportage diffusé par le site Internet du quotidien *Libération* du 29 juillet 2010 : http://www.liberation.fr/monde/06012214-parfois-j-ai-l-impression-que-mon-fils-kidnappe-est-tout-pres-parfois-tres-loin.

87. *Fazhi Ribao*, 20 juillet 2010 : http://epaper.legaldaily.com.cn/fzrb/content/20100720/Articel05004GN.htm, consultée le 9 août 2010 [en chinois].

88. *Nanfang Ribao*, 30 juillet 2010 [en chinois].

89. *Guangzhou Ribao*, 10 décembre 2009 [en chinois].

90. « Chinese Baby Traffickers Shift Focus to Girls », *China Daily*, 4 août 2005.
91. « China excecutes child traffickers », *BBC News*, 10 décembre 2004.
92. « Guiyang clamours to adopt rescued children », *China Daily*, 4 février 2000.
93. « Five men executed for crimes against children », *China Daily*, 31 mai 2000.
94. Xin Ren « Trafficking in Children: China and Asian Perspective », Conference on Making Children's Rights Work: National & International Perspectives, International Bureau for Children's Rights, Montreal, 20 novembre 2004 : http://www.no-trafficking.org/content/web/05reading_rooms/China/trafficking_in_china_china_and_asian_perspective.pdf.
95. « Cops arrest kidnappers of babies », *China Daily*, 11 avril 2000.

Livre 6
Demain, la Chine…

1. Selon un classement du FMI, la Chine occupait en 2010 le deuxième rang mondial pour son PIB en valeur absolue, après les États-Unis. En 2009, elle est devenue le premier exportateur mondial.
2. C'est-à-dire âgés de 15 à 59 ans.
3. *Guangzhou Ribao*, 15 février 2011 [en chinois].
4. *China Daily*, 9 mars 2011.
5. Hors Europe de l'Est.
6. En Chine, on l'a vu, l'espérance de vie à la naissance a presque doublé entre le début des années 1950 et la fin des années 2000, passant d'à peine 40 ans à près de 73 ans.
7. « Shanghai encourages qualified couples to have second child », *China Daily*, 24 juillet 2009.
8. Voir E. Dourille-Feer, chercheur à l'Inalco, « Démographie et dépendance au Japon », *Institut Silver Life*, 30 mai 2007.
9. L'économie japonaise, contrairement à l'économie chinoise, est principalement une économie de services. Le secteur tertiaire occupe plus des deux tiers (68 %) de la population active (contre 27,2 % en Chine en 2008) et assure les trois quarts (75,4 %) de son produit intérieur brut (40,5 % en Chine).
10. Sur les faiblesses de l'économie chinoise actuelle, voir J.-L. Domenach, *La Chine m'inquiète*, Paris, Perrin, 2008.
11. Les seniors pourraient en effet devenir l'un des nouveaux piliers du rééquilibrage de la croissance chinoise en faveur de la consommation intérieure : le marché de la consommation des seniors à été estimé à 118 milliards d'euros en 2010 et à 360 milliards en 2020. Or, en 2007, la valeur

des produits et services consacrés aux seniors ne dépassait pas les 8,4 milliards d'euros. Voir : « La Chine face au défi de son vieillissement », *L'Expansion*, 5 novembre 2009.

12. Le texte complet de cette loi est disponible sur le site Internet LawInfoChina, à l'adresse http://www.lawinfochina.com.

13. Il s'agit des moins de 15 ans et des 60 ans ou plus.

14. Pour plus d'informations sur le système progressivement mis en place, voir notamment Felix Salditt, Peter Whiteford and Willem Adema (2007) « Pension reform in China : progress and prospects », OCDE : http://www.oecd.org/dataoecd/31/26/38757039.pdf.

15. Voir J.-F. Huchet, « Une réponse politique aux défis économiques de la Chine », *Le Monde*, 28 janvier 2003.

16. Données pour 2004, Bureau national de la statistique. D'après une enquête menée en 2006 par la Commission nationale sur le vieillissement, dans les villes, la moitié des personnes âgées vivaient seules et l'autre moitié avec un membre de sa famille. Dans les campagnes, ces proportions étaient respectivement de 62 % et 38 %. Voir « Number of elderly Chinese and empty nesters on the rise », in *Renmin Wang* (Le *Quotidien du peuple* en ligne), sur le site http://english.people.com.cn/90001/90776/90882/6322366.html, 18 décembre 2007.

17. En vertu de l'article 43 de la loi de 1996 citée plus haut, il est en effet possible, pour les personnes âgées dont les enfants n'assurent pas la subsistance, de les assigner devant un tribunal afin de réclamer leur dû.

18. *Renmin Ribao*, 29 juin 2009, à l'adresse http://english.peopledaily.com.cn/90001/6688042.html.

19. *China Radio International*, 23 novembre 2008 : http://english.cri.cn/4026/2008/11/23/902s426341.htm.

20. « Yanglao yuan : duo le haishi shao le ? », *Renmin Ribao*, 10 juin 2010.

21. « Elderly care is need of the hour in Guangdong », *China Daily*, 11 février 2010.

22. *China Radio International*, 23 novembre 2008 : http://english.cri.cn/4026/2008/11/23/902s426341.htm.

23. Pour en savoir plus sur les discriminations des femmes chinoises d'un point de vue démographique, voir notamment, du même auteur, *En espérant un fils... La masculinisation de la population chinoise, op. cit.*

24. Alors que dans le même temps la population des hommes de 15-49 ans n'aura diminué que d'un peu plus de 80 millions.

25. Au milieu du XXIe siècle, l'Inde abritera 18 % de la population mondiale, et l'Afrique, 22 % (contre respectivement 15 % et 9 % en 2050).

26. « Examens environnementaux de l'OCDE : Chine (Synthèse) », 2007 : http://www.oecd.org/dataoecd/41/35/38964828.pdf.

27. D'après un communiqué du Programme alimentaire mondial (PAM) : http://www.un.org/apps/newsFr/storyFAr.asp?NewsID=10184&Cr=PAM&Cr1=Chine.

28. En 2006, en effet, la Chine a signé des accords de coopération agricole avec plusieurs pays africains (Zambie, Zimbabwe, Ouganda et Tanzanie) pour la création de fermes agricoles expérimentales. Bien que l'objectif affiché soit d'aider ces pays à accroître leur production grâce à un apport technologique et financier de la Chine, une grande partie des récoltes est en réalité exportée vers la Chine [voir *Business Standard* (Inde), 5 septembre 2010]. La République démocratique du Congo a quant à elle cédé 2,8 millions d'hectares à la Chine, pour qu'elle y réalise la plus grande exploitation mondiale d'huile de palme. Plus récemment, une société mixte sino-kazakhe a loué pour dix ans 7 000 hectares de terres près de la frontière avec le Kazakhstan, pour exploiter des champs de soja et de blé [voir « La Chine manque de terres arables », sur le site Internet http://www.novethic.fr].

29. Entre 2002 et 2003, par exemple, les surfaces cultivées en Chine ont diminué de 2 %.

30. *World Urbanization Prospects, The 2007 Revision*, Nations unies : http://esa.un.org/unup/.

Table des matières

Avant-propos 9

Livre 1
Au pays de l'enfant unique

Dans le vent des réformes… 16
L'enfant, « baromètre » du changement social, 17 – *Deux époques, deux mondes*, 18 – *Des bouleversements sans précédent*, 22

L'enfant unique, un symbole de la Chine
en transition 24
La Chine, un pays d'enfants uniques ?, 24 – *D'accord pour l'enfant unique, si c'est un fils…*, 26 – *Plus rare, donc plus précieux ?*, 27 – *Plus précieux : oui, mais pour combien de temps ?*, 30

L'enfant unique,
symptôme d'une Chine malade ? 34
« À 8 mois à peine… », 34 – *« Un maître qui a deux valets »*, 37 – *La tyrannie des « petits empereurs »*, 39 – *« Chi ku »*, ou comment rééduquer les enfants

uniques, 41 – *Gosses de riches*, 43 – *L'enfant unique victime des stéréotypes ?*, 45 – *Il n'est jamais trop tôt*, 47 – *Mais trop, c'est trop !*, 50

Livre 2
L'enfant, entre symboles et réalités

À peine enfant, déjà « cultivé » 54
Devenir parent : entre devoir et vertu, 54 – *Un être « incomplet » et « inachevé »*, 56 – *« Éduquer le fœtus », ou le déterminisme exacerbé*, 58

Entrer dans la vie, étape après étape 62
« Zuo yuezi », la période de confinement, 62 – *Les rites de l'enfance*, 64 – *« Bu ju », ou comment légitimer l'infanticide*, 69 – *Un fils à tout prix*, 71 – *Un prénom pour la vie*, 74

Livre 3
De nouvelles menaces sur la santé des enfants

Quand naître n'est pas vivre 81
La mortalité des enfants : un fléau en recul, 81 – *Premières victimes d'inégalités considérables*, 86 – *La santé des enfants : l'État défaillant*, 89 – *« Kan bing nan, kan bing gui »*, 93 – *« Ils avaient l'air normal à la naissance… »*, 97 – *Un bébé malformé toutes les trente secondes…*, 99

Des petites filles bien encombrantes 102
Une surmortalité préoccupante…, 103 – *L'élimination des filles toujours plus répandue*, 106

Des tares du sous-développement
aux dangers de la prospérité 109
Enfants du sida : enfants de la pauvreté, 109 – *La malnutrition, un mal rare mais persistant*, 111 – *L'obésité enfantine, une bombe à retardement*, 114 – *Cours de danse obligatoires*, 118

Livre 4
Apprendre et grandir

L'instruction scolaire : un pays, deux systèmes 124
Une scolarisation massive des enfants : oui, mais…, 125 – *L'abandon scolaire, une réalité utile ?*, 128 – *L'école à tout prix ?*, 131 – *Le lycée et l'université, privilèges des nantis*, 136 – *Quand l'État pare au plus pressé*, 140

En route pour le monde des adultes… 143
Quand s'achève l'enfance ?, 143 – *La « première fois »*, 147 – *Quand la Chine se dénude…*, 150 – *Une révolution sexuelle dans l'ombre*, 151 – *Grossesses adolescentes : l'État aveugle*, 154 – *L'entrée à l'université : un rite de passage à la chinoise*, 157 – *L'emploi des jeunes dans la tourmente*, 160 – *« Quitter le nid »*, 167 – *Un appartement, sinon rien !*, 170 – *Le mariage : une affaire d'argent*, 173

Livre 5
L'enfance marginalisée

Enfants de migrants :
l'exclusion à la chinoise 180
Quand migration rime avec marginalisation, 180 – *Un nouveau défi sanitaire*, 185 – *« Sous le même ciel bleu… »*, 188 – *Les parias du système scolaire*, 191

Orphelins, mendiants, « noirs »…
des enfances, une détresse 193
> « *Restés en garnison alors que le gros de l'armée est parti pour le combat* », 194 – *Enfants des rues*, 199 – *La mendicité, une affaire de famille*, 200 – *Des cibles de choix pour les réseaux organisés*, 203 – « *Moi, je n'ai rien !* », 206 – *Naître hors quota, ou comment devenir un enfant « noir »*, 207

Le travail des enfants 211
> *Quand mauvaise foi fait loi*, 212 – « *Vendus comme de vulgaires choux…* », 216 – « *Mi-travail, mi-études », tout un programme…*, 218 – *Les enfants, au cœur de tous les trafics*, 220

Livre 6
Demain, la Chine…

La mort de l'industrie chinoise ?, 226 – *Chronique d'un vieillissement annoncé*, 228 – *Quatre cents millions de retraités et moi…*, 233 – *Trop d'hommes, pas assez de femmes : vers l'implosion ?*, 238 – *Demain, la Chine ?*, 240

Notes 245

Photocomposition Nord Compo
Villeneuve-d'Ascq

Pour l'éditeur, le principe est d'utiliser des papiers composés de fibres naturelles, renouvelables, recyclables et fabriquées à partir de bois issu de forêts qui adoptent un système d'aménagement durable.
En outre, l'éditeur attend de ses fournisseurs de papier qu'ils s'inscrivent dans une démarche de certification environnementale reconnue.

Achevé d'imprimer en décembre 2011
sur les presses numériques de l'Imprimerie Maury S.A.S.
Z.I. des Ondes – 12100 Millau
pour le compte des Éditions Fayard

36-57-2597-7/03

N° d'impression : K11/47021A
Dépôt légal : septembre 2011

Imprimé en France